株式会社 **KPMG FAS**・監修　有限責任 **あずさ監査法人**・著

不正防止のための
RISK MANAGEMENT
実践的リスクマネジメント

事例でわかるコンプライアンス態勢強化のポイント

東洋経済新報社

© 2011 KPMG AZSA LLC, a limited liability audit corporation incorporated under the Japanese Certified Public Accountants Law and a member firm of the KPMG network of independent member firms affiliated with KPMG International Cooperative ("KPMG International"), a Swiss entity. All rights reserved.

ここに記載されている情報はあくまで一般的なものであり、特定の個人や組織が置かれている状況に対応するものではありません。私たちは、的確な情報をタイムリーに提供するよう努めておりますが、情報を受け取られた時点及びそれ以降においての正確さは保証の限りではありません。何らかの行動を取られる場合は、ここにある情報のみを根拠とせず、プロフェッショナルが特定の状況を綿密に調査した上で下す適切なアドバイスに従ってください。

序文

　過去の粉飾決算や有価証券報告書等での虚偽記載等の公開企業の不祥事を受けて、公開される財務報告にかかわる信頼性を確保すべく、2009年3月期から金融商品取引法により内部統制報告書制度として公開企業に対して経営者による内部統制報告書の提出と監査が義務づけられた。この内部統制報告制度に対応するために、ここ数年にわたって公開企業は、内部統制の整備や運用評価等に相当の経営資源を投入してきた。しかしながら、結果としては相変わらず有価証券報告書の虚偽記載等の会計不祥事や、従業員や経営者による不正の発覚等が起きている。金融商品取引法に基づく内部統制評価が結果として不正の減少につながることを期待していた投資家を含むステークホルダーや企業の実務家、とりわけ経営者にとっては、これだけの経営資源を投入して努力したにもかかわらず、内部統制強化による効果が十分得られなかったとする「期待ギャップ」が生じている。

　内部統制報告制度の導入は、企業の経営者や実務担当者に内部統制の概念を身近なものとして認識させ、全社体制としての内部統制を構築するためには大いに効果があったことは事実であり、この制度の導入によってさまざまな不正が予防でき発見できたこともまた事実としてある。しかしながら、この内部統制報告書制度は、あくまでも公開される財務報告の適正性を確保することにその目的があるため、財務報告以外のビジネスリスクを軽減させる効果は限定的である点は否めない。あわせて、財務報告の中での重要性の判断が必ずしも不正リスクが存在プロセスをすべてカバーしているわけでもない。

　よく聞く話として、内部統制実施基準等で定められている重要な拠点以外で不正が長年実施されていた例や、それほど重要でない子会社でガバナンスが十分に効いていないために不正や粉飾決算が行われたりする例がある。制

度対応としての内部統制報告書対応はルールに従って重要性を見ながら対応すれば良いのであるが、ルールに従っていれば不正事例が発見された場合に経営者の責任は問われないのではなく、経営としては個別にリスクのある拠点や業務プロセスから生ずる不正リスクも最終的に責任を負わざるを得ないのは言うまでもない。こうした内部統制強化による効果が十分に得られなかったとする「期待ギャップ」を埋めるためには、決められた制度対応だけでは十分ではなく、すでに3年を経過した内部統制報告制度対応の経験を生かして従来の制度対応の枠を超えて、企業全体のリスク管理能力の底上げを図り、コンプライアンス体制、特に不正リスクや不正事例への対処を強く意識した全社での独自の総合的取組みが必要である。

とりわけ2008年秋に起こったリーマンショックに端を発する世界同時不況やその後の2011年3月の東日本大震災等により、我が国企業にとって経営環境はきわめて厳しい試練が続いている。こうした厳しい経営環境の中で、企業および企業グループの不祥事や不正の発覚は企業自体の事業の継続性を脅かしていると言っても過言ではない。経営環境が厳しければ厳しいほどコンプライアンス違反や不正・不祥事は、単に企業の評判の失墜だけでなく企業存続の危機につながる。こうした状況の下、各企業は内部統制報告制度対応のほかにも、過去からの経緯で品質や環境等のISO対応、情報セキュリティ管理態勢、コンプライアンス体制、事業継続管理態勢等、さまざまなリスク管理や内部統制に関係する取組みを個別に独立して行ってきた。しかし、残念なことにこれらの取組みが本業を含めた経営管理と一体となって総合的かつ効率的に行われていないケースが多く、リスク管理や内部統制関連活動を過度に実施する側も受ける側も双方にとって業務負荷が増大されていて、結果として相互の管理・統制の漏れの中で不正や不祥事が発生していることも往々にしてある。現在の内部告発や不正発生の増加等に象徴されるような従業員の意識の変化や企業に対する倫理観、企業への帰属意識やロイヤリティの低下等を背景にした内部的な変化、社会から企業に対する社会的責任追及や要請水準の高度化の傾向は今後も変わることはない。こうした環境の中で、企業は効率的かつ効果的な実践的方法で現場の業務負荷を最小限にとど

めながら、全体最適の観点から経営管理と一体となった、より高次元の不正リスク態勢を志向していかなければならない。

　本書は、不正の防止・発見を目的とした不正リスクの管理態勢の整備・運用の取組みに焦点を当て、可能な限り、実務的に重要とされるポイントを示し、事例等を交えながら経営管理と一体となった実践的なリスク管理の取組みを解説したものである。

　本書が制度対応だけでなく、経営管理の向上等に寄与する内部統制の再設計等を真剣に志向する企業の従業員から経営者までの実務家の方々に役立つことを心から願っている。

　なお、本書の出版にあたっては、東洋経済新報社の渡辺智顕氏にご尽力を頂いた。執筆にあたっては、KPMGジャパン・グループの多くの実務家の方々にご協力を頂いた。紙面をお借りして、心よりお礼を申し上げたい。

　　2011年6月

有限責任 あずさ監査法人
副理事長　鈴木　輝夫

目次

序文

第1章 経営管理と一体となった リスクマネジメントの必要性

1 コンプライアンス態勢等を含む
   内部統制に関する問題提起 ………………………… 10
2 リスクマネジメント手法の活用の
   重要性・有用性 ……………………………………… 23
3 内部統制とコンプライアンスや
   リスクマネジメントとの関係 ……………………… 28

第2章 不正リスクマネジメントフレームワークの 概要

1 不正とは何か ………………………………………… 36
2 不正リスク管理プログラム
   ──企業不正リスク管理のための実務ガイド …… 49
3 不正リスクマネジメントのアプローチ …………… 78

第3章 統制環境

1 経営者の役割 ………………………………………… 94
2 方針・規程類等の規範文書 ……………………… 108

	3	コンプライアンス統括部署・推進部署	113
	4	コンプライアンス責任者・担当者	118
	5	組織の誠実性を高める制度・施策	122

第4章 リスクの予防的コントロールと継続的プロセス ——リスク評価・設計・導入

1	リスク評価のポイント	132
2	行動規範・行動指針の策定	138
3	教育研修・周知徹底策	147
4	社内コミュニケーション	156
5	法令遵守の徹底策	162
6	社内ルール遵守の徹底策	170
7	不正リスクマネジメントのための統制手続の基本	175
8	コンプライアンスプログラムによるリスク対策の検討	179

第5章 リスクの発見的コントロールと継続的プロセス ——モニタリングの重要性

1	さまざまなモニタリングの形態	186
2	モニタリング指標の活用	190
3	内部通報窓口と相談窓口のあり方	193
4	コンプライアンスプログラムによるリスク対策の有効性評価	209

| 5 | 内部監査 | 213 |

6　ITツールの活用──CAATによる
　　積極的なデータ分析　216

7　従業員サーベイ　221

第6章　不正調査・不祥事対応

1　不正調査の実務　232
2　不正・不祥事発覚時の対応　239
3　再発防止策の設計と導入　249

終章　不正リスク管理の浸透に向けて

Column
いわゆる「3点文書」における実務上の課題　17
現在の日本企業における管理職の状況（事例）　33
再発防止策の事例　259

参考文献　267
著者・監修者紹介　268

カバーデザイン　米谷　豪
本文DTP　アイランドコレクション

第 **1** 章

経営管理と一体となった
リスクマネジメントの必要性

① コンプライアンス態勢等を含む内部統制に関する問題提起

(1) 内部統制の構築の効果が実感できない

　現代の企業で、コンプライアンス態勢、リスクマネジメントの取組みを含めた内部統制の重要性を認めない組織はないであろう。企業のトップが「コンプライアンスを徹底せよ」「内部統制の強化を図れ」等の指示を出し、コンプライアンスマニュアルや内部統制に関するさまざまな文書を作成している企業は非常に多い。著名な講師を招いて研修会を行っている企業も多い。間違いなく、20世紀の時代の企業よりも、21世紀の企業の方が、格段に内部統制のために経営資源を費やしている。このことは、法令等によって、内部統制の構築がなかば義務化されていることとも無関係ではない。

　2006年に施行された会社法によって、いわゆる大会社は内部統制システムの基本方針を取締役会で決議し、事業報告でその内容を開示することが要求されている。また、これまでの株主代表訴訟の判決文から、取締役に内部統制システムの構築義務・監視義務があることは明らかである。たとえば、「大和銀行ニューヨーク支店損失事件株主代表訴訟第一審判決（平成12年9月10日大阪地裁第10民事部判決）」は、次のような取締役の法的義務（忠実義務）を明らかにしている。

①役職員が会社の業務を遂行する際に違法な行為に及ぶことを未然に防止し、会社全体としての法令遵守経営を実現すること。
②役職員が職務を遂行する際、違法な行為に及ぶことを未然に防止するための法令遵守体制を確立すること。
③健全な会社経営を行うためにはリスク管理が欠かせず、そのため会社が営む事業の規模、特性等に応じたリスク管理体制（いわゆる内部統制システム）を整備すること。

　このほか、同判決文では、上記のような取締役の内部統制システムの整備

・確立義務のみならず、その状況に関する監査役および取締役相互の監視義務があるとされている。

　また、金融商品取引法によって上場企業の経営者には内部統制を整備・運用する役割と責任が明確にされ、自らが財務報告に関する内部統制の有効性を評価した「内部統制報告書」の作成が義務づけられており、さらに内部統制報告書は会計監査人によって、決算書とともに監査を受けなければならない。

　金融機関については、従来から、金融庁の監督指針や金融検査マニュアルで定められている事項が、いわば内部統制の構築に関する要求事項として開示され、金融機関は当該要求事項にそった形で内部統制の構築を図っている。

　しかし、このようなさまざまな内部統制に関する取組みを行っているにもかかわらず、内部統制の構築の効果を実感している企業は少ないのではないだろうか。内部統制の構築に注力しても、株価の上昇、ROI等の財務数値の向上等が必ずしも実現するとは言えないことはもちろん、不正・不祥事がなくならず、「なぜか？」と疑問に感じる経営者・管理者も多いのではないだろうか。

　この疑問に対する完全な解は存在しないというべきであろう。なぜならば、企業を取り巻く環境は、個々の企業で状況がそれぞれ異なるからである。しかし、数多くの企業の内部統制の支援業務に携わってきた経験から、内部統制の確立の効果を認識することができない理由として、下記のように、大きく3つが考えられる。

①財務報告に係る内部統制報告制度に係る期待ギャップ

　上場企業に対して適用される金融商品取引法の財務報告に係る内部統制報告制度に関する「財務報告に係る内部統制の評価及び監査の基準」が金融庁の企業会計審議会から公表されている。そこでは内部統制は「基本的に、業務の有効性及び効率性、財務報告の信頼性、事業活動に関わる法令等の遵守並びに資産の保全の4つの目的が達成されているとの合理的な保証を得るた

めに、業務に組み込まれ、組織内のすべての者によって遂行されるプロセスをいい、統制環境、リスクの評価と対応、統制活動、情報と伝達、モニタリング（監視活動）及びIT（情報技術）への対応の6つの基本的要素から構成される」と定義されている。この定義は、米国のCOSO（トレッドウェイ委員会支援組織委員会）の内部統制の基本的枠組みに関する報告書（いわゆる「COSOレポート」）を踏まえた内容であるが、簡単に言えば、内部統制とは「4つの目的を達成するために6つの構成要素からなる"プロセス"」ということである。

　ここで注意しなければならないことは、金融商品取引法が定めている内部統制の制度（以下「金商法の内部統制」とする）は、あくまでも「財務報告の信頼性」という目的を達成するための内部統制が対象になるということである。つまり、決算書を適正に作成するための内部統制が重要だということである。たとえば、売掛金が回収できないような事態は、金商法の内部統制で評価対象とすべきリスクではあるが、購買先が倒産して重要な物品が調達できないような事態は、決算書が歪むような懸念がない限り、金商法の内部統制では評価対象とはなりにくい。これが金商法の内部統制に関する期待ギャップの1つである。「財務報告の信頼性」以外の「業務の有効性及び効率性」「資産の保全」「事業活動に関わる法令等の遵守」は金商法の内部統制では報告の対象外となっており、あくまでも決算書に影響を与える内部統制のみが評価の対象となっている。そのため、下記のように、決算書そのものを歪ませるリスク以外は、金商法の内部統制では対象外としているため、金商法の内部統制をいくら強化しても、決算書そのものを歪ませる懸念がないリスクへの対応力の向上に、直接的な効果があまり期待できないと理解すべきである。

【金商法の内部統制の対象となるリスク例】
　財務報告に係る内部統制上のリスクのうち、売上計上を例にとると下記のようなリスクが挙げられる。
- 売上高が網羅的に計上されない

- 売上高の計上時期が適切でない
- 架空売上の計上等、売上債権が法的な根拠に基づいていない（例：納品していない、サービス提供していない）
- 債権の相手先が実在していない
- 債権回収に疑義がある
- 上記のリスクを予防するための手続に不足がある、等

【内部統制の対象となるその他のリスク例】

　上記のリスクだけでなく、経営者にとっては、下記のようなリスクも当然に、点検すべき対象と言える。
- 顧客苦情の対応を誤る
- 顧客の安全を脅かすような施設の不備等
- 顧客情報の漏洩をしてしまう
- 業務上のルール等が不明確
- 業法等の違反

　このように金商法の内部統制は適正な決算書作成のための内部統制であるにもかかわらず、なぜ会計不正が増えているのであろうか。実際に、会計不正に関するリリース事例は増えている。日本公認会計士協会の経営研究調査会研究報告第40号「上場会社の不正調査に関する公表事例の分析」（以下「JICPAの不正研究報告」とする）によると、東京証券取引所の場合では、有価証券上場規程第402条に基づいて、当該上場会社の運営、業務若しくは財産又は当該上場有価証券に関する重要な事項であって投資者の投資判断に著しい影響を及ぼす事項が発生した場合、直ちにその内容を開示しなければならないとされており（他の証券取引所でも同様）、実際、上場会社を対象に集計をした限りでも、2005年から2009年2月までの間で、上記規程に基づいてプレスリリースされた不正、とりわけ会計不正は100社以上にのぼっている。会計不正が増えているとの実感は、開示されている事例が増えたことと、大いに関係があるだろう。

　しかし、注意すべきは、金商法の内部統制に係る2つ目の期待ギャップで

ある。前述の「財務報告に係る内部統制の評価及び監査の基準」とともに「財務報告に係る内部統制の評価及び監査に関する実施基準」が金融庁の企業会計審議会から公表されている。そこでは販売取引等の業務プロセスに係る内部統制の運用状況の有効性の評価は、原則としてサンプリングによるものと明記されている。一般的に監査論では、内部統制の評価においては、「無作為抽出によるサンプリング」が原則とされている。抽出されたサンプルが母集団を代表すると期待できるように、母集団からその一部の項目をサンプルとして無作為に抽出し、それに対して実施した評価手続の結果から母集団全体を推定するサンプリング方法が採用される。多額の取引やマイナス取引等の特定の取引のみを抽出する方法は、「特定項目抽出による試査」と言われ、取引の母集団全体を推定することが困難である。そのため、内部統制の評価におけるサンプリングでは、「特定項目抽出による試査」のみの方法は採用されない。その結果、現在、金商法の内部統制のための内部統制の評価実務では、不正の兆候のある取引に焦点をあててサンプリングを行い、検証するということが行われていないケースが非常に多い。

　ここに、2つ目の期待ギャップがある。金商法の内部統制のために、多額の経営資源を投入しているのにもかかわらず、不正事例が減少しているどころか、むしろ増加傾向にあった場合、経営者は当然、内部統制の効果に疑問を抱くはずである。

②形骸化しがちな内部統制関連活動

　内部統制の効果に関する疑問が生じる2番目の理由は、内部統制関連活動は、「形骸化しがち」ということである（ここでは、財務報告に係る内部統制だけでなく、財務報告以外の目的に対応するためのPDCA（Plan、Do、Check、Action）活動等であり、本書では「内部統制関連活動」とする）。

　たとえば、個人情報保護法が施行された時期には、多くの企業においては、プライバシーマークの取得やISMS（Information Security Management System）の認証の取得・維持等を含むさまざまな情報管理の活動が熱心に行われていた。しかし、「プライバシーマークの取得やISMSの認証ありき」で

取り組んでしまったため、現在、さまざまな「規程」を自社の社内規程等のルール体系と別枠で作成する事例や、自社の既存の取締役会等の組織体制・意思決定プロセス等とは異質な形で情報セキュリティ委員会やCIO（チーフインフォメーションオフィサー：最高情報管理責任者）等を形式的に設置した結果、効果に疑問が生じている例は、少なからず見られる。また、（後述するように広範囲の内部統制の範疇に含まれると考えるべき）品質管理や環境経営のためのPDCAの活動、特にISOの認証の取得・維持のための活動についても、似たような事例が見られる。

　内部統制の構築において、社内ルールの整備・維持は基本である。しかし、この基本となる社内ルールにも、改訂漏れや遅延が生じている企業の例が多く見られる。金商法の内部統制では、法令があり、基準・実施基準が公表され、会計監査人の監査の対象となる経理関連規程の改訂漏れ等の事態は以前よりも相当減ってきているが、経理関連規程外の社内ルールの改訂漏れの事例は非常に多い。特に、組織改訂が頻繁な企業では、組織名称の改訂が追いついていない事例や、労働法のように頻繁な法令改正に就業規則（例：定年・休暇等の条項等）等の改訂が追いついていない事例は少なくない。このような状況は、上場企業の親会社というよりも、子会社によく見られる。また、株式公開・上場する際には、証券取引所の審査に対応するために一生懸命に社内規程等を整備するが、株式公開・上場後は会計監査人等からの強い指摘がない限り、経理関連規程以外の社内ルールの改訂が十分にされていないケースもある。

　社内ルールの形骸化に類似した事例としては、他社や団体のコピーと思われるような企業行動憲章を作成するも、自社の従業員に何ら響かず、かつ抽象的すぎる内容となっているケースがある。同じように、行動規範・行動指針等を作成するも、具体的な行動のガイドラインとしてあまり有効に機能するとは思えないようなケースも少なからず見られる。

　結局、内部統制関連活動においては、自社の制度として内部統制の品質を維持・向上させる確固たる仕組みが必要である。しかし、法令による制度対応であろうが、経営者の指示によるものであろうが、経営者が強く関与する

ことが十分に自社で制度化されていないと、どうしても内部統制関連活動の担当者の「やる気」に依存しがちなケースが多くなる傾向にある。定年による退職や人事異動により、コンプライアンスやリスクマネジメントの推進に熱心だった担当者がいなくなった後、それらの活動が低迷した事例は少なくない。

これら以外にも、公益通報者保護法の施行や金商法の内部統制への対応を機に、内部通報制度を導入したものの、全く利用実績がないという事例も見られる。

③経営管理・事業運営とは別枠の活動になりがちな内部統制関連活動

内部統制が形骸化しがちであることの背景としては、内部統制関連活動が経営管理・事業運営のPDCAとは別枠の活動となっていることが挙げられる。おのおのの企業では、自社なりのやり方の経営管理・事業運営のPDCAが確立しているにもかかわらず、自社のPDCAの運営で用いられている計画策定方法、管理帳票・報告書式、報告ライン、報告基準、監査・モニタリング（報告）制度等と全く異なる方法で、内部統制関連活動が行われている。たとえば、下記のような事例は多くの企業で見られる。

- 自社で定義されている会社規程とは別に、ISO等のためだけの「規程」を数多く作成している。しかも、自社の会社規程の体系と異なる体系の「規程」を作成している一方、会社規程の中にある既存の「○○規程」と類似している内容の「規程」も作成している。
- 各事業部等の事業計画を作成しているが、全く異なる帳票・報告書式でISO等の「計画」を作成している。同じように、事業計画の内容との連携を無視した「コンプライアンスプログラム」「リスクマネジメントプログラム」等の実践計画を作成している。
- 階層別研修等、自社なりの教育研修制度の確立を目指すことなく、たとえばISOのための教育、コンプライアンスのための講義等をこなすだけの状態になっている。
- 業務マニュアル（特に判断基準を明示した業務処理フロー）等の整備・拡

充を目指すことなく、自社における業務マニュアルの内容等と全く異なる「3点文書（業務記述書、フローチャート、リスクコントロールマトリクス）」を作成するものの、実際の業務改善にはあまり役立っていない。

結局、経営者が内部統制の推進を指示したとしても、業績評価・人事評価の基準である事業計画の目標達成に各事業部等が注力するのは自然である。事業計画の推進活動とは別に、さまざまな内部統制関連活動が「別枠」として存在するならば、いくら立派な内部統制の活動であったとしても、事業部等には「余計な手間」としか映らなくなり、当該活動の継続は非常に困難なものとなる。

Column

いわゆる「3点文書」における実務上の課題

前述した「財務報告に係る内部統制の評価及び監査に関する実施基準」では、（参考2）として「業務の流れ図（例）」と「業務記述書（例）」が記載されている。業務の流れを記述式で文書化したものが「業務記述書」であり、その概観を「業務の流れ図」で示したものが「フローチャート」である。同様に（参考3）として「リスクと統制の対応（例）」が記載されているが、これが「リスクコントロールマトリクス（RCM）」と呼ばれているものである。

業務の流れ（業務フロー）は、業務目的の大・中・小のレベル感に応じて、「大分類」「中分類」の業務手続等を明確に定義してから、「小分類」の業務手続等を把握することが肝要である。しかし、実務上、「小分類」レベルの業務記述ばかりが記載され、管理者レベルで把握すべき業務手続等に相当することが多い「大分類」「中分類」の業務手続等と混在して業務記述書が作成されている事例は少なからず見られる。

フローチャートについては、主なリスクやコントロールの概観

を示すために作成するはずが、非常に細かなフローチャートの作成に走り、改訂が非常に困難になるような事例が少なくない。

RCMに記載すべきリスクは、金商法の内部統制においては、まずは「財務報告の信頼性」に関するリスクであるが、財務報告の信頼性に関するリスク以外のさまざまなリスクを書きこんでしまい、煩雑な状況に陥っている事例が見られる。また、記載する統制の内容も、実務上の実践が困難となる事前予防策ばかりを記載し、効率性の観点からも必要な異常点の有無をモニタリングする判断基準・手続等はあまり記載されていない事例が少なくない。

結局、多大な時間をかけて作成した3点文書も、実際に業務の効率化等に活用できている事例は、非常に少ないと感じている企業の実務者が少なからずいるのではないだろうか。

(2) 疲弊感に拍車をかけるさまざまなPDCA活動

内部統制関連活動の効果を認識することが困難となっているほか、企業の実務において非常に問題になりつつあることは、内部統制のさまざまなPDCA活動が、従業員等の疲弊感に拍車をかけている懸念があることである。

企業の究極の目的は、適正な利益の創出である。ただし、現代の企業経営者は、単に利益を追求するだけではなく、さまざまな要求等を達成しながら、利益の創出をしなければならない。たとえば、金商法の財務報告に係る内部統制報告制度への対応のためには「財務報告の信頼性」を達成しなければならないし、「法令等の遵守」という目的も達成しなければならない。また、ISO9001のように品質管理も徹底しなければならないし、ISO14001のように環境経営にも努めなければならない。このほか情報セキュリティの徹底、安全管理の徹底等、さまざまな社会等からの要求・要請に対応しながら、企業は利益を創出しなければならない。いわば、財務報告の信頼性・品

図表1-1　PDCA・内部統制関連活動の整理

```
┌─────────────────────────────────────────────────────┐
│         内部統制（広義のマネジメントシステム：PDCA）          │
│ ┌─────────────────────────────────────────────────┐ │
│ │     個々の「目的」に応じたさまざまな内部統制に関連する      │ │
│ │            PDCAのマネジメント手法                    │ │
│ │ ┌──┬──┬──┬──┬──┬──┬──┐                        │ │
│ │ │財 │情 │品 │環 │CRM│そ │    │                        │ │
│ │ │務 │報 │質 │境 │・ │の │    │                        │ │
│ │ │報 │管 │管 │経 │バ │他 │    │                        │ │
│ │ │告 │理 │理 │営 │リ │…  │    │                        │ │
│ │ │に │体 │体 │の │ュ │    │    │                        │ │
│ │ │関 │制 │制 │た │ー │    │    │                        │ │
│ │ │す │（ │の │め │チ │    │    │                        │ │
│ │ │る │プ │た │の │ェ │    │    │                        │ │
│ │ │内 │ラ │め │PD│ー │    │    │                        │ │
│ │ │部 │イ │の │CA│ン │    │    │                        │ │
│ │ │統 │バ │PD│（ │・ │    │    │                        │ │
│ │ │制 │シ │CA│IS│SC│    │    │                        │ │
│ │ │   │ー │（ │O │M │    │    │                        │ │
│ │ │   │マ │IS│14│・ │    │    │                        │ │
│ │ │   │ー │O │00│顧 │    │    │                        │ │
│ │ │   │ク │90│1 │客 │    │    │                        │ │
│ │ │   │等 │01│等 │対 │    │    │                        │ │
│ │ │   │の │等 │） │応 │    │    │                        │ │
│ │ │   │個 │） │   │マ │    │    │                        │ │
│ │ │   │人 │   │   │ネ │    │    │                        │ │
│ │ │   │情 │   │   │ジ │    │    │                        │ │
│ │ │   │報 │   │   │メ │    │    │                        │ │
│ │ │   │管 │   │   │ン │    │    │                        │ │
│ │ │   │理 │   │   │ト │    │    │                        │ │
│ │ │   │・ │   │   │等 │    │    │                        │ │
│ │ │   │IS│   │   │の │    │    │                        │ │
│ │ │   │MS│   │   │各 │    │    │                        │ │
│ │ │   │等 │   │   │種 │    │    │                        │ │
│ │ │   │） │   │   │マ │    │    │                        │ │
│ │ │   │   │   │   │ネ │    │    │                        │ │
│ │ │   │   │   │   │ジ │    │    │                        │ │
│ │ │   │   │   │   │メ │    │    │                        │ │
│ │ │   │   │   │   │ン │    │    │                        │ │
│ │ │   │   │   │   │ト │    │    │                        │ │
│ │ │   │   │   │   │手 │    │    │                        │ │
│ │ │   │   │   │   │法 │    │    │                        │ │
│ │ └──┴──┴──┴──┴──┴──┴──┘                        │ │
│ └─────────────────────────────────────────────────┘ │
│ ┌─────────────────────────────────────────────────┐ │
│ │            全社的なリスクマネジメント体制                │ │
│ └─────────────────────────────────────────────────┘ │
│ ┌─────────────────────────────────────────────────┐ │
│ │    基礎的な岩盤としての「コンプライアンス・CSR経営」       │ │
│ │           ＝健全な経営の基礎的前提                    │ │
│ └─────────────────────────────────────────────────┘ │
└─────────────────────────────────────────────────────┘
```

質管理等のさまざまな「小目的」を達成しながら、利益創出という「大目的」を同時に、達成しなければならないのである（図表1-1）。

　おのおのの企業には、利益創出のための経営管理・事業運営のPDCAのマネジメント活動が確立している。また、上記のようなさまざまな「小目的」を達成するためのPDCAのマネジメント活動も存在している。しかし、残念ながら、このさまざまな「小目的」を達成するPDCAのマネジメント活動では、おのおのが個別に存在し、また他のマネジメント活動や自社で確立している経営管理・事業運営のマネジメント活動とは連携・調整が十分になされていないという「部分最適」の状況が非常に多く見られる。さまざまな内部統制に関連するPDCA活動を推進する部署は多数あり、事業部等にさまざまな活動への協力の「依頼」をする結果、事業部等は事業計画の推進活動とは別に、追加的に、さまざまな内部統制関連のPDCA活動をせざるを得ず、し

図表1-2　部分最適になりがちな内部統制関連活動

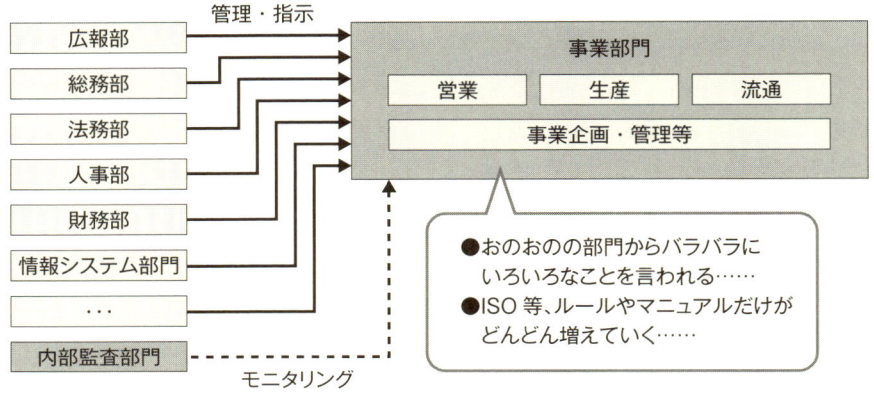

かもそれらの依頼の多くは中間管理職で対応していることが多いことから、中間管理職の負荷は相当なものとなっている。その結果、下記のような状況が少なからず見られる（図表1-2）。

- 規程・マニュアル・手順書等、ルール・規範文書の類が数多く作成される。周知されていればよいが、周知されず、また改訂漏れも放置されている。
- 中間管理職クラスだけが、さまざまな内部統制のPDCA活動の推進部署から研修受講を依頼され、何度も研修を受講せざるを得なくなっている。しかも、実務に活用できるとは思えない研修内容の場合も多い。
- PDCAというと必ず「C＝チェック」の「モニタリング」が必要ということになり、内部監査等の活動が行われるが、既存の内部監査部門の業務監査との連携・調整は図られていない。業務監査以外に、財務報告に係る内部統制の評価（テスト）、ISOの内部監査等のほか、監査役監査、会計監査人の監査等が行われ、いつも監査を受けてばかりという状況になる。
- 事業計画とは別のフォーマットで、PDCAの「P＝プラン」の推進計画が必要ということになり、さまざまな内部統制関連活動計画が作成される。

計画が作成されると、報告も必要となり、各事業部等は年度末になると、事業計画の実績報告のほか、さまざまな内部統制関連の計画の実績報告も作成しなければならない状況となる。しかも、同じような内容の報告となることもしばしばである。

(3) 企業の本質からの内部統制関連活動の整理・理解

　コンプライアンス等を含む内部統制は必要であるとされながらも、実際には形骸化し、あるいは疲弊感をもたらす状況になってしまう。こうした事態を解消する方法はないのであろうか。この問いに対する確固たる回答はないが、有力な手掛かりはある。それは、企業の本質から内部統制を正しく理解し、現在の自社の内部統制関連活動を見直すことである。

　本来、企業は「リスク」と聞いて逃げたり避けたりするだけの態度に終始してはならない。「リスク」とは「あってはならないもの」ではなく、目的達成における不確実性（つまりプラス・マイナスの不確実な幅）である。事業推進上、リスクが全くないということはあり得ない。企業とは、個人では達成困難な事業目的を協働によって達成する存在である。企業が果敢にリスクに立ち向かい、新たな商品・サービスを社会に提供してくれるおかげで、消費者・社会は企業が生み出した商品・サービスを享受することができる。その上で、消費者・社会から企業は対価を得て、利益を創出する。これこそが企業の本質である。

　そもそも企業活動はリスク対応の連続であり、極論すれば、企業経営＝リスクマネジメントとも言える。常に変化するリスクに適時に対応して、リスクに挑戦し続けなければならない。十分なリスクマネジメント能力を有していないのに、いたずらに高リスクに挑戦することは、無責任な企業行動である。リスクマネジメント能力を高めながら、他者が手を出すことができない領域（＝リスク）に挑戦し、他者が享受できない利益を創出することが企業の望まれる姿である。

　また、企業活動によって企業が得た利益には、そもそも社会性がある。消

費者、社会と関わりながら商品・サービスの対価として企業は収益を得、従業員等に給与等を支払い、調達先等にも対価を支払い、税金を納めることが、企業の果たすべき第一の社会的責任と言える。顧客を騙して見かけ上の利益を得ることや、従業員や調達先に支払うべき対価等を誤魔化して過少の支払により利益を得たとしても、そのような利益は本当の利益とは言えない。本当の企業が創出する利益とは、社会的付加価値の一環としての利益であり、社会性があるものである。社会のために企業は存在するが、企業のために社会が存在することはない。

このように考えると、企業が利益を創出する活動そのものに社会性があるわけで、ことさらに、「リスクマネジメントが重要だ」「コンプライアンス・CSRが重要だ」等と主張されること自体が、おかしな現象ではないかと思えてくる。社会的付加価値の一環としての利益を創出するためには、まずはリスクマネジメントが重要となり、法令遵守等社会の要求にうまく応えるコンプライアンスを徹底しつつ、適正な決算、品質管理、環境経営等の社会からのさまざまな要請に応えていくことが、利益の創出活動の一環として必要なはずである。

よく、利益の追求活動と内部統制活動との関係を対立的に捉えたり、「車の両輪」としたり、事業推進のアクセルと対比して、ブレーキ役として内部統制関連活動を比喩する考え方が見られる。しかし、より企業の本質に基づいて両者の関係を理解するのであれば、事業推進活動の一環として、すなわち経営管理・事業運営と一体となって、内部統制のPDCA活動を推進すべきである。

残念ながら現状は、経営管理・事業運営のPDCAとは別枠で、余計な手間として、さまざまな内部統制のPDCA活動が、全体最適を図ることなく個別バラバラに行われていることが多い。今後の企業経営においては、さまざまな内部統制のPDCA活動を全体最適の姿に近づけるとともに、企業の本来の活動である利益の創出活動にいかに寄与させていくかという、経営管理・事業運営・内部統制のPDCAの制度設計の大胆な見直しが迫られている。

② リスクマネジメント手法の活用の重要性・有用性

(1) リスクマネジメントとは何か

　リスクマネジメントとは、さまざまな分野で活用されている手法である。企業のリスクマネジメントは、平時と有事、リスクの発生前と発生後の観点から整理することができる。この点については図表1-3を参照してほしい。平時のリスクマネジメントにおいてはリスクの発生前の活動だけでなく、リスクの発生後の活動があることがわかる。また、有事のリスクマネジメントにおいてはリスクの発生後の活動だけでなく、事前準備等のリスクの発生前の活動が含まれていることがわかる。企業が経営管理・事業運営と一体となってリスクマネジメント活動を推進する主な内容は、平時のリスクマネジメントである。

　平時のリスクマネジメントでは、まず、経営者は会社で起こり得るリスク、特に会社の屋台骨を揺るがす重大リスクを想定し、重大リスクへの対応策を経営計画の中に織り込み、適切なリスクマネジメントの仕組みを構築す

図表1-3　リスクマネジメントの整理

	リスクの発生前	リスクの発生後
平時の リスク マネジメント	・リスクの発生そのものを抑える活動。リスクの洗い出し、評価、コントロール策の決定・実践 ⇒日常の管理活動	・発生したリスクについて、適切な対応を取ることによって、自社への影響を最小化する活動 ⇒日常的なトラブル対応
有事の リスク マネジメント	・危機の発生を想定して、被害を最小限にとどめるために、事前に行う準備 ⇒連絡経路の整備、発生時を想定した「対応マニュアル」の準備、訓練等	・危機が発生した際に、被害を最小限にとどめるために、事後に行う対応策 ⇒情報の収集、対策本部の設置、事態への対応、危機広報、再発防止策等

図表1-4　平時のリスクマネジメントの一巡

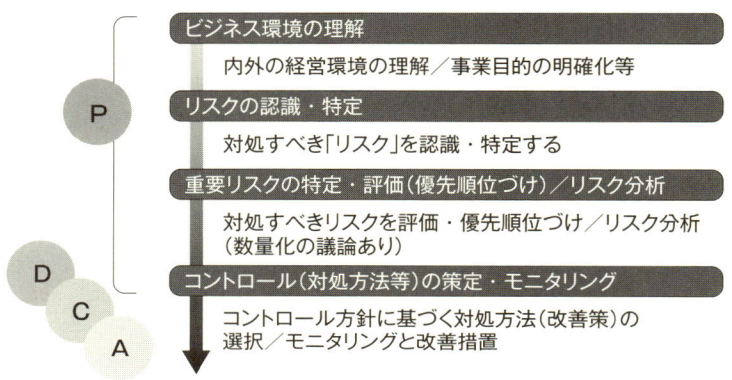

　る必要がある。「適切なリスクマネジメントの仕組み」とは、平時から業務に関するリスクの認識と評価・分析を行い、優先度の高い重要リスクを十分に管理できる内部統制の仕組みを意味する。平時のリスクマネジメントの一巡については、図表1-4を参照してほしい。

　リスクマネジメントにおける重要なポイントの1つは、「モニタリング」による継続的な改善である。リスクマネジメントの仕組みは形だけ整備されれば足りるわけではなく、その仕組みがリスクを有効に管理できているかモニタリングし、問題点等を改善していく継続的なマネジメントプロセスであることが必要である。リスクを適切に管理できる「プロセス」とは、単に規程等を整備するだけではなく、規程等がいかに浸透し実践されているかを適時にモニタリングし、不備があれば適時に改善措置を講じることができる「態勢」を意味する。リスクマネジメントに「完成版」はなく、常に「最新版」でなければならないのである。

　リスクマネジメントにおけるもう1つの重要なポイントは、「リスク」の考え方である。リスクマネジメントにおける「リスク」とは、「企業の事業目的の達成における不確実性」であり、マイナスの不確実性だけが「リスク」で

はなく、プラスにぶれるような確率の意味での不確実性も「リスク」である。

　たとえば、お客様からの苦情を含むさまざまな「声」への対応につき、顧客クレーム対応、ヘビークレーム対応、インターネット書き込みによる風評悪化等、後ろ向きなリスク対応のことばかりを考えれば、マイナスの不確実性たるリスクマネジメントの面が強くなる。一方、苦情等というよりも、新商品開発のヒント等が含まれるとして、お客様からの貴重な「声」「アドバイス」への対応というように前向きに考えれば、企業価値の向上のためのプラスの不確実性という意味でのリスクマネジメントの面が強くなる。このように、「リスク」とは何も「マイナス」の損失をもたらすものだけでなく、企業にとって「プラス」をもたらすビジネスチャンスを逃すことも「リスク」だということである。したがって、「リスク」とは、単に避けなければならないものではない。避けなくても良いリスクもあり、そのようなリスクに潜むビジネスチャンスをモノにせず、利益を獲得できずに企業の成長を図ることができないことも重要なリスクであることは強調しておきたいポイントである。

(2) コンプライアンスとは何か

　そもそもコンプライアンス（compliance）とは、英語のcomplyという動詞の名詞形で、このcomplyはwith〜を伴って、〜を遵守するという意味である。この遵守する目的語に鑑みて、「コンプライアンス」の意味を整理すると、次の4つのレベルに整理することができる（図表1-5）。
　①法令等を遵守する合法的活動
　②社内規程等を遵守する内部管理的行動
　③社会からの要請や社会規範・倫理を遵守する模範的行動
　④経営ビジョン等にかなった理想的行動
　「コンプライアンス」を達成するという場合、上記の4つのどのレベルを目指すのか、ということを明確に認識する必要がある。
　法令・規則を遵守することが大原則であり根本的な要請であるが、コンプライアンスを単に「法令等違反をしないこと」と捉えてはならない。法令等

図表1-5　ビジネスにおけるコンプライアンスの定義の整理

【コンプライアンス (Compliance) とは】
Ⅰ　法律・規則を遵守する『合法的活動』
Ⅱ　内部の規則・ルール等を遵守する『管理的行動』
Ⅲ　社会からの要請や社会規範・倫理を遵守する『模範的行動』
Ⅳ　経営ビジョン等にかなった『理想的行動』

Compliance
⇒「comply with ～ 」という形で、
「～を遵守する」という意味

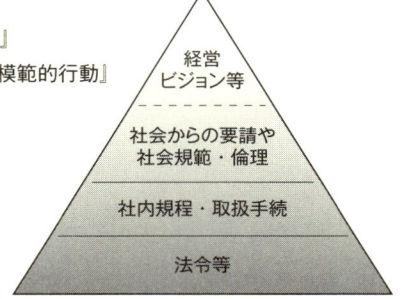

を遵守することは当り前であり、重要な点はむしろその上のレベルにある。すなわち、業務上のさまざまなリスクを回避するために会社規程や業務マニュアルを遵守し、さらに社会からの要請等に応えつつ、誠実な企業行動の規範（価値観の体系）を遵守する行動こそ「コンプライアンス」であると考えるべきなのである。

　また、「コンプライアンス」を実践するというと、「接待贈答の禁止」「セクハラの禁止」等のお題目をイメージする人が多い。しかし、「コンプライアンス」の目的は、（もちろん「接待贈答の禁止」「セクハラの禁止」等も大事ではあるが）教義的・抽象的な精神論を展開することではなく、実践的な「リスクマネジメント」を行う内部統制の向上にある。「財務報告に係る内部統制の評価及び監査の基準」で述べているように、内部統制の目的の1つが「コンプライアンス」であり、内部統制は「リスクの評価と対応」「統制活動」「モニタリング」等のリスクマネジメントの仕組みが含まれる要素から構成されている。そのため、コンプライアンス体制の向上には、リスクマネジメントが必要なのである。

(3) リスクマネジメント手法の活用で機能する内部統制と
　　コンプライアンス態勢

　企業のさまざまなリスクの十分な把握なしには「コンプライアンス」は達成できない。すなわち、「コンプライアンス」という目的の達成のためには、さまざまなリスクの所在を認識して影響度を評価し、収益機会や営業機会の最大化に努めながらも、同時にそうしたリスクを軽減するために、どのような法令や社内ルール等を遵守する必要があるかを点検し、把握するプロセスが必要である。

　「コンプライアンス」の達成のためには、企業が遵守すべき法令等を個別に取り出して遵守状況をチェックするよりも、内部統制のプロセスを経てチェックすべき法務リスク等を明確にし、遵守すべき法令等や規程等を特定することが重要である。

　そして、こうして洗い出されたコントロールすべきリスクをどのように管理しているかというルールやリスクマネジメント手続の「棚卸」を実施することが必要である。この場合、明文化されたものもあれば、不文律のルールもあるはずで、これらを発掘しコントロールすべきリスクに対処するリスクマネジメント手続等の実践、モニタリング、是正措置を図るといったプロセスを整備・運用することが、「コンプライアンス」の達成に重要な要素なのである。

　要は、コンプライアンス態勢の向上のためには、リスクマネジメント手法の活用が必須である。このことは、内部統制の構築のためには、リスクマネジメント手法の活用が必須だということでもある。内部統制の構築というと、たとえば、数多くの社内ルールの作成を思い浮かべる人もいると思うが、これは内部統制の推進のあるべき姿ではない。あくまでもリスク対応の観点で必要な社内ルールの整備等を行う必要があることに注意しなければならない。リスクがほとんど認識されていないにもかかわらず数多くの社内ルールを作成することや、重要なリスクがあるにもかかわらず対応する社内ルールを全く作成していないような事態は、あるべき内部統制の姿とは言えない。

　コンプライアンス態勢を含む内部統制は、リスクマネジメント手法の活用

が必須であり、リスクマネジメントと一体となって機能するものと言える。これについては、経済産業省のホームページから入手できる「リスク管理・内部統制に関する研究会」が2003年6月に発表した「リスク新時代～リスクマネジメントと一体となって機能する内部統制の指針」を参照することをお勧めしたい。

 内部統制とコンプライアンスやリスクマネジメントとの関係

(1) 内部統制の定義からの整理

「財務報告に係る内部統制の評価及び監査の基準」では、内部統制は「業務の有効性と効率性」「資産の保全」「財務報告の信頼性」「事業活動に関わる法令等の遵守（コンプライアンス）」の4つの目的があり、「統制環境」「リスクの評価と対応」「統制活動」「情報と伝達」「モニタリング」「ITへの対応」という6つの構成要素からなるとしている。この定義は、前述したように「COSOレポート」を踏まえた内容である。COSOレポートでは「資産の保全」は「業務の有効性と効率性」に含めて整理している。また、ITへの対応については、内部統制の他の構成要素と独立的に存在するものではないため、内部統制の構成要素は、基本的には「統制環境」「リスクの評価と対応」「統制活動」「情報と伝達」「モニタリング」の5つの構成要素からなると理解することができる。

コンプライアンス態勢を内部統制の考え方に沿って整理すると、コンプライアンスという目的を達成するための内部統制の仕組みと言える。

リスクマネジメントと内部統制との関係はどうか。図表1-6を参照してほしい。実は内部統制の構成要素と言われているものは、リスクマネジメント態勢における構成要素とほぼ同じなのである。リスクマネジメントと内部統制との関係については、リスクマネジメントの範疇の中に内部統制が含まれ

図表1-6　内部統制とコンプライアンスやリスクマネジメントとの関係

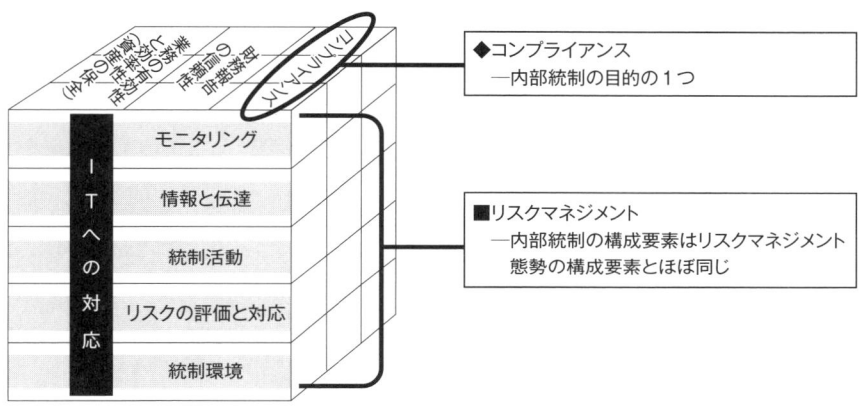

るという考え方、内部統制システムの範疇の中にリスクマネジメントが含まれるという考え方、内部統制とリスクマネジメントは重複している領域が多いがおのおの独自の領域もあるとする考え方等が見られるが、実務家としては、両者は同じようなものと理解して差し支えないと思われる。

　リスクマネジメント態勢において、「リスクの評価と対応」がなければならないことは自明であろうが、前述したように「モニタリング」も必要な要素である。また、「統制活動」とはコントロール手続のことであり、リスクに対するコントロール手続はリスクマネジメント態勢では必須の要素である。さらに、「統制環境」や「情報と伝達」もリスクマネジメント態勢には無関係ではない。リスクマネジメント方針の明示と周知徹底、経営者のリスクマネジメントに関する姿勢等、リスクマネジメント態勢でも「統制環境」として取り上げられる事項は非常に重要である。重要リスクの経営報告、事故トラブル等の報告、内部通報等の事項もリスクマネジメント態勢では重要な要素であり、リスクマネジメント態勢でも「情報と伝達」として取り上げられる事項は非常に重要である。

　すなわち、コンプライアンス態勢、リスクマネジメント態勢、内部統制

を、個々バラバラに捉えて、それに取り組むのではなく、同じ内部統制の範疇にあるということを十分に理解して、全体最適として制度設計を行い、効率的かつ効果的な運用を図る必要がある。

(2) 経営管理のマネジメントプロセスからの整理

　内部統制の4つの目的だけでなく、現代の企業経営者は、利益の創出という大きな目的の達成とともに、品質管理、環境経営、情報管理等のさまざまな小目的を同時達成しなければならない。すなわち、経営管理・事業運営のマネジメントプロセスによるPDCAによってさまざまな目的の達成のための目標管理を行うことが必要となる。実は、COSOレポートをよく読むと、次のような事項を読み取ることができる。

①経営管理・事業運営のマネジメントプロセスに、内部統制は組み込まれているべきものであること。
②内部統制の統制手続は、業務に組み込まれるべきものであり、「業務に組み込んだ統制手続」は、経営の質の向上を支援するものであること。
③新しい統制手続の導入には費用がかかるが、事業活動に統制手続を組み込むことで、不必要な手続や費用を避けることができること。

　つまり、理想的には、さまざまな内部統制のPDCA活動を個別的に行うのではなく、全体最適を図るべく、経営管理・事業運営のマネジメントプロセスの一環として、財務報告の信頼性の内部統制、コンプライアンス活動、品質管理活動、環境経営活動、情報管理活動等が行われるべきである。

　さまざまな内部統制関連活動のPDCAは何のためにやっているのか、今一度、見直しが求められる企業も少なからずあるのではないか。経営管理・事業運営の向上、ひいては商売力の向上による利益の創出にも寄与しない内部統制関連活動は、たとえばCSR報告書において活動例として開示されていたとしても、本当の意味で企業の社会的責任を果たすための活動に寄与しているとは言えない。コンプライアンスやリスクマネジメントを含む内部統制は、何か特別な仕掛けや仕組みではない。経営管理・事業運営におけるマネ

ジメントプロセスに組み込まれるべきものである。そのため、経営管理・事業運営のマネジメントプロセスにおける問題点等がある場合に、内部統制関連活動によってその改善を促す機能がどこまで発揮することができているか、今一度、点検することをお勧めしたい。そのためには、経営者による強い関与が必要である。そして、コントロールとモニタリングの全体最適のための経営管理・事業運営・内部統制の社内制度の再設計を図ることもぜひお勧めしたい。

(3) 不正リスクマネジメントの位置づけ

　不正リスクマネジメントとは、企業における不正・不祥事のリスクに対し、予防・発見・対処する体制を整備することによりリスクに適時・適切に対応するマネジメント態勢を構築することであるが、しかし、同時に不正・不祥事を日常的な業務プロセスの中で防止または適時に発見し、適切な対処をするためのPDCA活動の取組みであり、継続的に行われる仕組みでなければならない。

　不正リスクマネジメントの構築の考え方については、内部監査人協会国際本部・米国公認会計士協会・米国不正検査士協会が共同作成し、2008年に公表した「Managing the Business Risk of Fraud: A Practical Guide」が参考になる。日本語訳については、書籍「企業不正防止対策ガイド（不正リスク管理実務ガイド検討委員会・委員長八田進二　編／日本公認会計士協会出版局発行）」では、「企業不正リスク管理のための実務ガイド」と訳されている。この「企業不正リスク管理のための実務ガイド（以下「不正実務ガイド」とする）について、概説すると以下のとおりである。

　不正実務ガイドでは、企業の不正の主な動機は、自身の欲望あるいは、予算・目標等を達成するためのプレッシャーであることが多く、このような状況において、企業が不正を防止するためには、地道で継続的な努力が必要であるとしている。不正実務ガイドでは、不正リスクを有効に管理するための環境を積極的に構築するために重要な5つの原則が記載されている。

- 原則1：組織のガバナンスの構成要素として、不正リスク管理プログラムを整備すべきである。同プログラムには、不正リスク管理に関する取締役会と経営幹部の期待を伝達するための明文化された方針が含まれる。
- 原則2：低減すべき特定の潜在的な不正スキームや事象を識別するため、組織は不正リスクへのエクスポージャーを定期的に評価すべきである。
- 原則3：組織が被る影響を緩和するために、実現可能な範囲で、重要な不正リスクの潜在的事象を回避するための防止手法を確立すべきである。
- 原則4：防止策が機能しないか、または、緩和されないリスクが顕在化する際に、不正事象を発見するための技法を確立すべきである。
- 原則5：潜在的な不正への適時かつ適切な対応を確実にするために、潜在的な不正に関する情報提供を求めるための報告プロセスを整備し、調査ならびに是正措置を実施するための協調的なアプローチ（a coordinated approach）を用いるべきである。

　不正実務ガイドが示している不正リスク管理の5原則は、前述した内部統制の構成要素と類似している点に注目してほしい。上記の「原則1」は内部統制の「統制環境」と、「原則2」は内部統制の「リスクの評価と対応」と、「原則3」（および「原則4」）は内部統制の「統制活動」とほぼ同じような内容が記載されている。また、上記の「原則4」と「原則5」の内容も、内部統制の「モニタリング」と「情報と伝達」との内容と共通した内容である。

　不正とは、後述するように、意図的に他人を欺く行為であり、これにより企業に損害を与え、あるいは自ら利得を得ようとするものである。企業が従業員等を信頼して付与する権限等を悪用するものであり、信頼に対する裏切り行為である。しかも、誰が不正を実行するかは、発生してみないとわからない。そのため、不正リスクマネジメント態勢は「性悪説」を前提にして説明されることが多いし、やむを得ない面もある。

　しかし、不正対策は、不正実行者以外の大多数の従業員等の間の信頼関係を損ない、士気を低下させるおそれもある。不正リスクを抑止できても組織活力を大きく損なったのでは意味がない。そのため、ことさら「不正リスク

マネジメント態勢」等と称して、特別な仕掛け・仕組みとするよりも、各企業の経営管理・事業運営のPDCAの一環として、不正リスクに関して、もう少し積極的に対応する姿勢が重要ではないかと考える。つまり、経営管理・事業運営と一体となって機能する内部統制の仕組みの中に、不正リスクマネジメントを位置づけることが重要であると考える。

このことは、現在の多くの日本企業の管理職の負荷が増している状況において、非常に重要なことと思われる。

Column

現在の日本企業における管理職の状況（事例）

　厳しい事業環境やグローバル化等により、さまざまな問題が降って湧いてきて、じっくりと取り組む余裕がない。やることは山積みで、ストレスが溜まってくる。他の人や部下も皆忙しそうだし、内容的に部下にも丸投げできない。

　こんな状況下で、予算・事業計画の作成・進捗管理、人事評価の目標管理シートの作成や部下の面談、会議資料の作成、□□の案件の起案書作成・根回し、○○プロジェクトの会議への参加要請等のほかに、役員からの特命調査、財務報告に係る内部統制やISOの内部監査への対応、教育研修の受講等、目の回りそうな忙しさで気がおかしくなりそうな状況が延々と続く。

　その上、緊急ミーティングにも駆り出される。仕方ないので、家族の冷たい視線を痛く感じながら、休日にそっと出勤するか、家で仕事をする。

　こんな状態で、たとえば、コンプライアンス強化・不正リスク調査への協力の依頼（命令）が来たら、皆さんはどう思うだろうか？

第2章
不正リスクマネジメント フレームワークの概要

① 不正とは何か

(1) 不正と不祥事の定義

　不正とは何か、不祥事と何が同じで何が違うのか。不正・不祥事の定義については、KPMG Forensicで作成し、株式会社 KPMG FASが翻訳・発行した「不正リスクマネジメント白書－予防、発見、対処戦略の発展」における「不正」等の定義が有用と考えられる。そこでは、次のように定義されている。
- 不正：不公正・不法な利得を確保するための意識的な行為
- 不祥事：法令・規則・社内規程等の違反、倫理的なビジネス行為、市場・社会の期待に対する裏切りといった広範囲の概念

　このように、不正と不祥事の定義をすることはできるものの、実務上、両者の区別を明確にすることはやはり難しい面がある。たとえば、次のような事例は、不正であろうか、不祥事であろうか？　明確な峻別は難しいのではないかと思われる。
- 官公庁入札における談合（会社の売上拡大のために良かれと思って行った行為）⇒独禁法の違反
- 反社会的勢力への支出（会社を守るためという意識で、必要悪で行った行為）⇒会社法の違反
- 外国政府高官への賄賂等（会社の販路拡大のために良かれと思って行った行為）⇒不正競争防止法の違反

　不正と不祥事の明確な峻別は、実務上は重要なことではないと思われるが、あえて両者の峻別の考え方を示すとするならば、「意図的か否か」で整理することができる。つまり、不祥事と呼ばれる事象の中の、意図的な行為を「不正」と呼ぶことができる。そのため、「会社のため」で行った不祥事であっても、意図的に行った不公正・不法な行為は「不正」に該当する。

図表2-1　不正・不祥事の定義

【不祥事】
法令・規則・社内規程等の違反、倫理的なビジネス行為、市場・社会の期待に対する裏切りといった広範囲の概念

【不正】
不公正・不法な利得を確保するための意識的な行為

【会計不正】
財務諸表の意図的な虚偽の表示であって、不当又は違法な利益を得るために他者を欺く行為を含み、経営者、取締役等、監査役等、従業員又は第三者による意図的な行為

出所：日本公認会計士協会監査基準委員会報告書第35号「財務諸表の監査における不正への対応」より

　また、「会計不正」という用語もよく見られる言葉である。会計不正については、会計監査で対象とする不正が該当すると考えられる。日本公認会計士協会監査基準委員会報告書第35号「財務諸表の監査における不正への対応」では、不正（つまり会計不正）を「財務諸表の意図的な虚偽の表示であって、不当又は違法な利益を得るために他者を欺く行為を含み、経営者、取締役等、監査役等、従業員又は第三者による意図的な行為」と定義している。
　以上のように、不正・不祥事、さらには会計不正について整理したが、この点については、図表2-1を参照してほしい。

(2) 不正の分類と傾向

　不正の分類については、JICPAの不正研究報告で示されているように、不正関与者の特性と共謀の有無による分類が有用である。
　外部者が単独で不正を行う例としては、外部から会社内部に侵入して行う金品の窃盗である。この場合、比較的早くその犯行は発見される。また、外部者による窃盗に対しては、それを予防・発見する仕組みは、多くの場合、構築されている。それに対して、内部者が行う不正は、巧妙に隠ぺいされる

図表2-2　不正行為の分類と被害額との関係

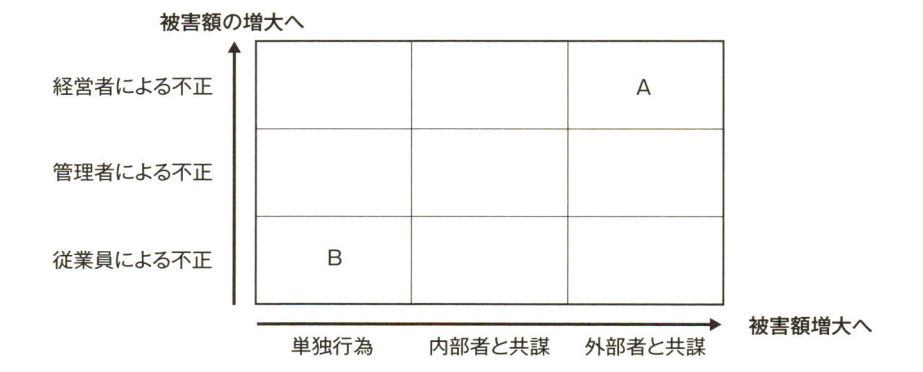

```
被害額の増大へ
↑
経営者による不正  |       |       |   A   |
管理者による不正  |       |       |       |
従業員による不正  |   B   |       |       |
                 単独行為  内部者と共謀  外部者と共謀  → 被害額増大へ
```

ことで発見が難しく、長時間に渡って行われていることもあり、企業に与える影響も多大となる傾向がある。

　そこで、まず内部者であっても業務上の権限が広く与えられている経営者と、権限の範囲が狭い従業員であるか否かという観点と、不正を単独で行う場合と他者と共謀する場合という観点で不正行為を分類することができる。

　このような点を考慮すると、不正行為者の階層と共謀の有無によって、図表2-2のようなマトリクスで不正行為を整理することができる。Bの不正行為よりも、Aの不正行為の方が被害額が多額になる傾向にある。

　公認不正検査士協会の「職業上の不正と乱用に関する国民への報告書2008年版（2008 ACFE Report to The Nation on Occupational Fraud & Abuse）」によると、不正事例の3分の2は単独犯だが、複数犯による不正の被害額は、単独犯の4倍以上である。

　また、株式会社 KPMG FASおよびあずさ監査法人が2010年に実施した「日本企業の不正に関する実態調査」によると、不正は単独で行われるケースが最も多いが、損失額が1億円以上の不正のうち66％は複数の行為者が関与しており、また、不正による損失額が多額になるにつれ部長以上の上位者が関与している割合が高くなっている。

このように、不正行為者が権限を広く与えられている者であればあるほど、また共謀者がいて、特に外部と共謀すれば、被害金額は増大することがわかるであろう。
　なお、会計不正については、JICPAの不正研究報告で、下記のように分類されている。
　①売上の前倒し
　②売上の架空計上
　③費用の先送り
　④費用の未計上
　⑤資産の評価替
　⑥資産の架空計上
　⑦負債の評価替
　⑧負債の未計上

(3) 不正の発生原因と重大不正事件の共通点

　①不正の発生原因
　不正の発生原因については、米国の組織犯罪研究者のドナルド・R・クレッシーが体系化した「不正のトライアングル」という仮説が有名であり、内部統制や監査等のさまざまな報告書等でも活用されている。そのため、この不正のトライアングルを参考にしながら、不正行為の発生原因を検討するとともに、再発防止策を検討することは、非常に有用である。
　不正のトライアングルによると、不正には、不正を実際に行ってしまう「動機・プレッシャー」、不正を実際に行うことができる「機会」、不正を行うことの理由の「正当化」、の3つの要素があるとされている。
　「動機・プレッシャー」については、次の例のようにさまざまあり、個人的なものから、「企業・組織存続のため」という名目となるものまで含まれる。
●遊興や賭け事のために個人的に多大な借金を抱え、通常の方法では返済が

できないため、会社財産の横領等をしたくなる。
- 自らの人事評価・業績評価や昇進や厳しい営業ノルマの達成のために、営業成績の仮装をしたくなる。
- 重要情報の漏洩の（不当な）対価を、外部者（特に親しい知人等）からちらつかされる。
- 処遇や上司等への不満から、情報漏洩等の嫌がらせを思いつく。
- 投資家からの評価や株価の維持のために、会計不正による粉飾決算を行う動機が生まれる。

「機会」については、次の例のように「バレないと思わせるような管理不備」があることに尽きる。
- 発注担当と検収担当が同一人物である等、基本的な内部牽制と職務分離がなされていない。
- 一定以上の実際歩留りと標準歩留りとの乖離理由について、分析・報告するモニタリング報告制度がない。
- 特定者の決裁権限の金額が多額で、自らの権限で投資・費用支出が可能であるとともに、その内容について十分な審査を受けることがない。または、特定の担当者が複数の口座・ペーパーカンパニー等の管理が可能で、頻繁にモニタリングを受けることもない。
- 重要な資産や情報へのアクセスが容易で、情報の書き換えも容易にできる。
- 決算期の見積り計上等、特定の知識・経験等を要する業務の場合、特定の担当者に依存せざるを得ないため、当該特定者は会計不正が容易な状況となる。

「正当化」については、たとえば、「うちの会社は儲かっているのだから、数万円くらい構わない」「私はこんなに会社に貢献しているのに、給料は非常に少ないのだから、数万円くらい構わない」等、こうした自分の不正行為を肯定する気持ちや姿勢を指す。また、投資家のために株価の維持・向上に

努めてきたのだから、少々粉飾決算をしてでも株価を上げることは投資家のためであり、自分は悪くないと思うようなケースも見られる。このような「正当化」に関して最も注意すべきことは、「他の人もやっているのだから」「上司もやっているのだから」と思わせるような組織風土である。

　個人的な借金苦のような「動機」を封じ込めることはほぼ不可能であるが、内部牽制の強化等により「機会」を封じることは可能かもしれない。ただし、費用対効果の観点から、限界も見えてくるだろう。そのため、「正当化」されるような状況を作り出さないことが肝要である。まず第一に経営者が組織の誠実性を高める諸施策（経営者の姿勢・会議等の発言、研修・周知等）を徹底させる統制環境の確立、次いで内部牽制等の統制手続が充実している旨をうまく周知することで、潜在的な不正行為者にいかに「あきらめ」させるかが非常に重要である。

②重大不正事件の共通点

　前述したように、不正行為者の権限が広く、外部と共謀できるケースでは、被害が重大となる傾向にある。実は、多くの重大不正事件の状況を検討すると、不正行為者に共通する事項として、次のようなものが挙げられる。
- 相当の権限を持つベテラン
- 仕事ぶりは「まじめ」という評判
- 人事異動が少なく、長期間にわたり特定業務等に従事

　このことは、不正のトライアングルの仮説とともに、過去のさまざまな企業の実例を思い返してみると、納得できるところである。つまり、重大な不正をすることができた不正行為者は、「信頼されている」「代わる者がいないという存在」となっていることが多いわけである。信頼されているような存在では、後述するような不正リスク評価を行っても「あそこは大丈夫」と思いこんでしまい、内部監査等の対象から外れるか、簡単な検証で済ましてしまう可能性は高まるだろう。常に、ビジネス環境の変化に、管理手続等が適時に対応できているか否かという観点で、思い込みを捨てて、ゼロベースでリスク評価することが重要なのである。

なお、このことは「性悪説」の重要性のみを説くものではない。後述するように、そもそも、企業（株式会社）とは、株主への説明責任が使命であり、役員・従業員は権限移譲を受けた範囲について、適切な業務を果たしたかどうかについて、常にその説明責任を果たす必要があるわけである。「信頼する＝完全に依拠する」ではなく、信頼して業務を任せることと、説明責任を果たしてもらうことは表裏一体の関係であり、両方とも求められるべきものと理解すべきである。

（4）不正発覚の主なパターン

　不正が発覚する主なパターンとしては、次の7つが挙げられる。
　①不正行為者による自主申告
　②人事異動で発覚
　③内部通報
　④会計監査人による会計監査
　⑤内部監査
　⑥内部統制（特に、業務処理統制）の機能から発見
　⑦内部統制評価

①不正行為者による自主申告
　不正行為者が、これ以上の不正の隠ぺいは困難との判断から、不正を行った旨を自ら申告するパターンがある。これは、人事異動等により不正行為が発覚することが確実である場合や、単独による不正行為を続けていたが内外の共謀の協力が得られず発覚が時間の問題と観念する場合等である。
　この発覚パターンは比較的多く見られる。

②人事異動で発覚
　人事異動によって長年担当していた者から、新たな担当者に交代があった場合等、前任者からの業務の引継ぎの際に、前任者による不正が発覚するこ

とがある。特に、経理担当責任者の交代時に、総勘定元帳の各勘定残高と補助元帳・管理台帳との照合を行う際に発覚する事例もある。

また、人事異動で発覚することはあるものの、長年、人事異動がないために不正が発覚しなかったケースも多々ある。そのため、不正行為者の死亡・病気による長期休暇等に伴い、後任者等により発覚する事例も見られる。

さらに、組織再編等で株主構成に変動があり経営支配権が移動し、新たな経営陣に変更した場合に、前経営陣時代の重要な業務内容の点検（監査）で発覚することもある。

③内部通報

さまざまな文献によると、不正発覚の主なパターンとして、内部通報が挙げられることが多い。前述の2010年度「日本企業の不正に関する実態調査」においても、不正の発見経路として最も多いのが「内部通報」である。

日本においては、かつては内部通報制度を導入している企業はごく少数であったが、2006年4月に公益通報者保護法が施行され、また金商法の内部統制における「全社的な内部統制」の整備の一環から、多くの企業で内部通報制度が制度化されている。しかし、通報したことが知られ職場で気まずい思いをしたくない、報復人事がこわい等の理由で、必ずしも内部通報制度が活発には利用されていない企業も見られる。また、内部通報が従業員等に浸透し、利用度が高い企業でも、現状はメンタルヘルスに関する相談のほか、パワハラ・セクハラ等のハラスメントや労働時間・残業代等の労務リスクマネジメントに関する通報件数が圧倒的に多く、特にハラスメントの通報に関しては、早急に被害者を救済すべき事例があるものの、単なるコミュニケーションのギャップと思われるような事例も多い。

しかし、内部通報制度が活発に利用できないような環境であることを上手く周知することは、不正発覚の有効な方法の1つになり得ると考えられる。

なお、メンタルヘルスの相談の場合、その背景を十分に探ってみると、上司の不正行為やその疑惑への悩みや、上司からの不正取引（または不正と疑われるような取引）への関与命令に関する悩みがあり、実は重要な不正で

あったという事例も見られる。そのため、内部通報の内容については、その背景や事実確認を十分に行わなければならない。

④会計監査人による会計監査

会計監査人による会計監査によって不正、特に、会計不正が発覚することがある。会計不正については、経験的に言えば、預金・債権・外部保管倉庫・借入金等の確認状の回答結果との差異、不明な回答（例：認知していない口座の回答等）、確認状の回答書の不備等から事由を追求して発覚する場合や、滞留債権や滞留在庫の事由の追求から発覚する場合が比較的に多いと思われる。このほか、現金や有価証券等の実査、棚卸資産の実地棚卸の立会から発覚することも比較的に多いと思われるが、実査・立会・確認のタイミングをずらして数量や金額を操作する手口も多いため、実査・立会・確認の監査手続を同じ基準日で実施する同時性の原則を徹底しないと不正発覚は難しい。しかし、巧妙に偽装されたケースでは、反面調査権を持たない会計監査人による監査においては、不正を発見することは非常に困難である。

会計監査人による会計監査のほか、税務調査や行政機関の立入検査によって不正の可能性を指摘される場合がある。

⑤内部監査

内部監査部門による内部監査や営業管理部門等によるモニタリング活動によって、不正が発覚することがある。金融機関でよく見られる事務検査等の業務ルール準拠性の監査（検査）やミドルオフィスに相当する管理部門等によるチェックは、通常、定期的に行われることが多いため、不正検出のために毎回支店等の往査場所を変える等、手続がマンネリ化しないように工夫することが必要である。また、内部監査においては、会計監査人による会計監査と同様に、滞留債権・滞留在庫の事由追求等で不正が発覚することがある。

内部監査等においても、会計監査人による会計監査と同様に、巧妙に偽装されたケースでは不正の発見は非常に困難である。監査の段階より早期の段

階、つまり現場における統制手続や日常的なモニタリング手続の機能によって、早期に不正が発見されることが理想である。ただし、経営資源の投入が少ないと比較的多くの内部監査人等は感じているのに対して、おおよその経営者は、会社法や金商法の内部統制を意識して、内部監査に相当の経営資源を投入していると認識していることが多い。そのため、経営者からの内部監査等による不正の早期発見に対する期待は増しているといえよう。このようなことから、不正の早期発見手法の向上は内部監査の社内的な位置づけを高めるためにも重要な鍵となると言える。

⑥内部統制の機能から発見

基本的な内部牽制や職務分離が効いていれば、不正予防のために統制手続が機能しているため、不正が発見されることは少ないと思われる。これは不正を行っても「すぐにバレる」と不正行為をしようとする者が十分に認識するので、そもそも不正が起きにくいからである。不正行為をしようと思わせてしまうのは、内部牽制や職務分離が効いていない場合や十分なチェック手続等を受けることがないケースである。

また、定期的な異例事項の報告制度や調査の仕組みがある場合、不正が発見されるケースがある。たとえば、顧客からの苦情内容につき、適時・適切に事実確認を行う仕組みが確立している場合には、顧客苦情対応体制から不正を発見することもある。長期間発覚しない不正事例は内部統制の不備や内部統制の枠外の経営者による不正である。この点は注意が必要である。

特に、経営者による不正については、経営者が自ら「経営者が暴走した時の備え」として自らを律するコーポレートガバナンスの仕組みやチェック手続を受ける仕組みを率先して確立しておかないと、対処は難しい。ある著名な経営者は「自分が暴走した時の備え」として外部取締役の重要性を説いてコーポレートガバナンスの見直しを図ったし、また別の著名な経営者は「高額な費用支出等は社長がチェック承認するが、社長自らが支出を指示する交際費等は誰がチェックするのか?」との疑問から、自ら指示した費用伝票は監査役のチェックを受ける仕組みを構築した事例もある。このような高い見

識に立って、経営者による不正に対する備えを制度化しないと経営者による不正への対処は難しい。

　⑦内部統制評価

　金商法の内部統制への対応において、業務プロセスに係る内部統制の評価を行うが、その場合、原則として、無作為抽出によるサンプリングによって行われるため、無作為抽出によるサンプリングで不正事例を検出することは非常に稀ではないかと思われる。

　この点は、内部統制の構築にかなりの経営資源をかけたと認識している経営者の期待とのギャップがあると考えられる。無作為抽出によるサンプリングのほかに、内部統制の評価の過程で、異常点を抽出して検証する手続を確立する等によって、不正検出が可能となる。不正の早期発見手法の向上は内部統制の活動の評価を高めるためにも重要な鍵と言えるのでないだろうか。

(5) 組織管理責任の強化

　不正の発覚の主なパターンを述べてきたが、一言でまとめるならば、巧妙に偽装された不正の発見は難しいということである。不正は意図的なものであり、一番悪いのは不正行為者であり、企業もいわば被害者と言える。しかし、「当社は被害者だ」という主張は、現在の社会に対しては通用しない。20世紀における企業をめぐる社会環境と、21世紀の現在の社会環境は大いに異なり、「規制緩和」後、企業に対しては、「組織管理責任が強化」されているのである。

　国等による事業の許認可権限は緩和され、新規参入のハードルが低くなった産業が増えてきた。一方で、弱い立場に立たされやすい個人消費者について、消費者保護のための法規制が強化されている。消費者契約法、個人情報保護法、特定商品取引法、金融商品販売法等、例を挙げればきりがない。今後も、消費者庁による新たな消費者保護関連法令の拡充がなされることと思われる。また、健康・安全等を守るための法規制についても、その強化が図

られている。消防法、道路交通法、建築基準法、労働安全衛生法、JAS法、食品衛生法等、さまざまな法令で安全配慮義務等が明文化され、罰則の強化も図られている。

このような法令環境において注意すべきは、企業の「組織管理責任」である。たとえば、企業が保有する施設において、悪意のある第三者が放火をして、その結果として被害者が発生した場合、最も悪いのは当該放火犯であり、企業自身も被害者であるが、企業が全く責任を負わないということはない。消防法では、防火管理者の設置や消防計画の作成等、防火管理体制の整備を要求している。もし、上記の放火のような事件が生じた際に、当該企業において、防火管理に関する規程が整備されていない、防火管理者を設置していない、消防計画の変更届を出していない、計画通りに訓練等を実施していない等の事態があった場合には、企業としての防火管理に関する責任が追及され、消防法上の罰則の適用を受けることも大いに考えられるだろう。

同様に、従業員の残業等についても組織管理責任に注意が必要である。たとえ、従業員自らが望んで残業・休日出勤を繰り返し、万が一にも、過労死のような不幸な事態が発生した場合でも、「本人が納得して、率先して勤務していた」等の主張は通用しない。労働安全衛生法では、従業員に対する安全配慮義務が明記されている。労働安全衛生委員会を開催する、安全衛生管理者を設置する、長時間残業に対する注意喚起を日頃から行うことや、産業医との面談を義務づける、健康診断の受診状況を監視し未受診者に受診させる等の必要な措置を講じていない場合には、企業は従業員の安全配慮義務違反に問われ、責任を追及されるだろう。道路交通法の車両安全運転管理体制、製品の品質管理体制等も同様のことが言える。

このような企業の組織管理責任の強化という方向性は、会計不正とも無関係ではない。企業で重大な不正が発生した際には、会社法が定める株主代表訴訟において内部統制の構築義務や監査義務が果たされていたか否かについて、経営者は説明責任を果たさなければならないであろう。また、上場企業である場合、証券取引所からも説明を求められ、十分な説明が果たせない場合には、証券取引所の規則に基づき、上場廃止等のペナルティを受ける可能

性もある。

　つまり、何か問題が発生した場合に、日頃からさまざまな法令で要求される「○○管理体制」が内部統制の中に組み入れられ、機能していないと、罰則の適用を含め、企業という組織全体の管理責任を問われる可能性が高いということである。そのため、不正が発覚し、財務上の巨額損失が発生した場合等も、組織管理責任が問われることに注意が必要である。

　こうした法令等に基づくペナルティを企業として受けた場合、罰金等の数倍、それ以上の大きな損害を被る可能性が高い。ペナルティを受けた事実は、やがて報道される。開示をためらっていても、内部告発等により明るみに出ることが多くなっている。この場合、マスコミ報道の姿勢はさらに厳しいものとなる。マスコミ報道の内容は、必ずしも正確な情報が含まれないこともあり、風評の悪化をもたらすことも多い。その結果、売上の低迷、顧客苦情の増加、苦情対応コストの増加、従業員の士気低下と退職者の増加等の負の連鎖を招くこともある。

　いつ何時、不正が発生したとしても「当社は……のような管理体制が整備され、運用もされていたが、本件については……が原因で発生した。そのため、……のような再発防止策を徹底して、再発防止に努めていきたい。今後とも定期的に再発防止策の有効性は検証していく」等の説明責任を適時・適切に果たすことが非常に重要である。不正・不祥事の発覚時に、経営者をはじめ、頭を下げてお詫びの姿勢を示せば何とかなると安易に考えてはいけない。マスコミはお詫びして頭を下げた瞬間、「どう責任をとるのだ？　社長は辞めないのか？」等と必ず攻撃をしてくる。お詫びする際には、不正等の再発防止の徹底を責任もって遂行することを明確に説明する前提で、「お詫び」をしなければ、危機広報では適切な対応は難しくなっている。

② 不正リスク管理プログラム──企業不正リスク管理のための実務ガイド

(1) 不正リスク管理の原則

　第1章で述べたように、内部監査人協会国際本部・米国公認会計士協会・米国不正検査士協会が共同作成し、2008年に公表した「不正実務ガイド」の内容を理解しておくことは、有用と思われる。そこで、以下、その内容を紹介するとともに、実務的にどう解釈すればよいのか、また、実務上で実施が望まれる取組み等を解説する。

> 原則1
> 組織のガバナンスの構成要素として、不正リスク管理プログラムを整備すべきである。同プログラムには、不正リスク管理に関する取締役会と経営幹部の期待を伝達するための明文化された方針が含まれる。

　「不正実務ガイド」から読み取ることができる「不正リスク管理プログラム」の構成要素の内容は次のとおりである。

①経営者による不正リスク管理への取組み姿勢（Commitment）

　「不正実務ガイド」では、経営者の不正リスク管理に関するコミットメントを文書にして伝えるべきことを述べている。
　実務上、考えられる取組みとしては、次のようなものが挙げられる。
- 経営ビジョン、クレド（信条）等の規範文書の中に、組織の誠実性等に関する創業者からの経営陣の明確な方針等を記載する。
- 行動規範・行動指針等の中に、倫理的な行動の基準や不正に対する方針、行動のガイドライン等として明文化し、取引先等の外部にも開示する。
- 不正リスク管理を含む内部統制の基本方針を明文化し、その基準・細則を

さまざまな会社規程・業務マニュアルの中に組み込んで明文化する。

②不正に対する認識の向上（Fraud Awareness）
「不正実務ガイド」では、不正に対する認識を高める取組みを行うべきことを述べている。
実務上、考えられる取組みとしては、次のようなものが挙げられる。
- 会議や研修の場面、社内報等において、経営者による不正への対応方針、誠実な行動の重要性等を頻繁に訴える。
- 経営者が講演した内容をDVDやビデオ等としてまとめ、周知する。
- コンプライアンス等の教育研修を継続的に実施する。
- 不正の手口等を解説した研修資料を使用した教育を行う。
- 頻繁な部内ミーティングやセッション等によって、コンプライアンス違反等のリスクの懸念の有無や不正リスク対応の現状の認識を高める。

③不正リスク管理方針等への確認手続（Affirmation Process）
「不正実務ガイド」では、役員・従業員等が、不正リスク管理方針等を理解・遵守したことを、確認書の入手等によって確認すべきことを述べている。
実務上、考えられる取組みとしては、次のようなものが挙げられる。
- 従業員等の採用時には、就業規則等の服務規律に不正行為の禁止等を明確に定め、雇用契約締結時に、遵守する旨の確認書にサインさせる。
- 従業員等に、（就業規則の服務規律の内容と整合していることが前提で）行動規範・行動指針等の理解・遵守に関する同意書・確認書にサインさせ、入手する。
- 役員用の服務規律（内規）を作成し、役員との委任契約書に当該服務規律を遵守することを明記し、契約を締結する。
- 取引先との取引基本契約書に、情報守秘、コンプライアンス違反の禁止、反社会的勢力ではない旨の確認条項のほか、モニタリング権限の条項を明記して、契約を締結する。

④利益相反の開示・報告（Conflict Disclosure）
　「不正実務ガイド」では、役員・従業員等に利益相反の事実やその可能性が生じた際には、自主的に開示・報告させるべきことを述べている。
　実務上、考えられる取組みとしては、次のようなものが挙げられる。
- 利害関係者取引等を含め、利益相反となるような取引パターンを具体的に示し、利益相反が生じそうな取引開始前には、事前承認手続を行うべきルールを明定する。
- 利益相反となる取引については、取締役会等、高レベルの会議体で、法務意見を付して審査を行い、取引可否の決定を行う。
- 内部監査等で未報告の利益相反取引の有無を検証する。
- 購買・調達権限を有する担当者の親族調査を行い、登録されている取引先に親族が勤めていないか等の調査を義務づける。

⑤不正リスク評価（Fraud Risk Assessment）
　「不正実務ガイド」では、不正リスク評価が不正リスク管理プログラムの基礎的岩盤であるとして、適切な人員が参加して考えられる不正のスキームやシナリオを検討する不正リスク評価が体系的・継続的に実施させるべきことを述べている。
　実務上、考えられる取組みとしては、次のようなものが挙げられる。
- 金商法の内部統制の評価時における財務報告に係るリスク評価時に、会計不正のリスク評価にかける工数を増やす。
- コンプライアンス活動やリスクマネジメント活動におけるリスク評価に関する活動・手続等において、不正事例のケーススタディを通じて、不正リスク評価やリスクシナリオ分析を行う。
- コンプライアンス活動やリスクマネジメント活動において、管理職・従業員が参加するセッションを行い、自由闊達な発言・意見具申を前提としたリスク事例の洗い出し等を通じて、潜在的な不正リスクの兆候の有無を観察する。
- 重大リスクに関する経営報告制度を確立し、定期的に重大リスクの状況や

対応状況を経営者に報告する際に、不正リスクに関する評価結果も報告する。
- 定期的に、内部通報の件数・内容等の分析結果や従業員意識度調査やコンプライアンスアンケート等の実施による分析結果から潜在的な不正の兆候の有無を検討する。

⑥内部通報等の報告手続と通報者保護
 (Reporting Procedures and Whistleblower Protection)

「不正実務ガイド」では、不正は容認されないということを文書化するだけでなく、不正の疑いがある際にはすぐに報告されるべきものであることを組織内に明確に伝えるとともに、不正の疑いがある際の報告手段を確立し、周知を徹底すべきことを述べている。

実務上、考えられる取組みとしては、次のようなものが挙げられる。
- 内部通報・相談制度を規程整備とともに確立する。
  ・公益通報者保護法で定める「公益通報」だけでなく、不正の疑義についても通報対象とする。
  ・公益通報者保護法で定める日数を超えないよう、通報時点から適時に通報者に連絡が行くような制度内容とする。
  ・受付窓口の担当者は、限定しつつも複数者を配置する、緊急対応の必要性を勘案し出張スケジュールに配慮する、通報・相談内容を的確に文書化する等を確保するための運営マニュアルの整備と教育を行う。
- 内部通報・相談制度の周知徹底を図る。
  ・イントラネット、ポスター、携帯カード、社内報等による周知のほか、職場ミーティング等の場でも周知を行う。
  ・従業員意識度調査等で、内部通報・相談制度の周知度を定期的に測定する。
  ・内部通報された主な内容について、プライバシー保護を図りつつ、定期的に社内に開示し、注意喚起を図る。

⑦不正調査プロセス（Investigation Process）
⑧是正措置（Corrective Action）

　「不正実務ガイド」では、不正が疑われる報告後の調査プロセスを確立するとともに、不正行為者への罰則等を明定すべきことを述べている。また、不正発生後には内部統制の不備・欠陥の有無を検討し、その是正を図るべきことを述べている。

　実務上、考えられる取組みとしては、次のようなものが挙げられる。
- 就業規則において服務規律に違反した際の懲罰について明定したうえで、その条項を受けて、より具体的な懲罰に関する手続・基準等を明定する。
  ・不正等の発生時の事実調査・量刑判断・懲罰の決定・再発防止策の検討と実施に関する手続を、誰がどのように実施するかを含め、明定する。
  ・量刑判断の基準を明定する。
- 不正等の事例を収集し、定期的に関係者（コンプライアンス・リスク管理担当部門、法務部門、広報IR部門等を含む）が集まり、「総括」を行う。
  ・この「総括」とは、もしマスコミ報道されたならば、もし法的な問題が生じたら等の観点で、リスクシナリオを検討し、不正等の発生時の事後対応は万全だったか、現状の内部統制は予防の観点で有効だったか等について、検討することを意味している。

⑨不正リスク管理プロセスの評価・改善／品質評価
　（Process Evaluation and Improvement (Quality Assurance)）

　「不正実務ガイド」では、経営者は不正リスク管理プログラムの有効性を定期的に評価すべきことを述べている。

　実務上、考えられる取組みとしては、次のようなものが挙げられる。
- 不正リスク管理プログラムの構成要素（コンプライアンス態勢・リスク管理態勢の構成要素と共通するものが多い）の整備・運用状況について、診断・評価を行う。
  ・上記の診断・評価は、外部の専門家に依頼し、その結果を経営者に報告し、経営者からの評価を受ける仕組みを確立する。

・診断・評価の諸手続は、明確な診断項目・評価基準に基づき、関連文書の閲覧、関連担当者とのインタビュー、各種モニタリング測定指標の分析、内部通報結果・従業員意識度調査結果等の分析、内部監査結果の検討等からなる。

⑩継続的モニタリング（Continuous Monitoring）

「不正実務ガイド」では、環境変化に対応して、不正リスク管理プログラムの関連文書等を適時に改訂し、常に最新化すべきことを述べている。

実務上、考えられる取組みとしては、次のようなものが挙げられる。
- 全社版と各部・各社版の不正リスク管理の実践計画（コンプライアンス実践計画等を含む）の実績報告結果を総括し、不正リスク管理プログラムの取組み内容の改善を毎期または適時に図るようにする。
- 年に1度以上、会社規程・マニュアルの見直しの要否の検討を行い、会社規程・マニュアルの改訂漏れ等を防ぐ仕組みをルール化する。

原則2
低減すべき特定の潜在的な不正スキームや事象を識別するため、組織は不正リスクへのエクスポージャーを定期的に評価すべきである。

「不正実務ガイド」では、不正リスク評価は、通常、次の3つの主要な要素からなると述べている。
- 不正リスクの固有リスクを認識する。
- 不正リスクの固有リスクの発生可能性と影響度を評価する。
- 発生可能性と影響度が中程度以上である不正リスクの固有リスク・残存リスクについて、対策を講じる。

ここで「固有リスク」とは、内部統制の統制手続等が存在しないと仮定した状態でエラー等が発生する可能性を意味し、「残存リスク」とは、内部統制の統制手続等が存在してもエラー等が発生する可能性を意味する。そのため、実務的には、リスク評価を「固有リスク」を前提に実施するとなると、

あらゆるリスクについて「内部統制が機能しなかったら……」という仮定での検討となり、相当大変な作業となる。しかし、「うちは、内部統制が機能しているから、大丈夫だ」「うちは、○○のような不正リスクはあり得ない」等と安易に考えるのではなく、やや保守的に、できる限り幅広く考えた上で、リスク評価においてはさまざまな不正の発生の可能性を検討することが重要であると理解すべきである。

また、リスク評価とは発生可能性と影響度の2つの軸で評価することが基本ではあるが、リスク評価は対処すべき優先順位を明確にすることが重要であるので、絶対的な評価にこだわるよりも、各リスク事項相互間の比較検討による相対的な評価を行うことで優先順位を明確にすることが大事である。

「不正実務ガイド」では、不正リスク評価の結果を下記のような表でまとめるべきことを述べている。

認識した不正リスクとスキーム	発生可能性	影響度	担当者担当部門	既存の統制手続等	左記の有効性の評価	残存リスク	必要な不正リスク対応
具体的なリスクの内容を記載する（例）得意先への無理な押込み販売が恒例となり、循環取引の温床となる	高・中・低等を記載	大・中・小等を記載	影響を受ける人や部門名を記載	既存の不正対策の統制手続を記載	既存の不正対策の統制手続の有効性の良否を記載	既存の不正対策の統制手続でも対処できない可能性等を記載	不正リスクの残存リスク対策を検討し、記載

上記のほか、「不正実務ガイド」では、不正リスク評価について、下記のような内容を述べている。
- リスク評価は、次のようなメンバーからなるリスク評価チームによって行われるべきこと。
  ・経理・財務部門に属し、会計・財務や内部統制に精通した人材

第2章　不正リスクマネジメントフレームワークの概要

・営業部門等の事業部門に属し、顧客・取引先との関係や事業の全体的な
　　　問題に精通している人材
　　・リスク管理部門に属し、全社的なリスク管理プログラムと不正リスク評
　　　価プロセスを一体化して検討できる人材
　　・法務・コンプライアンス部門に属し、刑事責任・民事責任・行政上の責
　　　任問題に発展する可能性のある法務リスクを検討できる人材
　　・内部監査部門に属し、内部統制やモニタリング機能に精通している人材
　　・社内人材だけでは専門的知識が不足する場合、リスク管理等の外部専門家
●リスク評価チームは、下記事項を検討して、不正リスクを認識するための
　有効なブレーンストーミングを行うべきであること。
　　・不正を犯す誘因、プレッシャー、機会の有無
　　・経営管理者により内部統制が無視されるリスクの有無
　　・業界ニュース、事件、規制当局の姿勢、専門団体からの情報
　　・業務プロセスの理解内容、従業員インタビューや従業員とのブレーンス
　　　トーミング、内部通報の内容の検討結果等
　　・不正アクセスやセキュリティ等に関するIT管理の脆弱性
　　・法規制の状況や法規制リスクの有無
　　・風評を悪化させるようなリスクシナリオの有無
●不正リスクは次のような分類が考えられること。
　　・会計不正（意図的な財務諸表の操作、不正な財務報告）
　　・資産の不正流用
　　・賄賂等の支出、賄賂やキックバック等の受取り、他者の不正の幇助・教唆

　このように「不正実務ガイド」では、さまざまな不正リスクに関するポイ
ントが述べられているが、企業の実務では、そもそも「リスク評価」がうま
くいっているとは言い難い場面に直面する。したがって、リスク評価を実務
上で適切に行うべきポイントを把握し、そのうえで不正リスク評価のポイン
トを理解することが重要である。
　この点については、第4章において、よくありがちなリスク評価の実務上

の失敗例も含めて、解説する。

> 原則3
> 組織が被る影響を緩和するために、実現可能な範囲で、重要な不正リスクの潜在的事象を回避するための防止手法を確立すべきである。

「不正実務ガイド」が、不正予防の鍵として強調していることは、「不正リスク管理プログラム」を企業内外に認知させることである。この点、実務上、重要なポイントである。前述したように、本気で内部牽制等の統制手続の充実を含む不正リスク管理プログラムを周知することで、潜在的な不正行為者に「あきらめ」させることが重要となる。そのため、不正発見のための手続を周知することが不正防止に有効な統制手続になるとも「不正実務ガイド」では述べている。

また、「不正実務ガイド」は、内部統制を確立してもすべての不正リスクに対応することは困難であることから、不正リスク評価プロセスの重要性を強調している。その上で、主に3つの不正予防手続を示している。

①人事に関する手続
②承認権限の手続
③取引レベルの手続

①人事に関する手続

「不正実務ガイド」では、「人事に関する手続」として、「身元調査」「不正対応研修」「人事評価・業績評価」「退職時インタビュー」が示されている。いずれも、人事部門が人材マネジメントを適切に発揮することができれば、取組み内容自体は困難なものではないが、そうでない場合、「人事に関する手続」による不正予防は非常に難しいであろう。

(身元調査)

従業員の採用時に、申込書・履歴書を確認している企業は大多数だろう。

「不正実務ガイド」では従業員の採用時に身元調査することを例示している。ただし、個人の犯罪歴や財産状況等については、法令等の規制の範囲内で個人の同意のうえでのみ実施可能であり、手続に限界があることも、「不正実務ガイド」で述べているとおりである。

　我が国の企業実務で注意すべき点としては、厚生労働省や各地の労働局のホームページで記載されているように、採用時には「応募者の適性・能力のみを基準」とすべきであって、以下の項目について、面接時に質問したり、情報を収集したりしないよう十分に配慮すべきことが求められている。そのため、採用時の正式ルールとして、従業員の採用時において身元調査を実施することを明定し、実施することは、事実上、非常に困難と言えるだろう。

〈本人に責任のない事項〉
・本籍・出生地に関すること
・家族に関すること（職業、続柄、健康、地位、学歴、収入、資産等）
・住宅状況に関すること（間取り、部屋数、住宅の種類、近郊の施設等）
・生活環境に関すること（生い立ち等）
〈本来自由であるべき事項〉
・宗教に関すること
・支持政党に関すること
・人生観、生活信条に関すること
・尊敬する人物に関すること
・思想に関すること
・労働組合・学生運動等社会運動に関すること
・購読新聞・雑誌・愛読書等に関すること
〈その他〉
・身元調査等の実施
・合理的・客観的に必要性が認められない採用選考時の健康診断の実施

ただし、役員への昇格時等においては、本人の同意を条件に、身元調査を受けることを制度化することは有用と考えられる。また、日本政府より2007年6月に公表された「企業が反社会的勢力による被害を防止するための指針」を受けて、第一東京弁護士会民事介入暴力対策委員会で作成した「反社会的勢力との関係遮断に向けた内部統制チェックリスト」に記載されているように、役員との委任契約や従業員との労働契約等に暴力団排除条項（あらかじめ反社会的勢力が契約上の取引の相手方となることを拒絶する旨や取引開始・契約締結後に相手方が反社会的勢力であることが判明した場合には契約を解除することを明文化した条項のこと）を導入することも有用と考えられる。

　なお、採用時に身元保証人を要求する企業が一般的であるが、「身元保証に関する法律」では、「保証期間は5年を限度とする（5年を越える部分は無効）」「保証期間を定めない場合は、保証期間は3年とする」ことが明記されており、また、同法では「保証契約内容に変更があった場合は、保証人に遅滞なく通知しなければ責任を問えなくなる」ことも明記されている。ここに「保証契約内容の変更」とは、「業務内容の変更」「勤務地の変更」等とされている。さらに、不正等が生じた際には、企業の管理者責任も問われることも実務的には多いだろうから、身元保証人に対して、不正による損害賠償を実際に弁償させることは、実務上は困難と考えられる。

　顧客・取引先等に対して、身元調査を行うべきことを「不正実務ガイド」では述べている。実務上は、顧客マスターや取引先マスター登録の前に、会社案内の入手、（実務上は困難なことも多いが）決算書の入手のほか、場合によっては信用調査機関による信用調査を行い、その結果を検討することも有用な手続と言える。また、マスター登録後、一定期間経過後にも、同様の手続を行うことは不正リスク管理の観点や反社会的勢力対応の観点からは望まれる。

（不正対応研修）

　「不正実務ガイド」では、不正リスク管理プログラムの一環として、不正

対応に関する研修（企業倫理研修等を含む）が必要であると述べている。実務的で有効と思われる研修内容については、第4章で解説する。

（人事評価・業績評価）
　「不正実務ガイド」では、従業員の仕事に関する能力のほか、業績、勤務態度を含む人事考課を定期的に行い、適時・適切にフィードバックを行うことが不正防止に有効であるとともに、給与等が短期的な業績賞与に大きく依存する管理職は、不正の動機を有するかもしれないとされている。
　この点については、人事評価項目等に、「コンプライアンス度」をどのように反映させればよいのか等といった疑問の声をよく聞く。金融機関等でよく見られるのが、減点評価方式である。営業店等でコンプライアンス違反事例が生じた場合や、内部監査・検査で指摘された場合、評価点をマイナスにするような方式である。このような場合、積極的に不正の兆候等を報告・相談できる風土が構築されないのではないかという危惧を感じる。
　「コンプライアンス度」等の項目を特別に設けて人事評価を行うということではなく、まずは「勤務態度」「各種のコミュニケーションの状況」「社内規程等の理解度・遵守状況」「法令等の理解度」等、既存の人事評価項目の充実や運用の適正化を図ることが非常に重要と考えられる。このような評価項目が人事評価事項として明示されていない状況下で、「コンプライアンス評価項目」を無理やり設定しようとすると、各種の事故・違反事例や監査・検査の指摘事項によるマイナス評価だけが先行しがちとなり、結果的に健全な組織風土の構築に寄与しないと考えられる。
　業績評価に関しても同様である。財務会計または管理会計上の売上高や粗利益等の数値だけで「業績」を決めるべきではなく、まずは以下のような事項も勘案するような業績評価基準の向上を図るべきである。
- 事業の重要リスク事項に関連する事故・トラブル件数等を含むモニタリング指標の改善度
- キャッシュフロー
- 管理しているリスク資産（最低限でも、事業部門等に固有の売掛債権・在

庫・融資・有形固定資産・株式等の投資等）とリターンである利益との関係値
●管理費用の配賦後の「ボトム損益」の数値

　そのうえで、各部・各社版の不正リスク管理プログラムに係る各種の実践計画（コンプライアンスプログラム等）の実施状況、コンプライアンスアンケート結果や内部監査結果等も考慮した業績評価の運用が重要と考えられる。

（退職時インタビュー）
　「不正実務ガイド」では、退職時インタビューの実施は、不正の予防と発見の両方に寄与すると述べている。
　実務上のポイントは、人事部門等の第三者による退職者インタビューの実施である。退職時に直属の上司との面談を義務づけているケースは多いが、そもそも直属上司に問題があり、従業員の退職理由がそこにある場合には、当該上司が面談結果の内容を改竄することが懸念されるし、当該退職者も自由な意見は言いにくいだろう。そのため、人事部門等の第三者による退職者インタビューの実施が重要と言える。
　ただし、規模の大きな企業では、すべての退職者に対して、人事部門等がインタビューすることが困難なケースもあり得る。その場合、次のような措置を講じることが考えられる。
●直属の上司以外の管理職による面談を義務づける
●退職事由を人事部門がレビューして、人事部門が自らインタビューする対象を選定し、実施する
　また、退職前の人事評価制度の一環として、「自己申告書」等で直接、人事部門等に、自らのキャリアに関する希望等の意見を自由に記載することができる制度があれば、所属する部門における不正の兆候を訴える機会を与えることにもつながると考えられる。

　これら4つの人事上の手続のほかに、ジョブローテーション制度や長期休

暇等の職場離脱制度の実施が不正予防にはある程度有効と考えられる。

②承認権限の手続
「不正実務ガイド」は、「全社的な内部統制」としての承認権限の確立、情報システムのアクセス制限等による適正な職務分離の重要性を述べている。この点については、第4章でさらなる解説をする。

③取引レベルの手続
「不正実務ガイド」は取引先等との取引開始時の徹底的な調査の重要性を述べるとともに、特に架空の取引先等や従業員の登録を予防するための統制手続の重要性を示唆している。

原則4
防止策が機能しないか、または、緩和されないリスクが顕在化する際に、不正事象を発見するための技法を確立すべきである。

「不正実務ガイド」は、不正発見のための統制手続を導入し、可視化することは、最強の抑止力だと述べるとともに、不正防止のための統制手続と不正発見のための統制手続を併用することは、不正リスク管理プログラムの有効性を高めると述べている。
「不正実務ガイド」では、次のような不正発見のための統制手続を示している。
　①内部通報制度
　②業務プロセスにおける発見型の統制手続
　③積極的な不正発見の手続

①内部通報制度
「不正実務ガイド」は、内部通報制度は不正リスク評価プログラムとして導入できる有効な施策の1つであり、各種の調査で示されているように、内

部通報制度等による内外の通報が不正発見に最も有効な手段の1つであると述べている。また、「不正実務ガイド」は、内部通報制度について、次のポイントを述べている。
- 内部通報制度の周知は不正予防の観点からも重要であること
- 通報者の匿名性は守ること
- 通報者の秘密保持は重要であること
- 通報者への報告禁止の徹底は重要であること
- すべての通報を管理する通報管理の仕組みを確立すべきであること
- 通報内容は一部が情報を独占するのではなく、各専門領域で必要な関係者にのみ情報共有するための手順を取締役会で承認すべきこと
- 定期的な内部通報制度の有効性の評価のために、内部通報の内容分析や対応手順等について、独立的な評価(外部評価等)を受けるべきであること

内部通報制度に関しては、第5章において、さらなる解説を行う。

②業務プロセスにおける発見型の統制手続
「不正実務ガイド」では、残高確認等による差異調整・分析、現物実査等が例示されている。
実務上は、これら以外にも次のような発見型の統制手続が考えられる。
- 投入原材料等の標準歩留りと実際歩留りとの比較分析
- 顧客苦情等の内容分析による不正の兆候の有無の確認
- 取引記録の監査
- 滞留している債権・在庫・受注記録・発注済未検収記録等の事由調査
- その他のモニタリング指標の測定

モニタリング指標については、第5章でさらなる解説を行う。

③積極的な不正発見の手続
「不正実務ガイド」は、ITツールを活用したデータ分析、継続的監査技法の有用性を述べている。この点については、コンピュータ利用監査技法(Computer Assisted Audit Techniquesのことで、以下「CAAT」とする)と

呼ばれる手法が有名である。CAATは、以前は「データ・ダウンロード監査技法」と呼ばれていたものが発展したものであり、企業で利用しているITから直接データを抽出して、データに対して直接的に監査手続を適用する。そのため、CAATではデータを直接的に操作することが必要になっているが、一般的にはデータベースソフトウェア等を使うことでも有効なCAATを行うことが可能である。

　このCAATについても、第5章でさらなる解説を行う。

　「不正実務ガイド」は、不正発見のための統制手続は、リスクの多様な変化に対応するべく、柔軟かつ継続的に変化していかなければならないこと、さらに、不正発見技法の評価・改善のための継続的モニタリング手法と評価指標を開発すべきと述べている。評価指標について、「不正実務ガイド」では、次のような指標が例示されている。

- 不正スキームの件数
- 受理された不正の申立てのうち、調査を要した件数・進捗状況、解決した不正調査件数
- 内部通報制度の受付件数、うち提起された不正の通報件数、主な内容別の件数
- 企業倫理等に関する誓約書・確認書に署名した人数と割合
- 企業倫理等に関する研修受講者の人数と参加割合
- 行動規範等の方針の支持者数・当該方針の遵守に署名した人数と、おのおのの割合
- 不正の類型と平均損害等の調査との比較
- 行動規範等の方針を遵守する旨を署名した取引者数と割合
- 内部監査における不正監査の件数
- 従業員や取引先等に対する意識度調査結果
- 不正リスク管理に要したコスト等

> 原則5
> 潜在的な不正への適時かつ適切な対応を確実にするために、潜在的な不正に関する情報提供を求めるための報告プロセスを整備し、調査ならびに是正措置を実施するための協調的なアプローチ（a coordinated approach）を用いるべきである。

　「不正実務ガイド」は、さまざまな違反行為等が発生した場合には、すべて適時に報告され、適切な処分を含む対処がなされ、是正措置を図るべきと述べている。不正行為をした者に対して「○○は過去に営業成績による貢献が大だから」等の理由で不正行為への対処をしないようなケースが、実務上、散見されるが、どんな立派なコンプライアンス体制や不正リスク管理体制を形式的に構築できたとしても、首尾一貫していない基準の適用は、当該制度が継続せず、崩壊していったさまざまな企業の実例が少なからずあったことをここでは強調しておきたい。
　「不正実務ガイド」では、不正の調査・対応から是正措置までの手順を次のように示している。
　①不正の調査・対応（不正の申立ての受付、申立て内容の評価、不正調査）
　②不正調査の実施・結果の報告
　③是正措置・効果測定

①不正の調査・対応
（不正の申立ての受付）
　「不正実務ガイド」は、不正が懸念される行為については、従業員からの通報、顧客・取引先からの通報、内部監査、外部監査、業務プロセスの統制手続のほか、偶然による場合等、さまざまな方法で察知されるとしている。この点について、不正発覚にはさまざまなパターンがあることは、前述したとおりである。
　また、「不正実務ガイド」は、不正の申立てから不正調査・対応の手順に

取締役会がどのように関与するのかを明確に定めること、さらに、すべての不正の申立ての案件を記録管理する案件管理システムを確立すべきことを述べている。この点は、多くの日本企業の現状に鑑みると、次の事項について拡充を図る余地がある企業が多いのではないかと思われる。

- 限定されたメンバーだけで不祥事等の案件を調査し、罰則の量刑判断をするのではなく、経営層で不祥事等の案件の事実内容・量刑判断・原因分析と是正措置の適否等を議論する場を設ける。
- さまざまな部署において、コンプライアンスの内部通報、顧客苦情、人事上の懲戒、品質事故等を別々の仕組みで管理するのではなく、「不正・不祥事等」の判断基準に抵触した案件は、統一の案件管理システムで登録・管理し、対応のステータス管理や総括時に必要な事実内容・原因・対処結果・必要な是正措置等を記載できる管理シートで管理する。

(申立て内容の評価)

「不正実務ガイド」では、不正の申立てを評価する責任者を任命すべきであり、当該責任者は、申立て内容の評価・解決に向けた適切な方針の策定に必要な権限・スキルを有する者であるべきとされている。また、申立て内容の評価の際には、必要に応じて専門分野ごとの関連部門への相談や、財務諸表に影響を与えるおそれがある不正行為については会計監査人に報告をすべきとされている。

実務上は、第1報を受け、事実調査を行い、服務規律違反と疑われる場合には、量刑判断等の対処案を懲罰委員会等に諮り、対応策や是正措置の指示がなされることになる。事実調査を行い、意図的な不正行為であることが判明した場合に不正調査の手続に入る。

(不正調査)

「不正実務ガイド」では、取締役会で承認された手順に従って不正調査を実施すべきであり、次のような事項を考慮して調査計画を立案すべきとされている。

- これ以上の損害を増やさないため、保険金請求のため等の理由から、調査を早く実施しなければならないことがあること。
- 収集した機密保持は徹底する必要があること。
- 調査プロセスの当初から（弁護士・公認会計士等の）外部専門家を関与させることが有用である。
- 情報収集やインタビューにおいては、関連法令等やルールを遵守すべきであること。
- 法的手続でも適格性を維持できる証拠の保全を図ること。
- 調査対象の案件に関係する人や利害関係のある人は、調査チームから外すべきこと。
- 特定の問題等がある場合、調査の要点、範囲、時期等に反映させるべきこと。

　また、「不正実務ガイド」では、調査の責任者は、不正行為を疑われている人物よりも、階層は上であるべきであり、そのため取締役等が不正行為を疑われている場合には、取締役会か取締役会が設置する特別調査委員会が監督すべきとされている。

　不正調査の実務上のポイントについては、第6章でさらなる解説を行う。

②不正調査の実施・結果の報告

　「不正実務ガイド」によると、不正調査には、以下のように実施される。
- 次の者へのインタビューとインタビューメモの作成
  - 不正行為者と疑われている対象者
  - 共謀または関与が疑われている人
  - 裏づけ調査に必要な証人
  - 第三者的な証人
- 次のような内部記録の収集
  - 人事ファイル
  - 内部の通話の録音記録
  - コンピュータ・ファイル等
  - eメール

- ・会計記録
- ・防犯カメラのビデオ映像
- ・入退室記録または情報システムへのアクセス記録
● 次のような外部記録の収集
  - ・公的な記録
  - ・顧客・取引先の情報
  - ・マスコミ報道
  - ・第三者が有する情報
  - ・調査会社の報告書
● コンピュータ・フォレンジック検査
● 次のような証拠分析
  - ・収集した情報の点検・分類
  - ・コンピュータを利用したデータ分析
  - ・仮説の立案と検証

　不正調査後の報告について、「不正実務ガイド」では、法務担当役員の事前のアドバイスを受けるべきと述べている。ここに「法務担当役員」とは「legal counsel」のことであり、日本企業には馴染みがないかもしれない。「legal counsel」は「general counsel」とも呼ばれ、米国企業では法務担当の最高責任者として位置づけられており、日本企業ではあまり見ることがない役職である。日本企業の実務では、不正調査後の報告内容について、顧問弁護士事務所等に事前確認と相談をすると解すべきであろう。

　③是正措置・効果測定
　「不正実務ガイド」からは、次のような是正措置を読み取ることができる。
● 警察への通報・検察当局への刑事告発
  - ・「不正実務ガイド」では、刑事事件の際には通報する方針を明確化すべきことを述べている。
● 不正行為者に対する民事訴訟による損害賠償請求

- 人事上の懲戒処分
- 損害保険会社への保険金の請求
- 根本的な原因分析等のための調査の延長・拡大
- 業務プロセスの改善
- 内部統制の改善

　不正調査によって事実確認が終わったならば、首尾一貫した対処（人事処分、警察通報等）をするとともに、しっかりとした原因分析を行い、再発防止策の立案と実行をしなければならない。この再発防止策の一環として、社内に案件の内容について、プライバシー保護に注意しつつ、ある程度の開示を行うことが重要である。また、企業の外部への影響が大きい場合には、適時開示を行うことも必要である。この場合、案件の発覚が社内からではなく、マスコミ報道がきっかけとなった場合には、マスコミ報道の圧力を受けながら、事実調査を行い、社会が納得するような再発防止策のコミットメントをしなければならなくなる可能性があることに注意が必要である。しかも、マスコミ報道を契機に不正事件が発覚した場合は、早期の説明等を含む記者会見を何度もしなければならないという圧力を受けながら、かなりのスピード感を要することもある。こうなると、いわゆる「危機広報」のスキルも必要となる。

　なお、不正・不祥事等における懲罰の考え方についての基本は、被害の範囲が企業内部だけなのか、外部のステークホルダーにも影響が及んでいるのか、という判断軸と、被害の重要度という2つの判断軸で、懲罰等の判断基準を整理することができる。この点について図表2-3を参照してほしい。

　「不正実務ガイド」は、不正調査結果について、効果測定を行うべきことを述べており、次のような効果測定基準を示している。
- 問題の解決までに要した時間・日数
- 案件の再発件数・再発状況
- 損失の回復額・将来的な損失の防止額

　これらは、企業の実務上は、個々の不正等の行為を案件管理システムで登

図表2-3 不祥事に対する懲罰判断基準（例）

1. 不正・違反行為が利害関係者や会社財産にどの程度の損害を与えたか	軽度の被害 (1人の顧客に軽微な被害が発生した、等)	中度の被害 (多数の顧客に深刻でない被害が発生した、等)	重度の被害 (1人または多数の顧客に深刻な被害が発生した、等)
2. 不正・違反行為が損害を与える可能性があることを知っていたか(証拠があるか)	知らなかった (無知・不注意) ※証拠の有無を含め判定する	知っていたが確証はなかった(怠慢) ※証拠の有無を含め判定する	知っていた (故意等)
3. 行為に対して合理的な説明がつくか(証拠があるか)	行為に対して合理的な説明がある ※証拠の有無を含め判定する	行為に対しある程度合理的な説明があるが理由にはならない ※証拠の有無を含め判定する	行為に対して合理的な説明がつかない
判断結果(目安)	「それほど重大でない」	「重大」	「非常に重大」

録・管理する場合、次のような観点でレビューする際の着眼点として、活用することが考えられる。

・不正行為等の発生日、通報等の受付日、解決日までの日数等は長すぎないか（特に、初期対応が大幅に遅延していないか）
・同じようなまたは類似の案件が複数発生していないか（過去の案件の再発防止策は有効か否か）
・特定の案件について、不正調査の適時性・適格性等や再発防止策の有効性を評価して、最悪のシナリオによる最大損害額と比較して、どの程度、追加的な損害発生を防げたのか、防げなかったのか等を検討する

「不正実務ガイド」で述べているように、すべての不正行為のリスクを根絶することは、不可能であるし、それを目指すことも経済合理性はない。また、企業にとって「不正」はできる限り、取り扱うことは避けたいテーマではあるが、現実的にはほとんどの企業で不正事例を経験する。そのため、不正リスク管理に関する取組みは前向きに、建設的に行うべきである。

(2) 不正リスクマネジメント態勢の構成要素

不正リスクマネジメント態勢の構成要素については、前述した不正リスク管理プログラムの10項目の構成要素がある(「不正実務ガイド」の「原則1」参照)。

KPMG Forensicで作成し、株式会社 KPMG FASが翻訳・発行した「不正リスクマネジメント白書―予防、発見、対処戦略の発展」によると、不正リスクマネジメントは、「統制環境」という組織インフラ、3つの目的(不正の予防・発見・対処)を達成する不正リスクマネジメントのアプローチ、リスク評価・不正リスク管理の設計と導入・評価からなる「継続的プロセス」からなるとしている。この点については、後述する。

不正リスクマネジメント態勢の構成要素をより深く理解するためには、米国の連邦量刑ガイドライン(The Federal Sentencing Guidelines For Organization)が定義する「有効なコンプライアンス・倫理プログラム」を理解することが有用である。連邦量刑ガイドラインとは、米国の連邦法上の犯罪に対する連邦裁判所の量刑裁量の基準を明確化・公平化するために作成されたガイドラインである。この連邦量刑ガイドラインでは、会社犯罪における量刑の決定について、「有効なコンプライアンス・倫理プログラム」を実施している企業については、量刑を軽減する指針を示している。このガイドラインは1991年の制定後、二度にわたり改訂されている(2004年、2010年)。連邦量刑ガイドラインが定める「有効なコンプライアンス・倫理プログラム」からは、次の7つの基準を読み取ることができる。

(a) 犯罪行為を予防・発見するための基準や手続を確立すること。
(b) 取締役会は、コンプライアンス・倫理プログラムの実施とその有効性について適切に監視する高位の経営管理者をその責任者として任命するとともに、当該責任者には当該プログラムの日常の執行に関する権限や予算等を付与し、経営者・取締役会等に対し、コンプライアンス・倫理プログラムの有効性について定期的に報告させること。
(c) コンプライアンス・倫理プログラムに適合しない行動をとるおそれがある者を、重要な権限を有する職位に任命させないよう努めること。

(d) 効果的な教育研修プログラムを実施することや、さまざまな周知方法により、役員・従業員等に対してコンプライアンス・倫理プログラムの基準や手続等を定期的に伝達すること。
(e) 犯罪行為を発見するための内部監査等のモニタリング方法を確立し、コンプライアンス・倫理プログラムの有効性を定期的に評価するとともに、従業員等に匿名報告が認められ、通報者は報復を恐れることのない内部通報制度を導入すること。
(f) コンプライアンス・倫理プログラムを遵守するためのインセンティブの付与や、犯罪行為への関与または犯罪行為の予防・発見のための適切な措置を講じなかったことに対する懲戒処分を通じて、コンプライアンス・倫理プログラムが常に全社的に推進・継続されること。
(g) 犯罪行為が発見された場合には、コンプライアンス・倫理プログラムの改善を含め、犯罪行為(類似の行為を含む)に対して適切に対応した再発防止措置を講じること。

このように、「不正実務ガイド」が公表される前から、米国企業では量刑ガイドラインにかなったコンプライアンス態勢等の構築に努めざるを得なかったわけであるが、上記で示した7つの基準の内容は、不正リスク管理プログラムの構成要素とかなり類似しているものが多いことがわかる。なお、量刑ガイドラインが、コンプライアンス・倫理プログラムを導入する場合、定期的に犯罪行為が生じるリスクを評価し、当該プログラムの修正等を行うべきことも述べている点も、重要なポイントであろう。

(3) 不正リスクマネジメントの運用上の留意点

第1章で述べたように、不正リスク管理プログラムの取組みで留意すべき点は、十分な説明がないため納得感がないまま導入することは、負荷を増すだけでなく、不正実行者以外の大多数の従業員等の間の信頼関係を損ない、士気を低下させるおそれもあるということである。不正リスクを抑止できても組織活力を大きく損なったのでは意味がない。

そのため、ことさら「不正リスクマネジメント態勢」等と称して、特別な活動とするよりも、各企業の経営管理・事業運営に見合ったPDCAの一環として、経営管理・事業運営と一体となって機能する内部統制の仕組みの中で、不正リスクマネジメントを位置づけ、従前よりも、もう少し積極的に、不正リスクというものに立ち向かうことが重要である。

　ここで、不正リスクマネジメントを含む全社的なリスクマネジメントについて、どこまで体制が整備され、どのように経営管理と一体となった運用がなされているかを点検・診断するツール例（全社的なリスクマネジメント態勢に関するチェックリスト）を図表2-4で紹介したい。このチェックリストにおける「全社的リスクマネジメント」は「コンプライアンス」「不正リスクマネジメント」等の用語等と変換して、点検して頂いても構わないと理解してほしい。

図表2-4　全社的なリスクマネジメント態勢に関するチェックリスト

1	全社的リスクマネジメントに関する基本規程等が制定されているか。
2	全社的リスクマネジメントに関する基本規程等には、下記事項が明定されているか。 ―リスクマネジメントに関する基本方針とリスクの定義 ―全社的リスクマネジメントの主管部署（責任者）および関係部署（関係者）の役割課題 ―全社重大リスク等に関する経営報告や経営層の役割課題 ―全社的リスクマネジメント態勢における評価・モニタリング方法
3	全社的リスクマネジメントに関する基本方針や基本規程の改廃は取締役会の承認を要することが取締役会規程等で明定されているか。
4	全社的リスクマネジメントに係る決定・審議・協議等を行う会議体は、次のいずれかでトップ経営層が関与しているか。 ―取締役会・経営会議等において決定・審議・協議等を行っている。 ―リスクマネジメント委員会等が設置され、決定・審議・協議等を行っている。
5	全社的リスクマネジメントの主管部署（統括部署）が設置されているか。
6	各部署に、全社的リスクマネジメントの主管部署とのコンタクトパーソンとしてリスクマネジメント担当者等が配置されているか。 主管部署以外の一般管理部門は、その専門機能からのリスクマネジメント推進部署として位置づけられ、十分な連携が図られているか。

7	業務分掌規程等において、全社的リスクマネジメントの主管部署や推進部署のリスク管理等に関する役割課題が具体的かつ明確に定義されているか。
8	決裁権限規程等において、法務チェックや税務チェック等の専門的な点検を受けるべき事項を定め、法務部門や税務部門等を協議先とすることが明定されているか。
9	主要なリスク項目について、具体的な行動指針・行動基準等が明文化され、周知されているか。抽象的な内容だけの倫理・行動規範が明文化されていないか。
10	上記の行動指針・行動基準等には、下記の内容が含まれているか。 　―具体的な行動のガイドライン 　―具体的なリスク内容・事例が想起できるような説明文章 　―相談等すべき社内部署名／参照すべき主要法令等と社内ルール
11	上記の他、リスクの認識や評価方法等のリスクマネジメント手法、重要リスクに対する対策の立案・検討のためのガイドラインやマニュアル等、リスクマネジメントの推進のためのツールが作成されているか。
12	上記の行動指針・行動基準等、ガイドやマニュアル等、リスクマネジメントの推進のためのツールは適時に更新され、周知されているか。
13	リスクマネジメント等に関する役員向け研修は年に1回以上は定時開催されているか。
14	リスクマネジメント等に関する管理職向け研修は年に1回以上は定時開催されているか。
15	リスクマネジメント等に関する管理職・担当者向け研修は、講義形式だけでなく、セッション方式を取り入れる等、具体的で実践的な内容と言えるか。
16	全社的リスクマネジメントについて、社内報・社内イントラ・ポスター・携帯カード等、さまざまな手段を講じて周知徹底が図られているか。
17	従業員意識度等により、全社的リスクマネジメント態勢の周知度・潜在的なリスク・リスク事例に関する認知度・意識度等について、定期的に（少なくとも、2～3年以内の頻度で）調査が行われているか。
18	管理者層の人事評価の項目に、リスクマネジメント等の行動実践を評価する項目があるか。
19	上級管理者になるほど、リスクマネジメント等の行動実践を評価する項目の割合は高い、コンピテンシーや必要なスキルにリスクマネジメント能力がある等、昇進の基準にリスク管理等に関する事項が反映されているか。
20	不正等が発生した場合には、利害関係のない者による客観的な事実調査と量刑判断、ペナルティの確実な実行、再発防止措置の検討と実施、プライバシー保護のうえでの社内外への公表、警察等への通報ルール等が確立されているか。
21	次のいずれかの方法により、経営の審議・承認を受けた全社的リスクマネジメントの推進等の計画（以下「実践計画」とする）が策定されているか。 　―全社的な事業計画等においてリスク管理等の推進や重要リスクへの対応方針・施策が明確にされている。

	―全社的リスクマネジメント等の実践計画（プログラム）が策定され、リスクマネジメントの推進や重要リスクへの対応方針・施策が明確にされている。
22	全社レベルの実践計画を受け、次のいずれかの方法により、各事業部門等や重要なグループ各社におけるリスクマネジメント等の実践計画に展開されているか。 ―各事業部門等・各社の事業計画等においてリスクマネジメント等の推進や重要リスクへの対応施策が具体的に記載されている。 ―各事業部門等・各社ごとのリスクマネジメント等の実践計画（プログラム）が策定されリスクマネジメント等の推進や重要リスクへの対応施策が具体的に記載されている。
23	上記の各事業部門等・各社の実践計画は担当取締役、当該グループ会社の経営層により承認されているか。
24	リスクマネジメント等の実践計画の内容は、具体的な内容で、かつマンネリ化の傾向はないか。
25	重要なリスクに対する施策・対策に関する具体的なモニタリング方法が立案・検討され、実際にモニタリングが行われているか。たとえば、重要リスクの経営報告におけるモニタリングや各部署の実践計画の報告におけるモニタリング報告は十分か。
26	上記のモニタリング方法は、①施策・対策の実行の有無を確認する方法と、②リスク軽減・課題改善の有効性を評価・測定する方法とが明確であるか。特に、モニタリング時点のリスクの大きさを図る評価基準・評価方法・評価指標が明確か。
27	内部監査等の第三者モニタリングにおいて、重要なリスク事項への対応状況を監査対象としているか。
28	各部門・グループ各社は、リスクマネジメント実践計画の実施結果等について、年度末等に自己点検を行い、その結果を全社的リスクマネジメント主管部署に報告しているか。
29	上記の自己点検は自部門・自社のマネジメントの一環として行われており、重要なリスクへの対応の良否が各部門・各社の業績評価に織り込まれているか。
30	上司への相談、専門部署への相談を徹底させるよう努めたうえで、内部通報・ヘルプラインの仕組み、さまざまな事故トラブル等の報告ラインが明確にされ、周知されているか。
31	リスクの定義が明確にされ、かつその定義はコンプライアンス違反や事故・トラブル・オペレーションミス等による損失だけでなく、さまざまなあり得るリスクを対象としているか。
32	認識したリスクには、「原因と結果（～によって……してしまう）」のように、第三者から見ても具体的なリスクの内容や起こりえる事柄が想像できる表現が行われているか。
33	リスク認識の際には、下記の着眼点が検討されているか。 ―過去に発生した事例や他社の事例等 ―事業計画の目標・重点課題（会社が対処すべき課題）との関連性。事業目標とステークホルダーの要求事項や対応するヒト・モノ・カネ・情報・IT等の経営資源とのギャップ等内外の事業環境の変化

34	リスク認識においては、事業部門と管理部門、現場と管理職と経営層というように、全社的にあらゆる立場・観点からの洗い出しを行っているか。
35	リスク評価・重要リスクの選定・優先順位づけの際には下記が検討されているか。 　―短期と中長期を明確に意識した発生可能性の区別 　―1次被害のみならず、「最悪、どうなるのか」の最終的なリスクシナリオを明確に意識した影響度 　―管理等がない状況を前提とする「固有リスク」と管理等があることを前提とする「残存リスク」との区別 　―個別の部門等が認識した個別項目のみならず、関連性の高いものの合算や、部門・組織横断的な原因と結果または影響分析等トータルな視点で捉えている。
36	リスク評価・重要リスクの選定・優先順位づけのプロセスおよび結果には下記が確保されているか。 　―全社的・部門横断的に対処・進捗管理すべき重要なリスクの選定結果について、十分な根拠で裏づけることができる。感覚的なリスクマップに依存しすぎていない。 　―全社重要なリスクの選定結果について、経営者の考え方・意思等が反映されているか。ミドル層等特定の者のみの協議結果による全社重要リスクとなっていない。 　―リスクは、誰が対処するべき、誰が知っておくべきという観点で経営レベル(全社重要リスク)と部門・業務レベル等に分類されているか。または経営層に報告されるべき重要リスクが明確に定義されている。
37	選定した全社的な重要リスクは、事業計画の全社重点課題や事業の方向性との関連性が想起できるものか。
38	重要なリスクへの対応策の立案・検討の際には、下記が確保されているか。 　―リスクの発生源泉と発生原因が分析され、何処の何に手を打つべきかが明らかにされている。分析結果が可視化され、客観的にその妥当性が確認できる。 　―施策・対策は、分析・検討された原因と適切に対応している。客観的にもリスクの軽減や課題の改善に有用と考えられる内容となっている。 　―施策・対策は、費用対効果・実行によるデメリットも検討され、実行可能かつ具体的な内容である。抽象的で実行可能性が疑わしいということはない。 　―施策・対策は、短期施策と中長期施策とに区別して立案・検討されている。実行不能と思われるほどの施策が総花的に立案され、目標期日やマイルストーンが不明瞭ということはない。
39	重要なリスクに対する施策・対策を検討する際には、モニタリング方法も明確に立案・検討されているか。また、このモニタリング方法は、施策・対策の実行の有無を確認する方法と、リスク軽減・課題改善の有効性を評価・測定する方法とが明確であるか。
40	上記のリスク軽減・課題改善の有効性を評価・測定する方法は、下記のいずれかであるか。

	―統計学的な手法を活用したリスクの計量化技法が確立している場合には、計量化技法の前提条件・限界等を明らかにしたうえで、最大損害やシナリオ等を説明している。 ―リスクの発生度合いを推定する指標（リスク感度指標）により、リスク軽減や課題改善の有無を説明している。
41	下記が明定された不正等を含む緊急時対応マニュアル・手順書が作成され、必要な者に周知されているか。 ―緊急時対応の基本方針 ―対策本部の体制、対策本部メンバー、設置基準、設置方法等 ―発生時、初期対応時等、時系列ごとの対策本部メンバー・主要部門の役割課題や行動手順 ―緊急連絡等のルール ―事業継続のための復旧手順
42	緊急時の対応方針は、人命・安全・健康のほか、他者の財産保護、公平性の担保を旨とするものか。緊急時の判断基準として運用が徹底できるという自信が経営者にあると言えるか。
43	緊急事態発生時の連絡ルートは明確で、複数の連絡手段が準備されているか。
44	危機広報のマニュアルが整備され、マスコミ対応ルール、記者会見の準備、ポジションノート作成、お詫び広告等の手順等が明確にされているか。
45	緊急事態には至らないものの、重要な事件・事故等やヒヤリハットの事例が生じた場合に、関連部門（全社的リスクマネジメント主管部署のほか、法務部門、広報部門等）が総括を行い、再発防止措置を講じているか。
46	消防訓練以外にも、緊急時対応に関する訓練は定期的に実施されているか。
47	緊急事態の最悪のシナリオ時の最大損失・逸失利益、対応状況等を定期的に経営層に報告しているか。
48	社会や近隣住民等とのリスクコミュニケーションや情報開示に関する方針が行動指針等で明確にされているか。不正等の発覚時の社内外の開示の方針は明確か。
49	事業計画の策定および進捗管理において、リスク感度指標の考え方が織り込まれているか。複数のシナリオや重要なリスク感度指標が大きく増減した際にはその影響の大きさを確認しているか。
50	全社的リスクマネジメントのPDCAサイクルは、他のマネジメントサイクルとの調整が図られているか。

③ 不正リスクマネジメントのアプローチ

(1) KPMGの不正リスクマネジメントの概観

　ここでは、KPMG Forensicで作成し、株式会社 KPMG FASが翻訳・発行した「不正リスクマネジメント白書－予防、発見、対処戦略の発展」の内容を紹介しつつ、KPMGの不正リスクマネジメントの概観を解説していきたい。

　世界的に広がる新たな規制対応のためだけでなく、多くの有力企業の経営者は自社独自の不正対策の必要性を認識している。1つの不正リスクマネジメントのアプローチがあらゆる企業のニーズに適合するわけではないということは非常に重要である。その前提で、企業の不正対応プログラムを作成する際に有効であると思われる手法としてKPMGの不正リスクマネジメントのアプローチを解説する（図表2-5）。

　効果的でビジネスに即した不正リスクマネジメントのアプローチは、次のような取組みがなされている。
- 自社に適したさまざまなコントロールの枠組みや基準を理解する
- 企業目的達成のためのリスク評価や倫理綱領、内部通報のメカニズムを整理する
- 不正予防、発見、対処の努力を管理し統合する幅広いプログラムを創出する

　また、上記のような不正リスクマネジメントは、以下に示す3つの目的を含むものである。
　(a) 予防：不正・不祥事の発生リスクの低減
　(b) 発見：発生時における不正と不祥事の発見
　(c) 対処：不正・不祥事で生じた損害に対する適切な行動と損害の修復
　そして、効果的な不正リスクマネジメントは、制度の要求のみならず、企

図表2-5　不正リスクマネジメントのフレームワーク

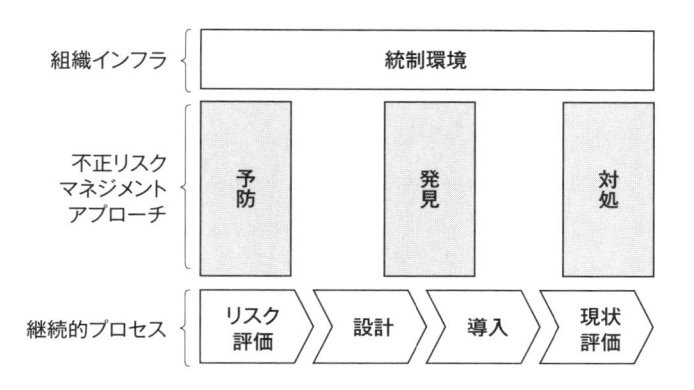

```
組織インフラ　┤　　　　　　統制環境

不正リスク　　┤　┌────┐　┌────┐　┌────┐
マネジメント　　│　│予防│　│発見│　│対処│
アプローチ　　　│　└────┘　└────┘　└────┘

継続的プロセス　┤　リスク評価　＞　設計　＞　導入　＞　現状評価
```

出所：KPMG Forensic「不正リスクマネジメント白書―予防・発見・対処戦略の発展」

業の市場ニーズへの対応を含む事業運営と整合性を確保した形で、管理ツールを提供するものである。これは、以下の4つの継続的プロセスが行われるものである。

● リスク評価

　分析対象と主なステークホルダーの範囲を特定し、現状の不正リスクマネジメントの状況を把握し、改善目標を設定し、現状とのギャップを埋めるために必要なステップを特定する。

● 設計

　不正・不祥事に対する予防・発見・対処のためのコントロールを機能させるための広範なプログラムを開発する。

● 導入

　上位の経営管理者を推進責任者とし、組織横断的に、新たなコントロールを導入する。

● 現状評価

　既存のコントロールの状況について、法規制上の枠組みやベンチマーキング事例と比較評価する。

(2) 3つの目的（予防・発見・対処）

　前述したように、効果的で事業に即した不正リスクマネジメントのアプローチは予防・発見・対処という3つの目的を含んでいるが、企業が直面する不正・不祥事がさまざまな形で存在するため、企業が採用すべき内部統制のアプローチも多種多様である。そのため、企業は、できる限り、多様な事項を考慮に入れた内部統制等の活動を行い、かつ、それらが一緒に機能するような統合的なアプローチを採用することに挑戦するべきである。そのことで、さまざまな取組みの重複や経営資源の分散、各推進部署で情報をバラバラに保持することや、各推進部署間での方針等の矛盾や不一致の発生を防ぐことができる。

　このような取組みは企業に適用される内部統制の枠組みや基準を理解することから始まる。それぞれの特徴を把握したうえで、企業は予防、発見、対処の要素を統合し、管理する包括的なプログラムを確立することができる。

①予防
　予防的コントロールは、不正・不祥事の発生を初期段階で減少させるために設計されるべきものである。

　まず、経営者・取締役会は、不正・不祥事のリスク低減のためのコントロール導入に重要な役割を果たす。経営者・取締役会は経営や業務に対する姿勢を示すこと、倫理的かつ誠実なビジネス行為をするための組織的な支援を確実に行うことに責任を負っている。また、経営者・取締役会は、不正リスク管理プログラムやコントロールを保有しているかを確認する義務を有しているだけでなく、このようなコントロールが有効であるかを確認する義務も有している。経営者・取締役会による監督は予防に始まり、発見および対処の取組みの一部をなすものである。

　次に、不正防止への取組みに対する直接的責任は、チーフコンプライアンスオフィサー（コンプライアンス担当役員）に課せられることがある。チーフコンプライアンスオフィサーは不正・不祥事の予防、発見、対処に対する

アプローチの調整に責任を負い、不正・不祥事が発生したときには、問題の対応や改善に必要な予算権限が付与されるべき責任者である。チーフコンプライアンスオフィサーが、組織横断的なコンプライアンス委員会等の議長をする場合には、当該委員会は次のような役割が期待されている。
- リスク評価の取組みを推進する
- 容認されるビジネス上の行動規範・行動指針等、方針・基準を設定する
- 不正対応プログラムやコントロールの設計・導入を監督する
- 不正リスクマネジメント活動の結果を取締役会等に報告する

　また、コンプライアンス担当部門以外の部署も管轄業務に関する不正対応に対して責務を負っている。そのため、コンプライアンス担当部門以外の部門長は、担当業務に関連するリスク対応の状況を監督していることから、特定の業務分野に関する専門家としてチーフコンプライアンスオフィサーを支援することになる。

内部監査機能

　現代における内部監査機能は、不正対応活動において重要な役割を果たし、不正・不祥事に対して予防、発見、対処するために経営者を支援すべき機能を有するべきである。実際に不正行為は内部監査によって発見されることも多い。一般的に、内部監査は次のような項目について責任を負っている。
- 不正対策の設計とコントロール有効性の評価を計画的に実行する
- 不正リスク評価を支援し、適切な不正リスク軽減戦略に対応した結論を導くよう支援する
- 内部統制の評価、業務監査、不正調査、それらに関連する活動について、取締役会等へ報告する

不正・不祥事リスク評価

　すべての企業が直面している不正・不祥事のリスクは多様である。全社的なリスク評価と同様に、不正・不祥事リスク評価は、不正リスクを軽減する

ための統制における課題等を特定化し、リスクを軽減するための適切かつ現実的な計画を作成するために必要である。経営者は不正・不祥事リスク評価が企業全体に渡って行われていることを確認すべきである。

経営者は、特定したリスクに対する評価プロセスを実行し、コントロールの有効性の評価結果を検討することに責任があり、取締役会は経営者のリスク評価をレビューし、継続的な活動が維持されていることを確認することに責任を負う。

行動規範

企業の行動規範は、経営者が、好ましいビジネス行為を規定する主な行動の基準を、従業員に伝達するために利用される最も重要な伝達手段の1つである。内容が充実しており、わかりやすく表現された行動規範は、全体的な組織風土を定義し、企業の誠実性に関する経営上のコンプライアンス目標達成を経営者がコミットメントする意識を向上させるものである。

適切に構成された行動規範は、一般的に以下に示す項目を含むものである。

- 組織のリーダーシップ、誠実性に対するコミットメントと、経営者からの誠実な行動に対する推奨
- 全従業員に容易に理解される単純、簡潔で前向きな行動に対する表現
- 企業の主な行動の方針、コンプライアンスのリスク領域のおのおのを踏まえた行動規範の項目ごとの行動のガイドライン
- わかりやすいシナリオ、事例に基づいたリスクに対する行動の実務的なガイドライン
- 読者の立場から使い勝手がよく、理解しやすい視覚的に興味を持たせるような構成
- 従業員が望ましい判断を行うよう支援する倫理的観点からのチェックリスト等
- 従業員が報復の心配なく懸念事項を報告し、助言を求めることができる内部通報の仕組みと相談・通報の方法等の解説

従業員や取引先等の審査・調査等

　従業員の採用、役員への昇進や取引先等について、審査・調査等を実施することは、不正・不祥事に対する予防として効果的な手段の1つである。このような審査・調査等の範囲の広さと深さは、各企業で特定されたリスク、個々の職務権限のレベル、法令等によって異なってくる。従業員・取引先等の審査・調査等は、雇用やビジネス上の関係が始まる段階から開始され、それらが終了するまで、継続して行われるべきである。

　また、たとえば、人事評価・業績評価において、企業行動の倫理的な価値観に忠実であること等を考慮することは、従業員が数値目標を達成するだけでなく、当該目標が企業の価値基準に合致した形で達成されるべきことに経営者が関心を持っていることを強力に示すシグナルとなる。

コミュニケーションと教育研修

　従業員に、不正・不祥事のコントロールに関する責任を認識させることは、現場におけるコミュニケーションや教育研修から始まる。不正等のコントロールの重要性について、従業員に対しその場しのぎ的な方法で伝えたり、また優先順位づけを行わないで無計画に取組みを行うだけでは、内部統制に関する責任について従業員に十分に周知されないであろう。

　コミュニケーションや教育研修の計画を策定する場合、経営者は次のような点に考慮すべきである。
- 受講者等の職務権限とリスク領域に関連性がある内容であること
- できる限り他の教育研修の活動等と一体で行うこと
- 複数の手法・技法を用いること
- 定期的かつ頻繁に開催すること
- 従業員等にも教育研修等の対象範囲を明確にしつつ、網羅的に行うこと

②発見

　発見的コントロールは、不正・不祥事が発生した際に、適時に発見するために設計されるものである。

アドバイスの提供と不祥事報告のメカニズム

　経営管理者の監督・指導を通じて、従業員は不正・不祥事に関する複数のチャネルからなる報告を行っている。多くの場合、通常時には、従業員は可能な限り、まず直属の上司等に報告・相談等を行うよう求められている。また、一般的に通常時の方法が利用できない場合や、効果が期待できない場合には、"ホットライン"等の内部通報が有効な手段となる。

　ホットライン等の内部通報は、一般的に従業員等や取引先が利用できる現実的な方法であり、次のような内容を通報・相談することが期待されている。

- 疑わしい会計または監査上の問題を含む潜在的な不正や不祥事に対する懸念を伝達すること
- 適切な行動の方針が明確になっていない場合に、判断を下す前に助言を求めること

　適切に設計された内部通報制度は、一般的に下記のような特徴を有している。

(守秘義務)

　ホットラインを通して報告された問題のすべては守秘される。ホットライン受付担当者は、相談者に対して、報告された件はただ単に"企業として知るべきこと"として報告される旨と、これらの守秘義務が維持されることを約束することを伝える。

(匿名性)

　匿名での通報が認められている。相談者が匿名を希望している場合には、相談者が後に質問・主張・状況確認に関連した追加的な詳細情報を通報することが可能となるよう、問合せ番号が与えられる。

(組織横断的な利用)

　海外にいる従業員は、同時通訳やフリーダイヤル機能によりホットラインサービスを利用することができる。

(適時・正確な対応)

ホットラインサービスは、迅速で正確な応対を提供するよう設計される。相談者からの質問や懸念に対し、指示・助言を即座に回答するだけでなく、首尾一貫した回答を行う必要がある。したがって、ホットライン受付担当者は、その業務への適性があるとともに、教育を受け、必要な指示・助言を与える権限を有する必要がある。

(情報管理手順)
　ホットラインで得た事実の収集から下記事項を含む管理手順を整備している。

- ホットラインで得た情報につき、適切な担当者（例：内部監査、法務、セキュリティ）がその内容の性質が財務報告リスクを引き起こすか否かを判断できるような手順
- 取締役会等に報告すべき基準・時期等を含む報告手順
- ホットライン受付・対応の完了後、定期的（例：1、3、6ヵ月間隔）に従業員に対してフォローアップ（通報した従業員が報復を受けていないことを確認）する手順
- 報復の事実の有無を報告するよう働きかけ、報復者に対して迅速な措置をとる手順

(ホットライン等の開示)
　企業はホットライン等の存在を次のように周知する。

- 行動規範や主たる研修の際にホットライン等の説明をすること
- ホットライン等の番号をポスター、イントラネット、カード、スクリーンセーバー、電話帳、机上カレンダー等に記載すること
- ホットラインへの相談内容に基づいたケーススタディをさまざまな場面（例：社内報、研修資料、イントラネット等）で開示する

監査とモニタリング

　不正・不祥事を発見するため適切に設計された監査とモニタリングの仕組みは、経営者が目的どおりに統制が機能しているかどうかを判断するための重要な手段である。あらゆる不正・不祥事リスクに対して監査を行うことは

不可能であるため、企業の不正リスク評価プロセスを通じて特定されたリスクに基づき、監査計画やモニタリング計画を作成しなければならない。したがって、監査計画やモニタリング計画は、リスク度合いに応じて、高リスクから優先的に対応されるべきである。

監査活動(過去の事象の評価)とモニタリング活動(日常的に行われる評価)は、たとえば、次のような場合に実施されるべきである。
- 重要な手続、口座、ポジションに関して懸案がある
- 過去に不正・不祥事の事件が発生した
- 従業員の退職率が高い、または大きな組織的変化を経ている
- 法規制が大きく変更されている
- 監査が法的に求められている、または監督官庁が検査対象としている

監査とモニタリング活動に関わる部署の管理者は、十分な教育研修や経験を積むことが必要であるが、それだけでなく、コントロールの評価において客観的な立場であることが必要である。望ましい監査とモニタリング手順は、次に示す項目である。
- 通常の管理業務やモニタリング活動が通常の業務プロセスに存在していること
- 外部情報を利用してモニタリングしていること
- 経営者に対する公式の報告事項に異例事項等が含まれていること
- モニタリング活動の結果から、コミュニケーション、教育研修、人事評価・業績評価、懲戒等の他の統制を強化・修正していること

積極的なデータ分析

不正・不祥事を示唆するリスク指標の多くは、顕在的にでも潜在的にでも、企業の財務上、業務上、取引上の各種データに含まれているものであり、それらはデータ分析ツール等により特定化することができるはずである。このように、積極的に不正リスク等を示すデータを分析することは、高度な分析テスト、コンピュータによるクロスマッチテスト等を活用することで、しばしば、長期にわたって経営者が気づかなかった潜在的な不正・不祥

事のリスクを明らかにすることがある。
　このような積極的なデータ分析では、次のようなメリットがある。
- 人物、組織、事象間に隠された不正の機会等の関連性を特定することができる
- マネーロンダリング等の疑わしい取引分析の手段となり得る
- 不正行為を予防・発見するための内部統制効果を評価することができる
- 不正のおそれや統制の脆弱性に関する継続的なモニタリングができる
- 伝票通査や無作為抽出によるサンプリングよりも、より短時間に、より効率的、より高い費用対効果で数多くの取引を検討、分析することができる
- 企業独自に問題点の有無を検討することができる

③対処
　対処的コントロールは、不正・不祥事による損害に対して適切な行動をとり、状況を是正するために設計されるものである。

調査
　不正・不祥事に関する案件が発覚した場合、事実に基づいた調査を実施しなければならない。この調査の目的は、疑わしい違反行為について、とるべき行動を決断するための評価を行うことができるよう、信憑性のある事実を収集することにある。マスコミ報道の先行による面倒な事態を避け、監督官庁等の介入を回避するためにも、効果的な調査を実施する必要がある。
　うまく設計された調査の対処プロセスには、以下に示す特性がある。
- 組織の監査委員会もしくは取締役会による特別委員会によって監督され、このどちらにおいても経営者からの過度な圧力や干渉を避けることが可能な、社外取締役を含んだ構成
- 監査委員会により選定され、企業の経営者らとほとんど、あるいは全く繋がりを持たず、先入観に囚われない、調査に適任と看做された外部弁護士による監督
- 後に組織の財務諸表の監査対象であるとして依拠できるような外部監査人

による調査
- 従業員や経営者らが調査事実を覆い隠すのを許容しない徹底した全面的協力の要請
- 外部監査人、監督機関、必要に応じて透明性と協調の精神をもって調査による発見にて得られた情報を広く公表するべき対外的報告手順

懲戒の実施と説明責任

首尾一貫した信頼性のある懲戒制度は、不正・不祥事の阻止に効果的な重要な統制である。うまく設計された懲戒プロセスは、全従業員に対して伝達され、以下に示す項目を促進させる組織横断的なガイドラインである。
- 違反の性質と重要性に応じた累進的な制裁措置（例：口頭による厳重注意、書面による厳重注意、停職、減俸、転任、左遷、解雇）
- 地位、在任期間、職務権限に関係ない首尾一貫した懲戒の適用

部下が行った不祥事に対するマネジャーの説明責任も、重要な事項である。経営者は、不正・不祥事が発生するかも知れないことを彼らが知っていた、または知るべきであった場合のほか、次のような場合には懲戒を受けるべきであろう。
- 強制的な手法で数値目標の達成や非現実的な目標設定により違反に結びつくよう圧力をかけた場合
- 従業員が適切な教育研修等を受けていないことの確認を怠った場合
- 誠実性のある行動についての具体的な指示を怠った場合や過去に違反行為を容認あるいは見逃すことがあった場合
- 首尾一貫した社内基準遵守を実施していない、または懸念を報告した他者に対して報復を行った場合

是正措置

いったん不正・不祥事が発生した場合、経営者は発生した損害軽減のためにとるべき行動を検討しなければならない。たとえば、経営者は必要に応じて、以下に示す項目を実行することが望まれる。

- 監督官庁等に対して調査結果を自発的に開示すること
- 発生した損害を修復すること
- 関連する統制が機能停止した根本原因を調査し、リスクが軽減されて統制がより強固になったことを確認すること
- 適切でない行動に従事した人物と同様、このような事件を予防あるいは発見することができなかった経営者に対して懲戒を実施すること
- 経営者が適時・適切な対応をしたことを、全従業員等に対して伝達すること

　不正・不祥事を開示することは企業にとって恥ずべきことであるかもしれないが、さらなる不正行為への牽制、ネガティブな風評に対して先手を打つこと、誠実さを行動により示すこと、問題の沈静化を図ること等のために、経営者には必要な行動であると考えられる。

(3) 継続的プロセス (リスク評価・設計・導入・現状評価)

　前述したように、効果的な不正リスクマネジメントのアプローチは、法規制の要求に対応するためだけでなく、企業の事業運営や市場ニーズに対応するために構築する経営管理の仕組みに沿う形で不正リスクを管理するものである。
　以下に示すように、このアプローチは、リスク評価、設計、導入、現状評価ごとに実施されることになる。

①リスク評価

　企業が直面している不正・不祥事リスクは、多様であり流動的である。買収により急速な成長を遂げた金融サービス企業にとっての不正・不祥事リスクは、新興成長市場において資源探査を拡大しようとする国際的エネルギー会社のリスクとは異なるであろう。そのため、不正対策上の指標は、企業固有のリスクやリスクを高めるようなビジネス環境の状況、リスクとコントロールを両立させることの必要な経営資源に応じて定められなければならない。
　まずは、企業にとっての不正リスクは何であるかということと、そのリス

クに対していかに効果的に管理するかを確定することである。始めるにあたり、どの事業単位、プロセス、システム、コントロールおよびその他の要因が、分析の対象範囲に含まれる必要があるかを検討する。また、企業の重要なステークホルダーを特定するよう検討する。

企業がリスク評価をもとに、現状のコントロール状況の評価とコントロールの目標との差異を評価することができれば、改善のための目標設定をすることができ、その目標を達成するために必要となるステップを設計することができる。

②設計

コントロールの設計の目的は、経営者にとって、不正・不祥事リスクから企業を守り、効果的に実行されるようなコントロールをデザインすることである。企業にとって効果的なコントロールを設計するためには、企業を取り巻くビジネス環境とともに、現在直面しているリスクに対して、適切なコントロールを対応させることが必要である。この場合、コントロールを設計する際には、さまざまな法規制の枠組みにより定義された最低限度の基準を遵守する以上のコントロールの構築に努力し、さまざまな優れた事例にも配慮しなければならない。優れた事例を不正リスクコントロールに組み込んだ設計は、コントロールの効果を高めることになる。

しかしながら個々の企業は独自の要素を有するものであり、コントロールもその特徴を考慮すべきであるため、不正リスクのコントロールを設計する際に、企業の特有の状況を考慮することが重要である。たとえば、国際的な通信事業会社に対して適切なコントロールの特性が、銀行に対しても適切であるということはない。

また、法的な要求だけでなく、企業の固有の事業運営のために必要な要素を満たすようなコントロールを設計すべきである。

③導入

不正リスクのコントロールが設計されたならば、経営者は、企業内に新し

いコントロールを展開させるような戦略・手順を確立し、管理者に対して、総合的な取組みへと導くための経営資源と責任を割り当てるべきである。

不正リスク管理の導入は、一般的に、職場の文化・慣習に大きな変化を要求することもある。そのため、実施される新しいコントロールの遵守だけではなく、コントロールがいつ、どのように、誰によって展開されるのか等に関しても、明確かつ頻繁なコミュニケーションを従業員ととらなければならない。

④現状評価

単にコントロールが存在しているだけでは、それが目的どおりに機能しているという保証にはならない。コントロールが一定期間導入された後、そのコントロールが全体最適の観点で有効に機能するよう設計、導入されているかどうかを判断するために現状評価を実施しなければならない。

このような現状評価は高リスクに対するコントロールについて優先的に実施しなければならない。また、特定のコントロールが存在していないという理由だけで、リスクマネジメントが機能していないと早計に結論づけてはならない。なぜならば、特定のコントロールがない場合においても、それを補う他のコントロールが効果的に機能し、不正・不祥事リスクを軽減させている場合もあるからである。

コントロール設計の有効性を評価する際、経営者は、法規制の要求とともに、効果的なリスク軽減に関連する先進事例を検討すべきである。また、経営者は、要求した設計基準が、然るべきコントロールに確実に盛り込まれているかどうかを確かめる際、各種のギャップ分析を利用することができる。たとえば、内部通報のホットラインについて、疑問に思うようなアンケート結果が多い場合には、経営者はホットラインの運用が本当に匿名性等を保持して運用できているかどうかを検討・分析すべきである。

特定のコントロールに関して、業務上の効果を評価するためには、たとえば、不正・不祥事リスク評価で特定されたリスク軽減戦略は適切に実行されたか、経営者はよく設計された行動規範を整備したが従業員が日常業務の指

針として実際に行動規範を利用しているか等、経営者はコントロールの目標が達成されたかどうかに注目すべきである。

　結局は、誠実性の風土が、組織における不正や不祥事を未然に防止、発見、対処する能力を左右し、従業員の日常の振る舞いの基礎となるので、たとえば、経営者は従業員が行動規範に盛り込まれている社内基準を正確に理解しているかどうかや、ホットラインを安心して利用できるかどうかを知りたいと思う場合があるだろう。このような定性的な監査しにくい情報を収集するためには、従業員意識度調査をすることも有用である。従業員意識度調査は前年比で改善したか、またはコントロールが有効かを示す有力な方法となり得るため、継続的に実施すべきものである。

　経営者は、市場の期待や外部からの監査、規制や法律上の変化によって、リスク戦略やコントロールの有効性がどのように影響を受けるかについて継続的に現状評価するべきである。

⑤継続的プロセス（まとめ）

　増加を続ける企業に対する統制ルールや基準に直面しながら、不正や不祥事がもたらす無数のリスクをどのように軽減するかについて、多くの企業が努力を続けている。

　不正リスクマネジメントプログラムの整備は、この挑戦を成し遂げるうえで重要なステップであるが、その取組みは、どの程度、不正リスクを管理できているかを評価することから始めるべきである。これに、既知のリスクと既存のコントロールを特定することが重要な最初のステップである。

　次に、組織はそのあるべき姿を特定し、差異分析をすることで、企業独自の不正対応プログラムの開発を可能とする活動に優先順位をつけることができる。

　不正リスクマネジメントプログラムは法規制上の要請を適切に遵守するためだけでなく、企業の評判を含めた多くの資産を守ることと、企業の価値と業績の向上のために必要な役割を果たすだろう。

第 **3** 章

統制環境

① 経営者の役割

(1) 説明責任の連鎖における経営者の役割

　「統制環境」とは、「財務報告に係る内部統制の評価及び監査の基準」によると、「組織の気風を決定し、組織内のすべての者の統制に対する意識に影響を与えるもの」と説明され、「誠実性及び倫理観」や「経営者の意向及び姿勢」等が、統制環境に含まれる一般的な事項として例示されている。内部統制の統制環境の構築にあたっては、経営者の全般的な態度、意識および行動を含む「トップの正しい姿勢」が最も重要な要素となる。

　内部統制の統制環境における経営者の役割以前に十分に理解すべきことは、実は企業（株式会社）とは、説明責任の連鎖が確立しているはず、ということである。まず、株主から資金の提供を受けた受託者たる経営者は、委託された資金を元手に利益を獲得するために、その資金を会社の事業活動に投入する。受託者たる経営者は、当然、毎年一定期間ごとに、株主に対し、今、資金をどのような事業に投入していて、結果として当期いくらの儲けがあったのかを報告する説明責任を負っている。また、経営者は自分一人では事業活動を行うことができないので、部下・管理者に権限を委譲して、業務を遂行させる。権限委譲を受けた管理者には、当然に、業務内容に関する経営者への説明責任が生じる。さらに、管理者は部下（従業員）に業務を指示し、指示を受けた従業員は、当然に、管理者に対する説明責任を負うことになる。このような説明責任を持つ経営者・管理者は、「受け身」の姿勢ではなく、積極的にモニタリングを実行しなければならないはずである。

　特に、経営者によるモニタリングは、内部監査のほか、さまざまな方法によって実行されている。まず、経営者は、事業目標を達成するために、重要なリスクから優先的に対策を決定し、それらを踏まえて経営計画を策定している。そして、その実行にあたり、管理者に権限委譲して実行させ、その結

果を監督することによって、実行結果の評価と必要な是正措置というPDCAプロセスを遂行することが求められる。このため、経営者は、内部統制の運用において、たとえば、取引承認や権限付与、実績評価のための関連資料のレビュー、管理者からの報告内容の検討等を実施する。

このように、株式会社とは説明責任の連鎖により成り立つものであることから、不正リスクマネジメントの取組みにおいて「性悪説だ」等の批判が生じることは適切ではない。性善説か性悪説かという議論以前に、そもそも株式会社の本質に鑑みれば、経営者・管理者・従業員は「説明責任」を果たさなければならないわけであり、不正リスクマネジメントに関するさまざまな取組みについても、「説明責任」という観点から、必要不可欠であることを、社内に十分に周知徹底と理解を促進することが望まれる。

(2) コーポレートガバナンス

株式会社におけるコーポレートガバナンスの本来の意味は、「経営者が株主のために企業経営を行っているか監視する仕組み」である。企業の社会的責任論の高まりにより、その意味が、「経営者が社会・株主を含む利害関係者に十分に配慮した企業経営を行っているか監視する仕組み」とも解せられることもある。

経営者は株主の利益の最大化を目的に企業経営にあたる責務があり、このような経営者の責務を果たしているか、経営者に目標を与え、業績評価を行い、経営者が株主の利益を生み出すように監視することが「コーポレートガバナンス」の基本である。経営者が株主の利益を重視した経営を行うといっても、その実践に関しては、経営者の意思に依存せざるを得ない要素が大きい。もちろん、株主の利益を重視した「経営者に対する監視制度」を整備しなくても、立派な企業経営を実践して株主から高く評価される経営者もいるであろう。しかし、どんな立派な経営者といっても人間である以上、錯覚・判断の誤り等は十分にあり得ることである。また、株主から高く評価される経営者で強い経営者になればなるほど企業内部に強い存在がいなくなるた

め、当該経営者が暴走してしまうかもしれない。そのような暴走に対する備えがコーポレートガバナンスなのである。どんなに立派な経営者でも「経営者が暴走した場合に対する備え・担保」として、株主・投資家から見ても理解されやすいコーポレートガバナンスが重要なのである。

ここで注意すべきことは、会社法では、委員会等設置会社制度や監査役会制度等諸制度を規定しているが、どのような制度を採用しても、それらに優劣はつけていないということである。不正リスクマネジメントの取組みにおいて、経営者不正を防ぐための仕組みとして、経営者を監視する制度を検討・導入することは、非常に有効であるが、不正リスクマネジメントにおける経営者不正への対応の肝は、外形面の整備そのものと言うよりも経営者が自ら「暴走した時の備え」を設計することにある。

(3) 経営管理プロセスへの組み込み

財務報告に係る内部統制の報告制度が導入され「内部統制」という言葉は以前よりも広まり、内部管理体制の向上に寄与していると思われる。一方、日本企業はさまざまな面で疲弊が生じ、変革が求められつつも、なかなか前に進めていない。そうした中、内部統制等の導入を要求する法令等に対して、企業側も安易に導入する事例も多く、その結果、疲弊に拍車がかかっている感がある。

第1章で述べたように、「内部統制は業務の有効性・効率性」「財務報告の信頼性」「コンプライアンス」等の目的を達成するためのプロセスといわれている。しかし、実際の企業はこれらの目的では言い尽くせないほどのさまざまな目的を同時達成しながら、利益を追求しなければならない。実は、このさまざまな、いわば「小目的」達成のためのPDCA活動がバラバラに導入されている事例が多い。たとえば、金融商品取引法により上場会社は「財務報告」の内部統制の報告制度への対応に相当の経営資源を投入するだけでなく、ISOの品質管理、環境経営、情報セキュリティ等、さらにはBCM、CRMなどさまざまな内部統制関連活動のPDCA活動にも、相当の経営資源

を費やしている。しかも、これらのPDCA活動は、全体最適が確保されないまま導入され、その結果、企業実務にかなりの負荷を与えている事例が少なからず見受けられる。

　今後は、法令対応等のためだけに、経営管理とは別枠の形でPDCA活動をバラバラに行うのではなく、まずは商売力の向上を旨としてビジネス環境の分析力等のリスクマネジメント能力の向上に注力し、そのうえで小目的の達成に係るリスクの大きさに見合った個々のPDCA活動に要する経営資源の再配分が重要となる。

　そのためには、経営管理・事業運営と一体となって機能するよう、全社的リスクマネジメントを中心とした内部統制・PDCA活動の再設計が不可欠であり、トップ経営者の積極的な関与が求められている。そのうえで、既存の経営管理の仕組みに融合させるために、さまざまなPDCA活動の推進部署間の壁を超え、計画策定、報告制度、評価・監査等の統合・連携や書式の統一等、できることからまず着手することが重要である。

　このような観点から、不正リスクマネジメントの取組みを既存の経営管理プロセスに組み込むために有用と思われる3つの制度を以下に解説したい。

①事業計画管理と一体化した重要リスク報告制度

　現在、リスクマネジメントに関する活動を実施している企業は増えつつある。このような企業では、定期的にリスクを洗い出し、経営層への報告等がなされていることが多い。BCP（Business Continuity Plan：事業継続計画）・BCM（Business Continuity Management：事業継続マネジメント）に関する取組みを実施している企業も増えている。しかし、このようなリスクマネジメントに関する取組みについては、次のような症状が見られ、その結果、形骸化しているケースも少なからず見られる。

- 事業環境等の検討を十分に行わないまま、リスクの洗い出しと報告に終始し、具体的なリスク分析の検討やリスク対策の実行に係る有効性評価等のモニタリングが十分になされていない。
- 報告されているリスクは、さまざまなレベルのリスクが混在し、経営課題

とも乖離している内容も多い。そのため、経営管理の向上に寄与するような報告内容等とは言い難い。
- 結局、経営管理とは別枠の活動に終始し、ISO等の諸活動とともに「余計な手間」と見られがちとなっていることも多い。

そこで、まずはリスクマネジメントの取組み内容について、適切な制度設計とともに、的確な運用を行うことを目指すべきである。そのためには、次のようなリスクマネジメントに関する取組み内容の向上が必要と考える。
- 経営者の認識や現場の管理者の認識から乖離した1種類だけのリスク定義・分類・一覧の作成から脱却し、経営レベルの目的・管理職レベルの目的等事業・業務上の目的レベルに応じたリスク認識方法を徹底させること。
- ビジネス環境の理解・把握に基づく、適時・的確なビジネスリスクの認識の向上を図ること（図表3-1）。
- 重要なリスクについて、原因分析を徹底させ、真因を追求する手法の向上を図ること。
- 重要なリスクへの対策につき、課題改善・リスク軽減に効果のある具体的な対策を講じることを徹底させるとともに、課題改善・リスク軽減の有無を評価するモニタリング方法を確立させること。
- 上記までのリスクマネジメント手法の実行を確保するための人材育成や教育を充実させること。
- 複数の部署等に発生源泉があるため、経営者しか対応方針決定ができない重要リスクや万が一のときには経営者が説明責任を負うと考えられる重要リスク等、経営者が決定・把握すべき「全社重要リスク」の定義を明確に行うこと。

このようなリスクマネジメントに関する取組み内容を向上させたうえで、全社重要リスクの経営報告を制度化すべきである。その理由は主に2つある。1つ目の理由は、事業計画管理の向上を図るためである。現在、次のような状況が見られる企業は、少なからずある。
- 予算目標が上から降りてきて、なんとか帳尻合わせで予算数値を策定している。

図表3-1 ビジネス環境分析によるビジネスの認識

ビジネス環境分析をせずにはビジネスリスクは認識できない
下記のような切り口を利用して情報を整理することが有効

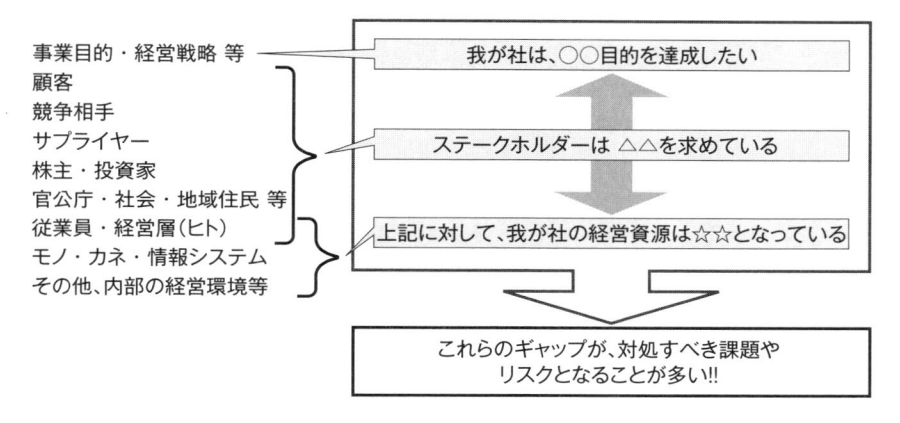

- 事業目的・経営戦略 等
- 顧客
- 競争相手
- サプライヤー
- 株主・投資家
- 官公庁・社会・地域住民 等
- 従業員・経営層(ヒト)
- モノ・カネ・情報システム
- その他、内部の経営環境等

→ 我が社は、○○目的を達成したい

⇅ ステークホルダーは △△を求めている

⇅ 上記に対して、我が社の経営資源は☆☆となっている

↓ これらのギャップが、対処すべき課題やリスクとなることが多い!!

- そのため、事業関係者間で事業観をぶつけ合う十分な時間がないまま、事業計画を策定している。
- 多くの経営管理者はプレイングマネジャーとなり、事業推進に走りながら、管理活動も同時並行で行っており、十分なリスク分析等を行う余裕もなくなっている。

　半期に一度等、定期的な全社重要リスクの経営報告を制度化することは、事業推進にまい進している事業推進リーダーに、時にはいったん立ち止まって、じっくりと事業観をぶつけあい、リスク分析等を促すような、非日常的な「場」を設けることが期待できると考えられる。また、通常の経営者への報告は「良いニュース」しかない場合も多く、重要リスク報告により、経営者は目標達成を妨げる懸念のある事象等を把握することができる。そして、経営報告された全社重要リスクについて、率直に意見交換し、対策等も衆知を結集して考案するべく、深く分析・議論することは、非常に有意義なことと考える。

　2つ目の理由は、会社法等の趣旨を踏まえた対応を可能にするためである。

第1章で述べたように、会社法は「大会社」について、リスクマネジメント態勢を含む内部統制システムの基本方針を取締役会で決議し、事業報告で開示することを求めている。また、従前からの株主代表訴訟の判決文からは、取締役に内部統制システムの構築義務があるほか、内部統制システムの状況に関する監査役および取締役相互の監視義務があることが明らかにされている。そのため、会社法の趣旨に鑑みると、内部統制システムの監査役および取締役相互の監視義務を適切に果たすためには、定期的に取締役会において内部統制に関する重要事項が審議・報告されるような制度があることが有用であると言える。また、上場企業は、金融商品取引法により財務報告に係る内部統制報告書を作成・開示する義務があるが、作成時・開示前には必ず取締役会による承認等がなされているはずである。となると、財務報告に係る内部統制についてだけ取締役会による承認等がなされている状況は、非常にモッタイナイというべきである。企業は財務報告に係る内部統制だけを鍛え上げても、事業継続は不可能である。財務報告に係る内部統制以外に関する重要なリスク対応の状況についても経営報告することは非常に意義のあることと考える。

　重要リスクの経営報告を制度化するためには、具体的には取締役会規程等における付議事項・報告事項の中に「重要なリスクマネジメント・内部統制等に関する事項」等を明定することが考えられる（リスクマネジメント基本規程にも同様の旨を明定することが考えられる）。なお、取締役会の実務上の運営に鑑みると、取締役会において十分な全社重要リスクの議論が困難な場合には、経営会議等の場で実質的な全社重要リスクの議論をし、取締役会にはその報告をするという制度設計も考えられる。

　このような全社重要リスクの経営報告制度を確立したうえで、不正リスク等も報告対象として選定し、議論を深めていくようなステップは、不正リスクマネジメントの構築には非常に有用であると考える。

②経営監査制度
　以前と比較すると、内部監査部門を設置し、内部監査を制度化している企

業は増えている。特に、上場企業では財務報告に係る内部統制の報告制度の導入を契機に、内部監査を制度化した企業も少なくない。このような企業では、定期的に内部監査や内部統制の評価を行い、経営層への報告等がなされているが、次のような課題を有している企業も少なからず見られる。
- リスクアプローチによる内部監査が十分に実施されておらず、毎回、同じような監査手続を行い、監査そのものが形式化・形骸化し、リスクに焦点をあてた監査ができていない。
- 監査上のリスクを適切に特定化することができていない。
- 重要な問題の有無について、日常的にモニタリングする仕組みがない。往査をしないと問題の有無が把握できない。
- 監査報告は全体最適の観点よりも、部分最適で事務ミス等の問題の指摘に終始し、原因に見合う的確な提案もなく、業務改善に寄与していない。
- 監査報告で何度も指摘しているが、改善の兆しが見られない。
- 財務報告に係る内部統制の評価に工数がかかり過ぎている。
- 結局、経営管理や事業運営の向上に内部監査が寄与していない。

そこで、まずは内部監査について、適切なリスクアプローチ型の内部監査の実行を目指すべきである。そのためには、次のような内部監査の向上が必要である。
- ビジネス環境の理解・把握に基づく、適時・的確な監査上のリスクの認識の向上（図表3-1）。
- 監査上の重要なリスクについて、原因分析を徹底させ、真因を追求する手法の向上。
- 重要なリスクへの対策につき、課題改善・リスク軽減に効果のある具体的な対策の立案力と説得力のある監査報告の作成力の向上。
- 上記までの内部監査スキルを有する人材育成や内部監査人の教育の徹底のほか、内部監査人の適格性の要件の明示や優秀な人材を集めるような人事制度（例：次世代リーダー候補は必ず内部監査を経験させるキャリア制度）の導入。

このような内部監査に関する制度・手法等を向上させたうえで、内部監査

を「経営監査」へと進化させるべきである。この点については、内部監査は経営者のサポートを行う「経営監査」であるべきものの、内部監査部門の実態に鑑みると、その実現は困難であると思われる人もいるかもしれない。しかしながら、経営管理の向上のための客観的な意見具申が可能な機能として、内部監査部門は非常に貴重な立場を有している。

　実際、経営者は、自ら現場に出向くことがなかなかできない。できたとしても短時間で現状を把握し、担当者の本音を聞きだすことは非常に困難と言える。既存の報告ラインでは、リスク情報を含んだ十分なマネジメント報告があがってこないことがよく見られ、特に、現場にとって都合のよい情報しか経営者に報告されていないケースも少なからず見られる。そのため、既存の報告ラインとは別に、トップと現場をつなぐ機能を具備し、客観的な観点で、部分最適ではなく全体最適の観点から、リスクの所在を把握するように努め、改善を提案し経営者に報告する役割は、非常に重要であると考える。そのような役割を担うことができる立場は、「内部監査」にしか求めることができないのではないかと思われる。そのため、現在の内部監査の現状から、経営管理に寄与する経営監査をいきなり実現することは困難かもしれないが、厳しいビジネス環境の今こそ、少しでもリスクマネジメント能力の向上を実現させることに寄与することを目指して、経営者と現場とのダイレクトな報告ラインの担い手として、内部監査の重要性を経営者に理解してもらい、内部監査部門も自ら経営監査の担い手に進化することが重要である。

　このような経営監査制度を確立したうえで、不正リスク等の兆候も経営者に直接的に報告する機会を増やしていくことができれば、不正リスクマネジメントにおける経営者の積極的な姿勢を引き出すことが大いに期待できると考える。

③不祥事例総括制度

　従前から、企業は就業規則の服務規律違反への懲罰制度があるほか、財務報告に係る内部統制の「全社的な内部統制」の整備の一環で、当該制度を明確にしてきた企業も多いと思われる。また、公益通報者保護法の施行や「全

社的な内部統制」の整備の一環で、内部通報制度が確立した企業も多くなった。しかし、このような制度の取組みについては、次のような課題も見られる。

- 下記のように、さまざまなルートで不祥事例等が各部署で管理されており、一元管理されておらず、また重要な不祥事例等を総括する「場」がない。
    - ・人事処分を要するような案件は人事部門が調査する専決事項となっており、人事部門以外の管理部門と情報共有等が十分に行われない。
    - ・内部通報は、コンプライアンス担当部門に通報され、年間件数等の推移分析や傾向分析もなされないまま、当該部門に情報が死蔵化する。
    - ・自動車事故等の報告は総務部門に報告されるが、損害保険の付保対象以外の案件は報告が漏れる。
    - ・その他の事故トラブル報告については、明確にルール化している形式条件に合致したものは報告がなされるが、異例報告として取り扱うべきものが適時に報告されていない。
- 内部通報も形骸化し通報件数がほとんどないか、通報内容が上司と部下とのコミュニケーションギャップを伴うような内容が多い。
- 不祥事例等が発生しても、大事に至らなかった場合、十分な総括をしないまま、「喉元過ぎれば熱さ忘れる」の状態になっている。
- 同じような案件が断続的に再発している。

そこで、まずは不祥事例等の発生時の対応体制について、適切な一元管理体制と再発防止のための総括の制度を確立すべきである。そのためには、次のような施策が必要である。

- 各部署が所管している不祥事例・事故トラブル事項等につき、経営報告すべき一定基準を設定し、当該基準に抵触した案件は、一元管理を可能とする案件管理台帳等に登録する。
- 上記で登録された案件については、四半期ごと等、定期的に関係各部署（案件の当事者部門のほか、法務部門、広報部門、人事部門、リスク管理・コンプライアンス担当部門、内部監査部門等）による「総括」を行い、原

因分析や必要な改善策等について検討することを制度化する。
- 上記で分析された案件等について、半期ごと等定期的に経営者に報告し、再発防止措置の内容等について評価を受け、今後の方針等の指示を受けることを制度化する。

 このような不祥事例の総括と経営報告制度を確立することができれば、不祥事例の再発防止力の向上につながるとともに、不正リスク事例を経営者に直接的に報告する機会を増やしていくことで、不正リスクマネジメントにおける経営者の積極的な姿勢を引き出すことが大いに期待できると考える。

(4) 経営者の「本気」を伝えることの重要性

 内部統制の統制環境の構築にあたっては、経営者の全般的な態度、意識および行動を含む「トップの正しい姿勢」が最も重要な要素となることは前述した通りである。そのため、経営者の不正リスクマネジメントの取組みの本気度を社内に周知することが非常に重要となる。

 そこで、経営者の本気度を伝えるために有用と思われる3つの取組みを以下に解説する。

①経営者向けの研修と経営者による研修

 現在、管理職向けの内部統制に関する研修は以前よりも非常に増えている。一方、取締役に対する研修については、以前に比較すると増加しつつあると思われるが、相変わらず十分な取締役向けの研修がなされていない企業も見られる。事業部門のリーダーや特定機能部門のリーダーがそのまま取締役になるケースが多いが、取締役は特定業務だけに精通しているだけでは十分ではなく、企業全体の経営管理のモニタリング機能を発揮する必要がある。第1章でも述べたように、取締役には内部統制の構築に係る監視義務があることは明確である。そのため、少なくとも取締役になった場合には、法務研修や内部統制に関する研修を自ら進んで受講し、自己研鑽を行わなければならない。ここに経営者向けの研修を充実させる必要性がある。

また、経験則から社内研修の効果について言えることは、外部講師による研修よりも、社内で影響力のある人による研修のほうが、効果が大きいことである。そのため、経営者が研修を受講することに加え、経営者が講師となるような社内研修を行う「経営者による研修」は非常に効果があると言える。
　ここで言う「研修」は、何も集合型研修でイメージするような「研修会」を開催する形だけではない。定例的な会議の冒頭での訓示、朝礼や昼礼等における注意喚起・指示等、あらゆる機会を活用して、研修を行っていくことが有効である。また、経営者が講演している内容をビデオやDVDに収め、遠隔地・各拠点に配布し、受講してもらうことも有効な方法である。この場合、たとえばコンプライアンスの実践に否定的な役員と社内では受け止められていた人に、コンプライアンスの重要性を説く講演を依頼したところ、当該役員の講演内容は社内では驚きをもって受け止められ、経営者のコンプライアンスに対する取組みの本気度を感じ取った従業員を多いに増やした企業の事例もある。経営者が自らの口で本気度を伝える「場」として、研修の機会は大いに有効である。

②経営者による積極的な発言
　経営者の本気度を伝える方法として、研修以外にもさまざまな方法が考えられる。たとえば、研修以外では下記のような形で経営者の意思を伝える方法が考えられる。
●年頭挨拶等の場面で、コンプライアンスの重要性等を強く訴える。
●社内報や社内メールでのメッセージで、不正リスクマネジメントの取組みの重要性等を強く訴える。
●さまざまな会議の場面で、繰り返し、経営者の不正リスクマネジメント等に関する強い姿勢や取組みの必要性等に言及する。
●ポスター等、従業員が目につきやすいところに、経営者の強いメッセージを明示する。
　このような経営者のメッセージは、何も不正リスクマネジメントやコンプライアンスの実践という言葉をそのまま使うことが本質ではない。たとえ

ば、「スピードと進化」というキーワードに繰り返し言及し、従業員の行動変革を求めるような言動をしていた経営者がいたが、その際、「スピードを高めることは不十分な検討のまま前に進むことではない。十分な事前検討とリスク分析を行い、安易な手抜きは行ってはならない。」とか、「さまざまな場面で他者とのコミュニケーションを円滑にすることは必須であり、リスク対応やコンプライアンスの検討の場面で少しでも不安を感じたら担当部門に即座に連絡することを徹底してほしい。」等といったメッセージを発していた。このように、経営者が自ら強く主張しているキーワードに関連づけて、不正リスクマネジメントに関する取組み等の重要性を説くことが有効である。

③不正行為者をいかに「諦めさせる」か

不正行為は、不正行為の誘因による動機と、不正行為をしてもばれないと思わせる機会があると、発生しやすい。そのため、たとえ、不正行為を行いたいという誘惑にかられた従業員がいたとしても、「やったら必ずばれる」と思わせるようなことが、非常に有効な不正予防策であると言える。

そのためには、CAATによる異常取引の抽出分析を実施していることを社内で宣言する等、不正リスクマネジメントのさまざまな取組みを社内で明らかにし、不正を行わんとするものに「諦めさせる」ことが重要となる。ただし、いくら社内でさまざまな不正リスクマネジメントの取組み等を実施している旨を明らかにしていようと、発生した不正事件について何ごとも明らかにされない場合には、「どうせ何も見ていないだろう」等と思わせてしまい、不正行為を助長してしまうインセンティブを与えかねない。

そこで、不正リスクマネジメントの取組み結果については、経営者が自らもモニターしていること、折に触れ、不正リスクマネジメントの取組み状況についてコメントを発信することは、非常に大きな影響を与える。特に、一般の従業員層よりも、上級の管理者層に多大な影響を与えることが期待できる。

不正リスクマネジメントに関する取組み等、経営者が自ら本気さを繰り返

し伝えることが、潜在的に不正行為者に諦めさせる最良の方法と言える。

(5)「委員会」について

　会社法で定める委員会等設置会社では、外部委員の参画を条件に、「監査委員会」「報酬委員会」「指名委員会」の設置を求めている。しかし、近年、多くの企業では、これら3つの委員会以外にも、以下のようにさまざまな「委員会」を設置している。例示をすれば次のような委員会である。
　　・品質管理委員会
　　・環境委員会
　　・輸出管理委員会
　　・リスクマネジメント委員会
　　・コンプライアンス委員会
　　・内部統制委員会
　　・CSR委員会
　　・ポートフォリオ委員会、等
　これらの委員会を活用して活発な議論が行われ、適切に運用されている企業も見られるが、下記のような課題が見られる企業も少なからずある。
● 決定機関・協議機関等を明確に定義しないまま、「委員会」を設置しているため、当該委員会の役割や社長または取締役会との関係が明確となっていない。
●「委員会」を設置して、内部統制等のマネジメント活動が完成したかのように、開催実績も非常に少なく、また活発な議論も行われない。何を議題にするのかも決めておらず、たまに外部者を招聘した不定期な講演等を開催するも、次第に開催自体がなくなっていく。
　本来、会社法の趣旨に鑑みれば、取締役会における議論を活発に行い、特に取締役や監査役による内部統制システムの監視義務を発揮させるという観点からは、取締役会の構成員による議論が非常に意義のあることと言える。したがって、上で述べたさまざまな「委員会」で検討対象としたい事項も、

本来は取締役会で議論すべきと言える。

　ただし、取締役会で議論すべき事項が非常に多い等の理由から、取締役会の開催前に、実質的な議論を行い、取締役会の構成員に適否を図るという仕組みは、それなりに意義のあることと言える。このような観点から、特定の重要事項を議論するための「委員会」を設置し、活発な議論・審議を行うことには意義がある。形式的な「〜委員会」を設置することは、既存の経営管理とは別枠の個々バラバラなマネジメント活動をもたらす原因の1つになる。

　そのため、数多くの「〜委員会」を設置するのではなく、まずは取締役会や正式な会議体になっている経営会議等の場で議論すべき内部統制関連活動に係る事項について絞り込み、真に必要な専門的な審議テーブルとしての会議体として、専門的な「委員会」を設置することが重要である。

　不正事例等の案件については、コンプライアンス委員会等の場で総括結果のレビューや審議等を行うことは非常に意義のあることである。不正事例等の傾向や再発防止のための施策の有効性評価等を定期的に経営層が行う制度があることは、有効な統制環境の確立にも非常に意味のあることだと言える。

② 方針・規程類等の規範文書

(1) 規範文書の体系のありかた

　会社にはさまざまな規程・規定・規則・マニュアル・手順書等が存在している。これら以外にも、経営ビジョン、行動規範、ポリシー等の文書も存在している。本書では、これらの文書を「規範文書」と呼ぶこととする。

　さまざまなタイプからなる「規範文書」については、しばしば以下のような課題が見られる。

● 経営ビジョン、フィロソフィー、クレド（信条）や「〜ポリシー」等、さま

ざまな抽象的と思われる規範文書が増える一方で、十分に真意が浸透していない。
- 会社規程として定義されている「規程」のほかに、ISO等のさまざまな「規定」や「マニュアル」が増える一方で、周知も徹底されていない。
- 就業規則の服務規律に社内ルールの遵守の徹底が規定され、違反時には懲戒を行うことが規定されているが、その対象となる「社内ルール」は具体的にどこまでの範囲を含むかについて、明確にされていない。
- 会社規程の改廃については、「取締役会の承認を要する」と規定しているものの、その遵守が徹底されていない。あるいは取締役会の承認を要するとされている規程の数が多すぎて、厳格な運用が難しい状況になっている。
- 規程等が増える一方であるものの、組織改正・法令改正等に追いついておらず、改訂等がなされないまま放置されている。改廃の責任部署も明確に定められていない。

このような規範文書の「乱れ」に係る法的リスク等の問題点については、後述するが、そもそも規範文書については、大きく2つの方向性で「あるべき姿」を明確に理解する必要がある。

まず、規範文書は、上位の規範文書になればなるほど、下記のような性格・特徴・機能を有するものでなければならない。
- 企業の役員・従業員等の全員が読み、理解すべきもの。
- そのため、抽象的な内容ではあるが、明確なメッセージを読み取ることができるもの。
- 制定や改廃は取締役会で決定すべきもの。

一方、下位の規範文書になればなるほど、下記のような性格・特徴・機能を有するものでなければならない。
- 特定部署等の一部の従業員等が読み、理解すべきもの。
- そのため、実務的に具体的な内容であるべきもの。
- 制定や改廃は特定部署等の部門長等で決定すべきもの。

このような規範文書のあるべき性格・特徴等に鑑みると、企業の役員・従業員等の全員が読み、理解すべき「経営ビジョン」等のレベルの規範文書を

明確に位置づけることが重要であるとともに、必ず周知を徹底する活動を継続的に行うことが必要となる。このようなビジョン等の文書の中には、誠実な行動や信頼を得られるような活動を促進するような文言が含まれると、不正リスク管理体制の取組みでは、有用となる。

　経営ビジョン等の下位の規範文書として、会社として定款をはじめとした、正式に定義した「規程」を明らかにする必要がある。実務的には「規程等管理規程」を制定し、会社規程等の体系を明確化する必要がある。

　これ以外にも実務上、有効な施策はいろいろ考えられるが、詳細は第4章で述べる。

(2) 規範文書と組織管理責任との関係

　そもそも、規範文書はなぜ必要なのであろうか。規程等の規範文書はなくても、十分に業務が適切に機能している組織も多いはずである。特に、規模も小さく、社長が都度、適時に指示を出して報告・連絡・相談が自然とできているような会社では、細かな規程は不要であろう。

　しかし、規模が大きく、かなりの権限移譲が必要で、事業活動の地域等も多岐にわたる際には、社長は都度、適時に指示を出したりすることは不可能となるだろう。そのため、経営の考え方とか、業務遂行上の留意点とか、経営者の思いを伝えるための規範文書が必要となる。このような趣旨に合致していない「〜ビジョン」等の規範文書は、あまり意味がない。

　また、法令等が規範文書、特に「規程」の整備を要求していることもある。会社法の規定に鑑みると、会社設立時には「定款」が必要となる。また、定款に詳細に書ききれない会社の「機関」の運営要領は「取締役会規程」「監査役会規程」等が必要だろうし、「株式取扱規程」も必要となる。金融商品取引法の財務報告に係る内部統制の観点からは「経理規程」等の整備が必要となろう。これ以外にも、労働基準法では「就業規則」の届出を要求しているし、労働安全衛生法の労働者への安全配慮義務の観点からは「労働安全衛生規程」の整備が有用である。労使、金融商品取引法のインサイダー規制の

観点や証券取引所の適時開示規則への対応の観点からは「インサイダー取引管理規程」や「情報開示規程」が必要であろう。さらには、消防法の観点からは消防計画の届出等を規定する「防火管理規則」、道路交通法の観点からは車両管理を規定する「車両管理規程」等も必要となろう。PL法やJAS法等の観点からは「品質管理規程」等も重要である。

　これら法令、特に業法や行政法への観点との関係で注意すべき点は、企業の組織管理責任の追及の強化である。たとえば、前述のように企業が保有する商業施設内での放火事件の例である。すなわち最も罰せられるべきは放火犯であり、企業は被害者である。しかし、企業には消防法により、組織的な防火管理体制が要求されている。もしも、放火事件が生じた際に、防火管理規程が未整備であったり、整備されてはいたものの、規定されている内容（例：定期的な訓練や防火管理者の設置等）が全く運用されていなかったり、周知されていない場合には、企業の防火管理体制に係る説明責任は十分に果たせなくなるだろう。放火事件のほかにも、従業員の過労死、情報漏洩、品質事故等、さまざまな事故・トラブルが生じた際に、説明責任を発揮するという観点から、規程の整備・運用が非常に重要となってくる。

　このように、会社規程等は、法的な責任を追及された場合の説明責任の発揮という観点からも、会社規程の整備とともに、適切な運用が非常に重要となってくる（その意味で、運用が困難な、身の丈に合っていない条項を明文化することは、避けるべきである）。不正等が発生した場合にも、同様のことが言える。企業は不正行為者による被害者であるわけであるが、会社法の内部統制の構築義務に鑑みると、不正リスクマネジメント等の組織的な体制の整備・運用に関する説明義務は、株主代表訴訟時には問われるものと理解しなければならない。

(3) リスク評価と規範文書との関係

　規範文書のもう1つの主な役割は、リスクへの対応方法を文書化しているということである。社内ルールには、主要なリスクへの対応手続（コント

図表3-2 社内ルールとリスク対応

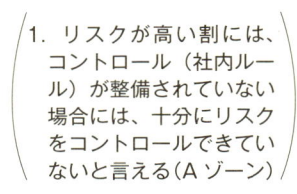

1. リスクが高い割には、コントロール（社内ルール）が整備されていない場合には、十分にリスクをコントロールできていないと言える（Aゾーン）

2. リスクが低い割には、コントロール（社内ルール）が煩雑な場合には、業務の効率性を害していると言える（Bゾーン）

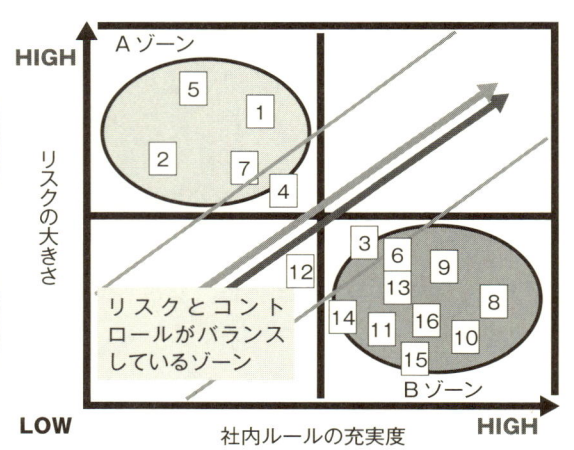

縦軸：リスクの大きさ（HIGH／LOW）
横軸：社内ルールの充実度（LOW／HIGH）

Aゾーン：5、1、2、7、4
リスクとコントロールがバランスしているゾーン：12
Bゾーン：3、6、9、13、14、11、16、8、10、15

ロール手続等）が文書化されていなければならない。ただし、リスクの大きさに比較すると社内ルールが充実していない場合や、リスクがほとんどないにもかかわらず、社内ルールが多すぎるという課題が見られる企業は、少なからず見られる。

　図表3-2を見てほしい。縦軸は「リスクが大きいか小さいか」を示し、横軸は「社内ルールが充実しているか否か」を示している。この図の中の「Aゾーン」「Bゾーン」のようなリスクの大きさと社内ルール数のバランンスが取れていない企業は意外と多い。

　このような課題があるか否かを実際に点検する場合には、図表3-2を作成することはあまり実務的ではなく、図表3-3のような点検表を作成することが有用である。

　このように、規範文書が主要なリスク対応について、具体的な行動を想起できない場合には、その規範文書は形骸化しているかもしれない。特に、行動規範・行動基準の項目が、自社の主要リスク事項と全く関連性がない場合には、そのような行動規範・行動基準を作成すること自体が、有用ではない

図表3-3　主要リスクの検討シート（例）

主要リスクの内容	対応する規程等	実際の業務手続	担当部署	ギャップ・課題
顧客の苦情等に適切に対応できない	顧客苦情等対応規程	左記の規程ではなく、非公式の××マニュアルの記載内容で業務がなされているが、標準化されていない	お客様相談室	①確固たる手続が正式化されていない ②……

ことが多いのではないかと思われる。

③ コンプライアンス統括部署・推進部署

（1）コンプライアンス統括部署は必要か

　不正リスクマネジメントに係る取組みでは、コンプライアンスに係る部署の役割が重要である。そこで、コンプライアンスに係る部署について説明を行いたい。

　まず、コンプライアンス統括部門についてであるが、そもそもコンプライアンス統括部門は必要であろうか。特に、規模が大きく、組織が複雑な企業の場合には、コンプライアンス統括部門は絶対に必要であると言えるであろうか。この問いについては、「必要か？」という問いについては「否」である。どんなに規模が大きかろうが、どんなに組織が複雑であろうが、既存の部署がコンプライアンスの促進等の機能を十分に果たしているのであれば、コンプライアンス統括部門は必ずしも必要とは言えない。特に、主要リスク事項の対応について、既存の部署の業務で十分に対応できているのであれば、コンプライアンス統括部門の設置は必ずしも必要とは言えない。

　しかし、今まで認識したことのない、経験もしたことのないリスクに企業

は直面することが多々あり、適時に対応方針を決定し、対応部門・対応方法等を明確に定め、実行させることが、だんだん困難になってきている企業も増えている。その結果、ある重要なリスク事項に対する主管部門（リスクオーナー）が不在となってしまうことが懸念されることもある。また、特定リスク事項への対応のための諸活動は、特定部門による推進活動が部分最適となってしまうことも多く、全体最適のための連携・調整を要するような状況も生じがちである。このような懸念や状況が生じることがある場合には、コンプライアンスの推進活動の全体の企画・設計や全体最適のための連携・調整等のほか、リスクオーナー不在時の臨時的な対応等を行うための部門として、コンプライアンス統括部門を設置することが有用となる。

　コンプライアンス統括部門を設置する場合、下記のような責任・権限を有し、業務を果たすことが期待されている。

〈主な責任と権限〉
- コンプライアンスの取組みの企画・設計と全体最適のための各部連携・調整
- コンプライアンスの取組みの有効性の評価
- 特定のリスク事項に関する必要な調査・モニタリング
- コンプライアンスの取組みにおける重要事項の取締役会等への上程
- 違反疑義案件に関する調査・確認
- コンプライアンスに関する啓発・普及

〈具体的な業務（例）〉
　(a) コンプライアンスマニュアル（行動規範・行動基準等のほか、コンプライアンス態勢の説明）の作成・改訂と周知
　(b) 社内ルール等の作成・改訂に関わる整合性チェック
　(c) コンプライアンス推進計画・実践計画（案）の作成
　(d) 全社および各部署・各社のコンプライアンス推進計画・実践計画の進捗状況の定期的な把握
　(e) 従業員意識度調査等の実施
　(f) コンプライアンス上の問題点がある場合の改善指示

(g) コンプライアンスに関する相談窓口・内部通報窓口の運営
(h) コンプライアンス違反発生時の対応（調査、解明、報告）または他部署への指示
(i) 主な法令改正、監督官庁の指導内容の変更等の把握（法務部門と連携）
(j) コンプライアンス委員会の事務局
(k) コンプライアンス研修の企画・立案・実施

　ここで注意すべきことは、上記の「具体的な業務（例）」で挙げた業務のすべてをコンプライアンス統括部門の1部署だけで遂行するわけではないことである。各企業の状況に応じて、コンプライアンス統括部門を設置してもごく少人数しか配置できないこともあるため、上記に挙げた「具体的な業務（例）」のすべてを遂行することが非常に困難な場合もある。したがって、上記の「具体的な業務（例）」をコンプライアンス統括部門のほか、既存の他部署が連携して遂行することも重要である。たとえば、コンプライアンスに関する研修については、コンプライアンス統括部門が企画するが、その計画と実行は人事部門の研修担当が行うことも考えられるし、コンプライアンス委員会の事務局についても取締役会の事務局（総務部門や経営企画部門）でその機能を果たすことも考えられる。必要な役割等について、1つの部門が果たすことが重要ではなく、複数の部門でも必要な役割等を漏れなく果たすことが重要なことである。その意味で、たとえコンプライアンス統括部門を設置したとしても、他の部署はコンプライアンスの推進に無関係ということではなく、後述するようにコンプライアンス推進部署としてコンプライアンス統括部門と連携する必要がある。

　なお、リスクの計量化等が金融庁から要求されている金融機関を除き、多くの一般事業会社における全社的なリスク管理を推進するためのリスク管理担当部門は、上述したコンプライアンス統括部門の「主な責任と権限」「具体的な業務（例）」について、"コンプライアンス"という用語をそのまま"リスクマネジメント"という用語に置き換えても、実務上は差し支えがないと言える。リスクマネジメント態勢と称してリスクマネジメント活動を推進する場合、コンプライアンス態勢におけるコンプライアンス推進活動と大きな

違いはないからである。

　リスクマネジメント態勢では、リスクの洗い出しやリスク評価活動、リスクの計量化、リスク報告等「手法」に傾斜しがちな傾向が見られるが、コンプライアンス推進活動で重視される啓発や周知活動をおろそかにしてはいけない。一方、コンプライアンス態勢では、行動規範等の作成、研修や周知活動、従業員アンケート等の施策に傾斜しがちな傾向が見られるが、実践的なリスク管理を忘れてはいけない。特に、コンプライアンス活動というと、単なる法令の遵守、情報漏洩、接待費、反社会的勢力への対応、セクハラ等、一部のリスク項目のみがコンプライアンスの対象範囲であるとの誤解も少なからず見られるが、そうではない。コンプライアンス活動の対象範囲はリスク事項全般である。

　このことは、企業に対する社会の姿勢が物語っている。「コンプライアンス違反の企業だ」との批判は、従前、社会的に問題視される事象が発覚した場合、法令等に違反していることが明らかである時に言われていたが、法令違反がなくても社内ルール違反が発覚したのみの場合でも「コンプライアンス違反の企業だ」との批判が生じている。実際に、菓子の製造・販売事業を営む企業で賞味期限の社内ルールを超過した原材料を使用していたことが発覚した事例では法令違反が認定された事実がなかったにもかかわらず、社会から重大な批判を受けた。また、法令の専門家から見れば、明らかな法令違反ではないと見られていた事例でも、社会からの期待や社会的要請に反するような行動を取った企業が、責任を追及され、コンプライアンス上の問題企業として大きな批判を受けた。したがって、コンプライアンスの対象を法令遵守、特定のリスク事項だけと誤解して、活動することは適当とはいえない。

　法令の完全な把握と遵守は難しい。法令は、基本法だけでなく、基本法の下に施行令があり、さらに施行規則・施行細則がある。さらにまた地方自治体の条例にまで具体的な細則が定められていることも多い。これらすべての法令等を完璧に覚えることは非常に困難であろう。また、法令等には解釈の幅がある。時代の後追いで制定されることもある。その意味で、自らの事

業・業務に関連するリスク事項を明確に認識し、重要な法務リスクを優先的に対処する姿勢が大切である。

　社内ルールも完全な把握と遵守は難しい。社内ルールは増える一方である。改訂も遅延することもある。法令と同様に、自らの事業・業務に関連するリスク事項を明確に認識し、主要リスクへの対応手順等を文書化している社内ルールを把握することが必要であろう。

　このようにコンプライアンスの推進にはリスクマネジメントの徹底が必要なのである。

(2) コンプライアンス推進部署の重要性

　コンプライアンス統括部門を設置したとしても、コンプライアンスの推進は、コンプライアンス統括部門だけで実施することはできない。コンプライアンス統括部門を設置しようがしまいが、そもそも既存の部門には、おのおのの業務分掌の中に、コンプライアンスを推進すべき機能があり、各部門が所管するリスク事項があるはずである。

　したがって、コンプライアンス統括部門だけでなく、主たる本社管理部門（コーポレート部門）等は「コンプライアンス推進部門」としてコンプライアンス統括部門とともに、連携して主たるリスク事項をカバーできるような、各部バラバラではない、全体最適型の管理体制の確立が重要となる。

　主な部門における主要リスク事項と関連するコンプライアンス推進事項だけでも、図表3-4のようなものが例示できる。

　コンプライアンス統括部門とコンプライアンス推進活動との連携・調整のための活動としては、次のような活動が考えられる。

- コンプライアンス委員会の開催前に、コンプライアンス小委員会として、事務者の協議テーブルを定例開催し、コンプライアンス委員会の審議事項等を事前協議する。
- コンプライアンス推進計画・実践計画の重要な取組みテーマの内容、推進施策等について、当該計画作成時に事前協議を行うことを制度化する。

図表3-4　主な本社管理部門におけるリスク・コンプライアンス事項

部門名	主な業務分掌	主なリスク事項とコンプライアンス推進事項
人事部門	人事制度の設計、給与計算、教育等	労務契約、労働時間管理、給与管理、ハラスメント、労働安全衛生、従業員教育等
経営企画部門	意思決定プロセス、経営管理等	重要な意思決定文書、経営層による対応方針の決定事項とのスクリーニング等
情報システム部門	ITの開発・導入・保守管理	電子情報の管理・セキュリティ、コンピュータ機器の安全管理等
法務部門	法令解釈、訴訟管理、契約審査等	法令把握、契約内容チェック、訴訟管理、法令教育等
営業部門	営業企画、販売、商品宣伝等	営業・広告宣伝に係る各種法令遵守、顧客情報管理、営業車両管理、債権管理
製造部門	生産企画、生産、製造品質管理等	生産に係る各種法令遵守、品質管理、在庫管理、生産技術情報管理等

- 不祥事例等の原因等の分析を行う「総括」を定期的に開催する。
- 許認可・届出・報告事項や法的資格者の管理について、定例的にモニタリング報告を受ける範囲を明確化し、モニタリングを分担する。

　特に、本社管理部門（コーポレート部門）は、おのおのの部門が自らの推進業務しか目に入らず、全体最適を志向することが欠けがちなケースが見られる。そのため、コンプライアンス推進活動では、各部連携を強く意識した全体最適を志向することが非常に重要と言える。

④ コンプライアンス責任者・担当者

(1) コンプライアンスオフィサーとコンプライアンス担当者

　コンプライアンスオフィサーとは、コンプライアンス担当役員のことを意

味することが多い。ただし、コンプライアンス担当役員のことを「チーフコンプライアンスオフィサー」と呼び、コンプライアンス統括部門長をコンプライアンスオフィサーと呼ぶケースもある。

　コンプライアンス担当役員を設置する場合には専担が望ましいが、実務上は難しいであろう。ただし、取締役・執行役員の担当分野として、コンプライアンスを担当する役員が法務・内部統制等を担当する場合にはコンフリクトが生じる懸念は小さいが、営業・生産・経営企画等を担当する場合にはコンフリクトが生じる懸念があることには注意が必要である。

　コンプライアンス統括部門以外の部署（各部署等）に、コンプライアンス担当者等を配置することがある。まず、各部署等に配置するコンプライアンス担当者等が専担であるケースがあるが、この場合でも人事権が配置先の各部署長のケースとコンプライアンス統括部門長のケースとがある。各部署等に配置される専担のコンプライアンス担当者等の例としては、大規模な銀行の証券部門に専門のコンプライアンス担当者等を配置するケースや、特定分野だけに焦点をあててマネーロンダリング専門のコンプライアンス担当者等を配置するケースがある。

　コンプライアンス統括部門以外の部署（各部署等）に、コンプライアンス担当者等を配置するが、兼務の場合、つまり各部署等の業務を行いながら、コンプライアンス担当者等としての役割を担うケースもある。一般事業会社ではこのようなケースが多く、各部署長クラスをコンプライアンス責任者、課長等のクラスをコンプライアンス担当者として配置するようなケースが多い。このようなケースにおけるコンプライアンス担当者等の役割としては、次のような役割を担うことが期待される。

- コンプライアンス統括部門からの各種の方針・コンプライアンス推進活動の内容等について、各部署内での周知
- 各部署におけるリスク評価等のリーダーシップ
- 各部署の従業員からのコンプライアンス等に関する相談対応

(2) 形骸化しやすいコンプライアンス責任者・担当者

　上記に述べたように、各部署に、兼務の状態でコンプライアンス責任者・担当者を「設置」「配置」する実務例は多いが、下記のような課題が見られる。
- 各部署の日常業務で多忙なのに、コンプライアンス責任者・担当者として任命され、さらにその役割が具体的かつ明確に定められていない。そのため、結果的にはコンプライアンス責任者・担当者は「名前だけ」となっている。
- 各部署の課長等がコンプライアンス担当者等として設置されているだけでなく、情報管理担当者、火元責任者、品質管理担当者等、さまざまな「〜担当者」の名目上の肩書を数多く担当しているケースが見られる。
- コンプライアンス責任者・担当者を「設置」「配置」するものの、人事異動の際に必要な引継ぎ方法も明定されていない。その結果、新任のコンプライアンス担当者等も自らがコンプライアンスの担当をしているとの自覚・認識が十分にはないこともある。

　したがって、コンプライアンス責任者・担当者の「設置」「配置」というのは、上記の課題のように形骸化しやすいことが多い。そのため、コンプライアンス責任者・担当者の位置づけについて、再考すべき余地が少なからずある。

(3) コンプライアンス責任者・担当者の位置づけ

　コンプライアンス責任者・担当者の位置づけを明確にするためには、各部署におけるコンプライアンスの推進における「あるべき役割」を明確にしておくことが必要である。各部署における、この「あるべき役割」とは、次のような内容である。
- 各部署長は、各部署内のコンプライアンスの推進等の全般に責任を負う。
- 各部署における重要な業務上の法令等の遵守は、業務組織上の決裁ラインでチェックすることが基本である。

- 各部署長は、コンプライアンス上の重要課題の改善に必要な対策を明確にして事業計画化するとともに、事業計画管理の中で重要なリスク対応の状況を評価する。

そのうえで、次のような各部署において必要なコンプライアンス態勢における具体的な業務を明確に定めることが重要となる。
- 自部署で重点的に理解・実践すべき遵守基準の周知
- 不正リスクマネジメントやコンプライアンス意識の醸成のための教育等
- 各部署の主なリスクの把握（リスクの発生頻度と発生時ダメージ）
- 主なリスク対応に必要な業務マニュアル等の作成・周知
- 自部署の業務に関連する関係法令、監督官庁指導等の把握、解釈および情報収集
- 事業遂行上のモニタリングに基づく改善

このような各部署におけるコンプライアンス態勢上のあるべき姿や要請される必要な業務が明確になった時にはじめて、コンプライアンス責任者・担当者の役割も明確になる。

ただし、注意が必要なことがある。上記で述べた各部署における「役割」「業務」の内容には、コンプライアンス態勢云々、ということを言うまでもなく、当然にして、担当業務の一環として実施している、または実施すべき業務内容も多いということである。そのため、コンプライアンス責任者・担当者を各部署にあらためて「設置」「配置」するというよりも、各部署の部門長や管理者層は、上記の役割や業務内容は「当然にして遂行すべき役割・業務」であり、「当該機能を担当業務の一環として当然にして果たすべき者」と位置づけることが重要である。形骸化しやすい「〜担当者」等をいたずらに「設置」「配置」するのではなく、本来の管理者等としてのコンプライアンスの機能を果たす役割・具体的な業務を明確に定め、実行させるような仕組み、たとえば、目標管理に反映させる、人事評価項目とする等の措置が必要であろう。

⑤ 組織の誠実性を高める制度・施策

(1) 繰り返し継続が基本

　不正リスクマネジメント態勢を確立するためには、企業の組織全体の誠実性を高めることが非常に重要となる。誠実性については「倫理」「価値観」が鍵となるが、これらは「個人の問題」であると済ますことは適切ではない。たとえ、個人的な非倫理的な行動があったとしても、その原因が、経営管理の仕組みに起因することも多い。特に、経営管理の仕組みの中に、善良な人に悪いことをさせてしまうことがあり、そのほとんどの場合、咎められるべきは経営幹部に行き着くことが多い。経営者は倫理的な行為を支援するような経営管理の仕組みを定着化させることが必要である。特に、経営者は、組織文化を注意深く吟味し、従業員を動かす構造や手続が倫理的な行為を奨励するように組み立てられているか否かを確認し、もしも妨げているならば、経営者は企業組織の変革や補正が必要となる。

　このように「倫理」「価値観」を企業組織と経営管理の仕組みに組み入れることが企業の誠実性を高めるために必要となるが、その場合の重要なポイントは、次の通りである。

- 価値観を組織に導入するプロセスには終わりがなく、「完成版」はあり得ない。ひとたび導入したら、それを継続することで「最新版」を目指すことが必要となる。
- 企業組織に「価値観」を植えつけることは企業組織の文化や風土変革を必要とする。単なる方針や手続の周知だけでは企業変革はできない。企業ビジョンを構成する価値観を欠いたような形だけの方針や手続の整備だけでは、望ましい成果は得ることはできない。

　そして、繰り返し、継続すべき下記のようなステップが必要である。
　①不正リスクマネジメントを含むコンプライアンス態勢等の診断とリスク

評価による課題の改善計画の策定
②経営者による方針の明定・行動のコミットメント・計画承認等
③行動規範・行動基準等の規範文書に係るさまざまな周知徹底・見直し
④意思決定や業務判断に役立つ教育研修
⑤コンプライアンス等の推進計画の周知と全従業員の参画意識の向上
⑥人事評価・懲罰等の首尾一貫した適用
⑦監査・評価によるモニタリング（定期的な効果測定を含む）
⑧継続的改善（不正案件発生時の対応を含む）

(2) 人事評価・業績評価

　人事評価や業績評価は、組織の誠実性を高めるためには重要な要素となる。そのため、企業全体の一貫した価値観を重視した評価体系の確立が重要となる。よくありがちなのは、従業員向けの人事考課の評価項目には、倫理的な行動パターンと関連性の高い評価項目があるものの、実際の賞与の配分基準は、プロセスではなく業績・利益金額の結果に基づくといった、ダブルスタンダードのどちらに重きをおくかというジレンマである。いくら望ましい不正リスクマネジメントプログラムを確立したつもりになっても、それが滅茶苦茶になるのは、企業の価値観や倫理基準について、ある場合には無視し、ある場合には上司の指示で個人、部門、地域ごとに、いくつもの行動基準を認めてしまうからである。

　この点について言えば、理想的な目標は、従業員の個々の目標と、企業の目標および価値観が一致することである。この場合、倫理とか、モラルという言葉よりも、フェア（公正）という言葉を用いる方が実務的な目標を設定できるかもしれない。また、企業の上位者は下位者よりも高レベルの行動基準が求められるべきであることも重要な要素となる。

　評価基準が明確になったのであれば、定期的に経営層に報告する制度を確立することである。ここでは、重要リスク報告制度等定期的に重要なリスクの改善状況や、コンプライアンス実践計画の遂行状況を経営層に報告するこ

とで、活発な議論を促進することが重要となる。

(3) 異例時対応・懲罰等でも首尾一貫した対応が鍵

　企業の誠実性を高め、維持するためには、不正事例等が発生した異例時において、懲罰等の適用を首尾一貫させることである。重要な不正事例等が生じた際に「過去の営業面の貢献は大きい」等を理由に、違反行為に対する厳密な罰則適用を見送ることは、不正リスクマネジメントを含むコンプライアンス態勢を崩壊させる行為である。懲罰の適用については、首尾一貫して取り扱われ、同一の不正行為等については然るべき処罰があることを保証するプロセスがなければならない。

　そのため、不正行為等の懲罰適用状況を定期的に第三者によって点検させることは非常に重要である。

　最後に、企業の誠実性を高めるためのコンプライアンス態勢の構築のために、「コンプライアンス規程」を制定している企業は多いと思われるが、やや詳細な制度設計の内容を規定化した事例を紹介する（図表3-5）。いずれも、役割、経営報告、罰則適用の明定が重要な鍵となる条項である。

　既存の規程でも十分にコンプライアンスの推進が実施できる企業には、ことさら「コンプライアンス規程」は必要ないと言えるだろうし、例示したような詳細な内容が不可欠ということではない。会社法の内部統制システムの基本方針の策定において、事業報告への記載の観点から、下記に例示したような規程は有用になるかもしれないという趣旨で例示するものである。

図表3-5 「コンプライアンス規程」の事例

コンプライアンス規程

第1章　総　則

（目　的）
第1条　本規程は、当社のすべての役員及び社員（以下「役職員」という）がビジネス上のリスクに対して適切な行動をとるためのコンプライアンスの実践を推進・確保することを目的とする。

（本規程に定めのない事項）
第2条　本規程に明文の定めがないものについては、法令、定款及び他の社内規程等に従うものとする。

（コンプライアンスの定義）
第3条　当社におけるコンプライアンスとは、法令等の遵守のほか、社内規程等を遵守することですべての役職員がビジネス上のリスクに対して適切な行動を実践するとともに、社会からの要請に誠実に対応する行為と定義する。

（基本方針）
第4条　当社は、コンプライアンスの実践を経営の最重要課題の一つと位置付け、コンプライアンスの徹底は当社の経営の基盤を成すことを強く認識し、企業活動上求められるあらゆるコンプライアンスの徹底により、リスクに適切に対応する企業活動を遂行することを旨とする。
2．当社は、グループビジョンを共有する関係又は当社の連結経営に密接な関係にある子会社等に対し、次条に定める行動基準に準じたコンプライアンスの実践の必要性を普及するための啓発・周知活動を遂行する。

（行動基準）
第5条　当社は、コンプライアンスを実践するために、第15条に定める行動基準を役職員の行動基準として別途定める。

第2章　コンプライアンス体制
第1節　取締役会

（取締役会の権限）
第6条　取締役会は、コンプライアンスの実践を効果的に確保するため、取締役会の審議機関としてコンプライアンス委員会を設置し、コンプライアンス担当取締

役を定めた上でコンプライアンス統括部を設置し、これに所掌・統括させる。
2. 次の各号に定めるコンプライアンスに関する重要事項は、取締役会の決議によることとする。
   (1) コンプライアンスに関する重要な組織の設置・変更
   (2) コンプライアンス規程、行動基準の制定・変更・廃止
   (3) コンプライアンス委員の委嘱・解嘱
   (4) コンプライアンス担当取締役の委嘱・解嘱
   (5) その他上記に準ずる重要事項の決定
3. 取締役会は、コンプライアンス委員会に対し、次の各号に定めるコンプライアンス事項の報告を求める。
   (1) 年度コンプライアンス実践計画とその実施状況
   (2) コンプライアンスに関する重大事象等の発生事実及び講じた措置
   (3) その他上記各号に準ずる重要事項

第2節　コンプライアンス委員会

（構　成）
第7条　コンプライアンス委員会は、取締役会の議長、代表取締役及びコンプライアンス担当取締役並びに1名以上の外部専門家で構成し、取締役会の議長が委員長の職に当たる。

（役　割）
第8条　コンプライアンス委員会は、第6条第2項に定めるコンプライアンスに関する重要事項を審議し、取締役会へ上程する。
2. コンプライアンス委員会は、経営レベルのコンプライアンスの遂行を実効あらしめるため、次の各号に定める事項を行うものとする。
   (1) コンプライアンスマニュアルの制定・変更等に係る審議
   (2) コンプライアンス規程、行動基準に係る審議
   (3) 年度コンプライアンス方針の決定と年度コンプライアンス実践計画の承認
   (4) 重要なコンプライアンス事故案件に関する調査・確認・対処措置の決定
   (5) コンプライアンスの推進に有効な諸施策の導入の審議・決定
   (6) その他各委員が必要と判断する事項の審議・決定
3. コンプライアンス委員会は、本条に定めるコンプライアンス事項を行うために、随時、コンプライアンス担当取締役・コンプライアンス統括部から報告を求めることができる。

(運　営)
第9条　コンプライアンス委員会の運営の詳細は、コンプライアンス委員会で定める委員会規程による。

第3節　コンプライアンス担当取締役

(コンプライアンス担当取締役)
第10条　コンプライアンス担当取締役は、次の各号に定める役割を担うこととする。
　(1) コンプライアンスの普及・実践に関するリーダーシップの発揮
　(2) コンプライアンス体制の変更や調査等に必要な経営資源の投入判断
　(3) コンプライアンスに関する経営課題のコンプライアンス委員会への上程
　(4) 取締役及び重要な使用人にコンプライアンス違反のおそれがある場合におけるコンプライアンス委員会への上程
　(5) コンプライアンス統括部の業務の指導・監督
　(6) コンプライアンス責任者及びコンプライアンス総括担当者の任免

第4節　コンプライアンス統括部

(コンプライアンス統括部の機能及び業務)
第11条　コンプライアンスに関する事務は、コンプライアンス統括部に主管させるものとし、その主な機能は次の各号に定めるとおりとする。
　(1) コンプライアンス体制に関する企画・立案
　(2) コンプライアンスに関する調査
　(3) 各部門のコンプライアンス遂行上の問題点に関する改善指示
　(4) コンプライアンス事故案件に関する調査・確認
　(5) コンプライアンス委員会審議事項の上程事務
　(6) コンプライアンスに関する周知・教育研修の企画・立案と実行
2．コンプライアンス統括部の具体的業務は、下次の各号に定めるとおりとする。
　(1) コンプライアンスマニュアル草案の作成
　(2) 行動基準の制定・変更等
　(3) 年度コンプライアンス実践計画の草案の作成
　(4) 年度コンプライアンス実践計画の実施状況の定期的な把握
　(5) 年度コンプライアンス実践計画に基づく実施状況に対する改善指示
　(6) コンプライアンスに関する相談対応

(7) コンプライアンス違反発生時の各部署への対応（調査・報告・改善）の指示
(8) 法務部と連携した法令改正及び監督官庁の規制内容の変更等の把握
(9) コンプライアンス委員会の運営に関する事務
(10) コンプライアンス研修の企画・立案・実施
(11) 上記各号に関連する業務

第5節　コンプライアンス推進部署

(責　務)
第12条　コンプライアンス統括部が別途指定する本社管理部門の各部は、コンプライアンス推進部署として、所掌業務に関するコンプライアンス事項を第一次的に適切に管理する責務を負う。

(具体的な役割)
第13条　コンプライアンス推進部署は、コンプライアンス統括部の業務を補助するため、コンプライアンス統括部と連携して次の各号に定める役割を担うものとする。
(1) 所掌する行動基準の周知及びコンプライアンス意識の醸成
(2) 所掌する行動基準に関する相談対応
(3) 所掌する行動基準に関する実施状況の調査・報告・改善
(4) 所掌する行動基準に関する違反発生時の報告・対応
(5) 所掌する行動基準の改訂・補充
(6) 所掌する行動基準に関する法令改正等の把握
(7) 所掌する行動基準に関するコンプライアンス研修の企画・立案・実施
(8) 年度コンプライアンス実践計画の作成のための指導・助言

第6節　コンプライアンス責任者・担当者

(コンプライアンス責任者・担当者)
第14条　本社コーポレート部門の部長及び各事業部門長等をコンプライアンス責任者として位置付ける。また、コンプライアンス責任者は、組織の規模・状況等の必要に応じて、コンプライアンス担当者を指名し、次項で定める各部署における具体的なコンプライアンスの推進活動の役割を担わせることができる。
2. コンプライアンス責任者の、それぞれの自部門における役割は次の各号に定めるところによる。
(1) 行動基準の周知及びコンプライアンス意識の醸成

(2) 行動基準に関する相談対応
(3) 行動基準に関する実施状況の調査・報告・改善
(4) 自部門が所管する行動基準に関する違反発生時の報告・対応
(5) 自部門が関連する年度コンプライアンス実践計画の作成・実施状況の把握
(6) 自部門が関連するコンプライアンス研修の企画・立案・実施

第3章　行動基準

（定　義）
第15条　行動の遵守基準として定める行動基準とは、次のとおりとする。
行動基準：顧客・株主・従業員・社会の各ステークホルダーに対して役職員が遵守すべき行動の基準であり、具体的な行動として例示列挙した行動指針（遵守すべき具体的な行動基準とその解説及び参照法令・関連する社内規定等を示したもの）
（改訂等）
第16条　行動基準の内容については、毎年1回必要に応じ見直しを検討する。

第4章　年度コンプライアンス実践計画

（定　義）
第17条　年度コンプライアンス実践計画とは、コンプライアンスを推進するための具体的かつ全社的な通年の実践計画のことをいう。
（策定手続）
第18条　コンプライアンス統括部は、コンプライアンス推進部署及び各事業部門と協議のうえ、毎年3月末日までに、翌年度の年度コンプライアンス実践計画を取りまとめて、コンプライアンス委員会の承認を受けなければならない。
2．コンプライアンス統括部は、原則として半期に1度前項に定める年度コンプライアンス実践計画の見直しを検討するものとし、これを変更しようとするときは、コンプライアンス委員会の承認を得るものとする。
（定期報告）
第19条　コンプライアンス統括部は、年度コンプライアンス実践計画の実施状況について、半期毎にコンプライアンス責任者からの報告を取りまとめて、コンプライアンス委員会に提出しなければならない。

第5章　罰　則

(罰　則)
第20条　コンプライアンス違反又はそのおそれがあると認められる行為に対しては、次の各号に従い措置する。
(1) 取締役　取締役に行動基準に違反する行為がある場合には、取締役会の審議を経て所要の措置を講ずる。
(2) 従業員　従業員に行動基準に違反する行為があり、就業規則に抵触する場合には服務規律違反として処分する。

第4章 リスクの予防的コントロールと継続的プロセス
——リスク評価・設計・導入

① リスク評価のポイント

(1) 典型的なリスク評価の失敗例

　昨今、リスクマネジメントやそれに類した取組みによって、リスクの洗い出しやリスク評価・リスク報告を行う企業が増えてきた。リスク評価等の取組みに着手する企業が増えてきたことは、不正リスクマネジメントの観点からは望ましい傾向であるが、次のようなさまざまな課題が見られる。

- リスクの洗い出しや定義に時間がかかりすぎて、対策・対応に至らない。
- 事業に密接な、自社にとっての具体的なリスクを明確に認識できていない。ビジネス環境が理解・把握されないままリスクの洗い出しがなされ、納得感のないリスクばかりを洗い出し、報告している。
- 現象（例：規程がない）とリスク（例：規程がないため……となってしまう）が対応していない。原因と結果を意識したリスク定義をせずに、抽象的なリスク定義に終始している。
- 現場情報やデータによる裏づけがなくリスクを定義・評価し、感覚的な言葉で議論されている。
- 経営レベル、プロセスレベル等、さまざまなレベルを踏まえたリスク内容の議論がなされない。
- 「固有のリスク」と「残存リスク」とを混同してリスク評価の議論をしている。
- 草の根レベル・部分最適の観点からのリスクばかりが報告され、全社重要リスク・全体最適の観点からのリスクが報告されない。経営方針等から読み取れる課題と比較すると洗い出したリスクとの乖離が激しい。
- リスク評価において、短期か、中長期かを明確にしないまま、リスクの発生可能性を検討している。
- 自分たちの部署の業務しか知らず、他部署のことは不明であるため、事業

全体からどのプロセス・部署等からリスクが発生しているのか、またその原因は何か、ということについて十分に把握できていない。

このようなリスク評価等の課題はなぜ生じるのであろうか？　その多くは、「主体性のなさ」に起因することが多い。たとえば、同業他社がリスクマネジメント委員会等を設置したり、会社法の内部統制システムの基本方針の開示や金融商品取引法の財務報告に係る内部統制報告制度の導入を契機として、経営者から「リスクマネジメントの取組みをせよ」と命じられたことから、リスク評価等に着手する企業が少なからず見られる。

このような命令を受けた担当者は、具体的に何をしてよいのかわからず、市販されている書籍等を参考にして、活動を開始する。その際、まずはリスクの洗い出しと評価が必要とわかり、着手するわけであるが、他部署に訪問してリスクに関するインタビューをする自信もなく、時間的な余裕もない。そこで、リスクの洗い出しのための書式を作り、各部署に埋めてもらう方法を採用することが多くなるが、その書式は、書籍等でよく掲載されているようなリスク事項を参考に作られることが多い。しかし、市販されている書籍等のリスク事項をそのまま自社に当てはめても、しっくりこない。しかも、市販されている書籍等におけるリスク事項は「製品の品質瑕疵」「情報漏洩」等、リスク発生の結果の簡潔な記述が多い。リスクの定義には「原因」と「結果」を明らかにする必要があるが、書籍等のリスク事項はこの「結果」に相当する記述しか述べられていない。なぜならば、「原因」に相当する部分は、各社・各部署等の状況に応じて、大いに変わり得るので、統一的な定義は不可能だからである。

このように試行錯誤ながらも、他部署の協力を得ながら、リスクの洗い出しを行い、その結果を経営者に報告する段階に移るわけであるが、そこでも経営者の納得を得られないという状況に直面することが多い。その主な理由には大きく2つある。1つは、目的・目標のレベルの大きさに応じリスクのレベル感も変わるはずなので、それらが混在して報告等がなされていること、2つ目はビジネス環境を十分に分析することなく、特に事業目標と乖離したリスクが重要リスクとして報告されることが多いことである。

(2) 目的・目標のレベル感に対応したリスク評価

　「リスク」と聞くと、損害・事故・損失・ダメージ等を思い浮かべ、「あってはならないこと」等と思いこむ人もまだ多いかもしれない。しかし、リスク管理論では、リスクとは「目的の達成における不確実性」のことをリスクと定義することが多い。つまり、ビジネス上のリスクとは、ビジネスでは失敗する可能性もあるし、成功する可能性もあり得るわけで、このような意味での不確実性の幅のことを意味する。ビジネスでは、「リスクはない」と考えるのではなく、「リスクは当然にしてあり得るもの」と理解しなければならない。

　リスクの定義を理解することができれば、リスクを明確に把握するためには、「目的」が明確であることが重要となることもわかるであろう。そのため、ビジネス上のリスクを明確に認識するためには、事業目的・目標を明確に理解しなければならない。

　企業の事業目的には、大・中・小のさまざまなレベルがある。一番大きなレベルの目的としては、経営ビジョンのようなものが考えられるだろう。たとえば「お客様第一主義」「安全第一」「品質第一」等の類いである。鉄道会社であれば、安全運行の徹底と時刻表通りに電車を運行することが非常に重要となろう。安全運行等ができないことは最大のリスクとなるだろう。食品製造会社であれば、おいしくて安全な製品の提供が非常に重要だろう。味が悪く、安全でもない食品を供給する事態は最大のリスクになるであろう。このように経営ビジョンレベルの事業目的から想起されるリスクのレベルがある。このレベルのリスクは、対象範囲も広く、概括的なリスク定義になる傾向にある。

　経営ビジョン等のレベルより少し下のレベルの目的としては、中期経営計画や年度事業計画の重点目標のような「目的」がある。たとえば「円高に耐えうるコスト構造改革の断行」「次世代へのノウハウ継承のための人材育成の徹底」等が挙げられる。このような中期経営計画や年度事業計画の重点目標の達成を妨げる「リスク」を適切にイメージすることが重要となる。この

レベルのリスクは、対象範囲もやや広く、概括的なリスク定義になる傾向にあるが、経営ビジョン等のレベルのリスクよりはやや具体化された内容となる。また、このレベルのリスクは全社的な重要リスク事項と密接に関係していることが多い。情報不足の中で、特定担当者間で作成したリスクマップ（リスクマトリクス）等を根拠資料にして、重要リスク事項を決定した重要リスク事項が、経営課題と全く関連性がなく、経営者からソッポを向かれてしまうことは、少なからず見られる。そのため、重要リスク事項の決定においては中期経営計画や年度事業計画の重点目標からリスクをイメージして経営課題とリンクした重要リスクの特定がとても有効である。

さらに下位の目的のレベルとしては、部門レベルのミッションや特定部門の当年度の業務目標等がある。さらに下位の目的のレベルとしては、担当者レベルの業務目的のほか、特定の業務プロセス、さらにはサブプロセスの業務目的と細分化された目的・目標がある。これらの下位の細分化された目的・目標になればなるほど、対象範囲は狭くなり、リスク定義も非常に具体的になる。

このように、リスクの評価においては、経営者レベル、管理者レベル、担当者レベル等のレベル感に十分に注意する必要がある。不正リスクについても、同様である。経営レベルでの不正リスクを検討することは、経営者不正の発生の可能性の検討につながる。経営者の報酬方式が過度に株価連動型になっている等の状況があれば、株価つり上げのための決算操作の誘因があるかもしれない等の検討が有用となる。管理者レベルの不正リスクとなると、内部牽制上の不備、権限の集中、専門業務における他者からのチェック不在、調達権限の地位に長期間在籍等の有無を検討することが有用となる。担当者レベルで不正リスクを検討することは、さまざまな業務プロセスの検討が必要であり、さまざまな観点からの検討が必要となる。

このように、リスク評価とはさまざまなレベルに応じて、リスク定義内容も異なってくるので、不正リスク管理プログラムを検討する場合にも、どのレベルの不正リスクマネジメントを主なPDCAの対象としてモニタリングしていくのかということを明確にしておかないと、経営者レベル・管理者レベ

ル・担当者レベルのさまざまなレベルのリスクが混在した報告をしてしまう懸念が生じる。そうなると報告を受ける側の経営者からも、高い評価は得られないし、経営者による有効なモニタリング機能の発揮も非常に難しくなるだろう。

(3) ビジネス環境の理解・把握の重要性

　ビジネス上のリスクを的確に認識するためには、ビジネス環境の理解・把握が不可欠である。ここに「ビジネス環境」とは、次の①〜⑪のような内外の経営環境のことを意味している。
　①事業目的等
　②顧客
　③競争相手
　④サプライヤー（調達先・購買先等）
　⑤株主・投資家
　⑥官公庁・監督官庁・法規制
　⑦社会・地域住民等
　⑧従業員・経営層（ヒト）
　⑨資産状況・財務状況（モノ・カネ）
　⑩情報・情報システム
　⑪業務ルール・コミュニケーション・その他内部の経営環境

　企業は事業目的を達成しようとしながらも、さまざまなステークホルダーの要求にも応えようと努めている。この目標達成と要求への対応のために、企業は「ヒト・モノ・カネ・情報」という経営資源で対処しようとするが、そこにギャップがある場合、リスクが認識されることが多い。たとえば、個人顧客が主要顧客となる事業を営む企業において、「お客様第一主義」という目標を掲げながら、お客様相談室に1名しか配置していなければ、その達成は非常に難しく、リスクを認識されることが多いであろう。したがって、

図表4-1 「顧客」を理解するためのチェックリスト（例）

	（顧客層の理解）
1	主な顧客の階層（主な顧客は個人顧客か、法人顧客か）は、どのような状況か
2	そもそも（連結ベースで）顧客データの「名寄せ」の状況はどのような状況か／顧客の特性に応じた分類が可能な顧客データベースがあるか
3	取引高・債権残高は特定の顧客に集中しているか、分散しているか／そもそも取引高・債権残高の上位ランキングは把握されているか
4	派手な接待贈答等が好まれる顧客層か／節度ある関係をどのように保っているか
5	顧客情報のセキュリティ体制はどのような状況か
	（顧客ニーズの理解）（顧客の「声」の理解／製品やサービスについての対応策の理解）
6	顧客（潜在顧客含む）の自社に対する評判はどうか／顧客ニーズで最も重要なものは何か
7	経営者および従業員は主な顧客ニーズをどのようにして理解しているか／顧客の自社への評判をどのように把握しているか
8	顧客からの評価・フィードバック等を定期的に把握するために、どのような手法（例：お客様相談室の活用、マーケティング調査等）を採用しているか
9	商品・サービスをどの程度タイムリーに提供できているか、またタイムリーに提供するためにどのような具体策をとっているか
10	顧客ニーズの変化にどのように対処しているか／顧客ニーズの変化にタイムリーに対応できているか
11	特に顧客の声（苦情やクレーム等）をどのように把握しているか／顧客苦情等の窓口は明確か
12	各現場における本社への苦情等の報告基準や重大化苦情判断基準はどのようなものか
13	苦情やクレーム等の種類で多い事由は何か／提供している商品・サービスの主な問題・要改善点は何か
14	顧客ニーズを満たし、またそれを超えるために、経営者および従業員はどのようなことに取組んでいるか
15	顧客ニーズに合わせて、商品・サービスを改善するために会社はどのような方策をとっているか
16	販売後のサポート・サービスの顧客満足度を高めるために、どのような活動（お客様相談室による改善活動、無償修理等）を行っているか
	（新しい商品・サービスと市場）（顧客ニーズの理解）
17	現在または将来の顧客ニーズに応えるために、どのような新商品・サービスの企画・開発を計画しているか
18	現在または将来の顧客ニーズに応えることができる技術革新は、どのようなものが進行しているか
19	新商品・サービスを市場に投入するための開発プロセスを効率化するためにどのような方策をとっているか
20	海外市場、または従来と異なる国内市場における顧客ニーズに応えるために、どのような商品・サービスを投入しているか

①の事業目的や業務目標等、②〜⑧のステークホルダーの状況や要求等（外部経営環境を含む）、⑧〜⑪の内部経営環境を十分に理解・把握することがリスク認識には非常に重要なのである。

ビジネス環境の理解・把握の実務においては、経営論におけるさまざまな企業分析手法の着眼点が参考になるほか、日本公認会計士協会監査委員会研究報告第15号「経営環境等に関連した固有リスク・チェックリスト」が参考になる。特に、研究報告第15号は、会計監査を前提にしたリスク評価のための着眼点を示しているため、会計不正に係るリスク評価にも有用である。このチェックリストは次のような内容から構成されている。

Ⅰ．一般的経済環境
Ⅱ．企業の属する産業の経済環境（業界・市場の特徴・慣行や規制環境等）
Ⅲ．企業の事業環境活動（組織構造、投資家、従業員、経営者、情報システム、財務、人事制度・報酬体系、コーポレートガバナンス、事業戦略、顧客、調達先、取引形態、予算管理や財務報告、マスコミ報道等の状況・特徴）
Ⅳ．特定の勘定科目や取引が本来有する特性（異常な勘定残高、例外処理が多い取引、見積りを要する取引等、資産流用のリスク等）

また、参考として、ビジネス環境のうち、「顧客」を理解・把握するための着眼点を図表4-1に例示しておく。

② 行動規範・行動指針の策定

(1) リスク対応の基本方針としての行動規範・行動指針

経営ビジョン・ミッション等の最上位の規範文書を策定している企業が増えている。そのような最上位の規範文書の下位のレベルの規範文書として、「行動規範」「行動指針」等を策定している企業も多い。行動規範・行動指針

等の規範文書の策定の目的には、さまざまなものがあるだろうが、基本的な目的は、従業員等に「このような考え方で、このように行動してほしい」ということを伝えることである。その意味では、企業の風土変革における行動革新を求めるために、行動レベルのあるべき姿を文書化している企業も多い。

不正リスクマネジメント態勢において、行動規範・行動指針等の役割は、特定のリスク等に直面した際には、このように行動をしてほしい、という点を伝えることである。すなわち、不正リスクマネジメント態勢における行動規範・行動指針等の主な役割は、「リスク対応の基本方針」の明確化である。そのため、自社の行動規範・行動指針等に該当する文書を読んでみて、具体的なリスクへの対応のための行動が想起できないような抽象的すぎる内容である場合、そのような行動規範・行動指針等は見直されるべきと考えられる。

行動規範・行動指針等を主要リスクへの対応の基本方針として機能させるためには、行動規範・行動指針等もいくつかのレベル感に分けて工夫して文書化することが好ましい。

行動規範・行動指針等の「見出し」レベルの文書は、やや抽象度が高いながらも誰が読んでもわかりやすいメッセージであり、そのため表現方法も「～しよう」「～します」等の文面で作成すべきものである。

行動規範・行動指針等のレベルの文書は、やや具体化された行動パターンが記載されているが、わかりやすい内容でなければならない。そのため表現方法は行動のあるべき姿を明確にするために「～しよう」「～します」「～する必要があります」等の表現だけでなく、「～してはならない」「～すべきではない」「～することは禁じます」等の否定的な表現の文面も作成すべきものである。

(2) 行動規範・行動指針の解説書の構成要素

行動規範・行動指針は、お題目を並べただけでは、具体的なあるべき行動パターンを想起することができない。そこで、行動規範・行動指針等は、解説書に相当する文書と一緒に、作成し周知することが必要である（図表4-2）。

図表4-2　行動規範・行動指針の例

【見出し】
公正かつ透明な意思決定

> 意思決定・業務判断にあたっては、法令等を遵守し、職務権限・決裁基準等の社内ルールに則ってこれを行うとともに、適切な資料等を確保するよう努めます。

【主なポイント】
　株主から受託した経営が健全になされるために、社会等への説明責任を果たすために、第三者に対し説明可能な透明性のある、公正な意思決定・業務判断を行う必要があります。

【具体的な行動のためのガイドライン】
1. 決議・決定は、必ず社内ルールに則って行わなければなりません。
2. 決議・決定や業務上の判断においては、社内ルールの趣旨のほか、法令等に十分に注意して、特に業法の規制（業務範囲の遵守等）に留意した意思決定に心がける必要があります。
3. 決議・決定にあたっては、①複数の代替案を十分に検討し、②各代替案のメリット・デメリットを定性的かつ定量的に十分に比較し、③これらの検討結果を包み隠さず意思決定者に提供しなければなりません。
4. 前提条件を十分に検討しないまま、思い込み等により、決議・決定による結論を急ぎすぎてはいけません。前提条件の変動の可能性を十分に勘案する必要があります。
5. 公正な意思決定を行った根拠等を文書として適切に保存、管理しなければなりません。保存期間については、別途の文書保管期間ルールを参照する必要があります。

【注意すべき法令等】
　会社法（取締役会決議事項等）／○○事業法（業務範囲等）
　民事訴訟法（文書提出命令）

【参照すべき社内ルール】
　取締役会規程／経営会議規程／決裁権限規程
　グループ会社管理規程（親会社承認事項等）
　文書管理規程（保存文書一覧表）

【解説】
　企業は、株主からの資金を受託して忠実に経営・業務を行っていることや法令等に違反していないことについて、第三者に対する説明責任を負っています。そのため、第三者に対して説明可能な意思決定を行う必要があります。第三者に説明可能な意思決定であるためには、意思決定プロセスにおいて公正性と透明性が担保され、社内ルールに則った意思決定であることが求められます。

　正しい手順を経ずに、不公正あるいは不透明な意思決定を行った場合、善管注意義務を怠ったとして民法上の債務不履行責任や不法行為責任を負うばかりでなく、株主からも株主代表訴訟を提起され損害賠償責任を負う可能性があります。
　社内ルールとしては、取締役会規程や決裁権限規程により意思決定上の権限が明確にされていますので、これを理解し、その意思決定は誰が権限を有しているかを十分に確認する必要があります。

　重要な意思決定は、メリット・デメリットを明確化した上でその評価を行い、各種の議事録、稟議書等の文書やその添付資料・元資料等によって裏づけられ、これらの意思決定文書は公正な意思決定が行われたことを示す第三者にも説明可能な根拠資料として、適切に保管、管理されなければなりません。

【相談対応部署】
経営企画部〇〇担当（電話番号……／アドレス〇〇……）

(3) 行動規範・行動指針（含む解説書）の作成方法

　行動規範・行動指針等の作成の最も重要な点は、主要リスク事項を把握し、特定することである。そのため、まずは主要リスク事項の把握のための活動からスタートする。

行動規範・行動指針等の作成の一巡は次のとおりである。以下、順に解説する。
　①主要リスク項目の決定
　②あるべき行動の検討等
　③社内の現状等の把握等
　④相談対応部署の明確化
　⑤文書化
　⑥解説等の作成
　⑦配布方法等
　⑧その他（作成範囲等）

①主要リスク項目の決定
　まず、リスクを認識するため、次のような方法でリスク事項を把握する。
　(a) 各部署等へのインタビュー、過去の人事処分事例や顧客苦情等の事例等から、リスク事例等を収集する。
　(b) 前述したビジネス環境の分析により、リスク事項を洗い出す。
　(c) 主なリスク項目に取りまとめる。
　ここで注意すべきことは、たとえば何千もの項目を洗い出すようなリスク事例等の洗い出しに走り過ぎないことである。過去の経験では、リスク事例等で100〜200項目程度を収集し、30〜50項目前後に取りまとめることができると、その後の作成工程がスムーズに行うことができた。

②あるべき行動の検討等
　30〜50項目前後にリスク事項を取りまとめ、どのようなコントロールのための行動が求められるのか書き出してまとめてみる。この際、同じような行動でいくつかのリスク事項に対処できることが判明する。そこで、同じような行動で対処できるいくつかのリスク事項を同一のリスクとしてグルーピングし、行動規範・行動指針等として文書化すべき対象の主なリスク項目を15〜25項目前後に取りまとめる。

ここで注意すべきことは、リスク事項のネーミングで時間をかけ過ぎないことである。大事なことは、リスクをどうコントロールするかであり、リスクの名前のつけ方ではない。

　また、リスク事項の分類については、「同じような内容・キーワードで分類」というよりも、「このコントロールだと、AのリスクとBのリスクは同じ方法で対処できる」という観点で分類することが重要である。たとえば、労働法抵触リスクも道路交通法抵触リスクも同じ法務リスクとして同一のリスク事項に分類するよりも、「この方法で解決できる課題を同一のグループとしよう」という発想で、リスク事項を分類することが重要である。もちろん、対処方法が「研修等」しかイメージできず、すべてのリスクは研修等で対応する、として同じリスク事項にすべてを分類することは明らかに適切ではない。

　さらに、後述する「相談対応部署」ができる限り同じか否かという点も、リスク事項の分類には重要な要素である。リスク事項として1つに取りまとめても、行動規範・行動指針等として文書化した際に、相談対応部署としてあまりに多くの部署を示すことになると、読者たる従業員は混乱する可能性が高くなるであろう。そのため、できる限り、相談対応部署は1つの部署で示すことができるようリスク事項をまとめることが重要となる。

③社内の現状等の把握等

　主要リスク事項を取りまとめたならば、主要リスク事項に関する現状を把握する。具体的には、リスクへの対処方法が文書化されている社内規程・マニュアル等の整備状況と運用状況の確認を行う。必要に応じ、リスク事例等のインタビュー結果を参照することや再インタビューを実施することも有効である。

　過去の事故トラブル事例や人事処分事例の検討も有効である。なぜ発生したのか？　予防できなかった原因や適時に対処できなかった原因は何か？　等を検討していくことが重要となる。この場合、特に社内ルールの整備状況のほか、周知の状況、責任分担やチェックの仕組みの有無は検討すべき最低限

のポイントと言える。

　リスクが生じる原因を探るためには、リスクが生じる主な場所・発生源泉（部署、工程等）を把握し、具体的な対処の現状を把握できればできるほど望ましいが、時間的な制約との関係で、現状把握にかける工数等は決まってくるだろう。この現状把握の段階では、必ず「課題」も認識される。認識された課題は必ず一覧化し、重要性を判断し、重要な課題から優先的に、コンプライアンスプログラム等に反映させ、課題の改善計画を実行し、改善を図るべきである。

④相談対応部署の明確化

　相談対応部署とは、主要リスク事項に直面した際に、行動規範・行動指針等の内容の解釈やより具体的な対応方法等について、相談できる部署であり、当該リスクのリスク対応のプロセスオーナーに相当する部署である。

　相談対応部署は、1つの行動規範・行動指針について、できる限り1つの部署を示すことが望ましい。あまりに複数の部署を示すとなると、従業員は混乱するだろう。複数の部署名を示さざるを得ない場合には、明確なガイドが必要である。

　また、相談対応部署への具体的な連絡手段（電話、ｅメール、FAQの掲載場所等）を明示することも重要なポイントとなる。

　以上の検討結果・取りまとめ結果については、ワークシート形式で主要リスク事項ごとに一覧化することも推奨される。このワークシートの形式は、第3章で記述した、リスク評価と規範文書との関係で示したワークシート等が参考になる。

⑤文書化

　行動規範・行動指針の文書化における絶対的な原則や方法はない。各社の状況に応じて、文書化の仕方は大いに変わってくる。

　上記で例示した行動規範・行動指針の例を用いると、【見出し】【主なポイ

ント】ではできる限り「前向きな表現（〜します）」にするように努めている。これはできる限り明確なメッセージを強調するためである。一方、【具体的な行動のためのガイドライン】では、前向きな表現だけでなく、「否定的な表現（〜してはならない）」も使用して、できる限りコンパクトながらも具体的な行動のガイドラインを示そうと努めている。

　また、前述した事例では、【注意すべき法令等】【参照すべき社内ルール】も記載している。この場合、注意すべきことは、法令改正や社内ルールの改訂による、頻繁な行動規範・行動指針の見直しの必要性を低くすることである。そのため、細かな条文や細かな法令・社内ルールまでも詳細に記載することは必要ではない。参照してほしい主なものに限定しても構わない。

⑥解説等の作成

　前述の⑤で文書化した行動規範・行動指針だけでは、背景・趣旨等がどうしても伝わりにくいこともある。そこで、さまざまな工夫で解説等を作成し、伝達することが必要となる。前述した例示は、記述式の解説であるが、それ以外には次のようなさまざまな方法を採用している企業がある。

- Q&Aを掲載するほか、イントラネットにQ&A集を掲載し、当該サイトを参照させるような記載としている。
- 事例解説を掲載するほか、別途に事例集やマンガ解説書を作成し、当該事例集や解説書を参照させるような記載としている。

⑦配布方法等

　配布方法等は、従業員等への周知の点からは重要である。まず、避けるべき一番の方式は、前述したような行動規範・行動指針等（解説等を含む）のすべての内容を1冊にした冊子をすべての管理職・従業員に配布することである。この方式は、はじめて行動規範・行動指針等を作成した企業で採用されがちな方法であるが、一番のデメリットは、コスト面と改訂時に放置されやすい点である。法令等の改正や部署の組織改正の都度、改訂する必要がある場合に、冊子形式だと改訂にコストと手間がかかる。そのため、なかなか

適時に改訂が進まない実務例は意外と多い。

　また、配布対象者と配布物にも注意が必要である。たとえば、前述したような行動規範・行動指針等（解説等を含む）のすべての内容は管理職に配布するが、従業員にはそのうちの主なものだけを配布する等の工夫が必要である。たとえば、行動規範・行動指針等をコンプライアンス態勢の解説とともに「コンプライアンスマニュアル」として配布する場合、管理職にはすべてを配布するが、従業員は簡易な内容とした「コンプライアンスガイドブック」を配布する等の方法が適切である。

　以上のように考えると、次のような配布方法が適切な方法の1つとして考えられる。もちろん、これ以外の方法にも適切な方法は各企業によってあるだろう。

- 管理職には、差し込み方式のバインダーで「コンプライアンスマニュアル」を配布し、改訂時にはイントラネットで確認し、各自で差し替えを行うようにする。
- 従業員でパソコン貸与者には、「コンプライアンスマニュアル」の簡易版の「コンプライアンスガイドブック」を差し込み方式のバインダーで配布し、改訂時にはイントラネットで確認し、各自で差し替えを行うようにする。
- 工場の現場従事者等、パソコンが貸与されていない従業員には、各職場に「コンプライアンスガイドブック」を備置しておく。
- すべての役職員に、行動規範・行動指針等を一覧化した携帯カードを配布し、常に携帯するようにさせる。

⑧その他（作成範囲等）

　行動規範・行動指針等は一律の範囲で作成されるべきではない。次のようなさまざまなレベルが考えられる。

　(a)　グループ共通の行動規範
　(b)　会社共通の行動規範・行動指針
　(c)　事業別の行動規範・行動指針

(d) 各社別の行動規範・行動指針
　(e) 各部署別の行動指針
　上記のどのレベルまで作成すべきかについては、一律にこうすべきだという考え方はない。各企業グループの事業の種類、グループ会社の数・規模等に応じて、作成範囲は異なってくる。特に、さまざまな異業種を展開している企業グループでは、グループ共通の行動規範だけを作成しても、主要リスクの行動の基本方針としてあまりに具体性を欠くという悩みを抱くケースも考えられる。その場合には、主要な事業ごとに、できる限り具体的な行動規範・行動指針を整備することも有用である。ただし、あまりに複雑な体系を採用すると、改訂漏れ等の形骸化に陥るケースが増えてくることに注意が必要である。
　行動規範・行動指針等を含むコンプライアンスマニュアル等の冒頭には、必ずトップ経営者による「コミットメント文書」を掲載すべきである。この文書の中に、行動規範・行動指針等の必要性や趣旨・目的のほか、不正行為やコンプライアンス違反に対する断固とした姿勢とともに、経営者が自らも正しい行動を行う旨の強い宣言を明示すべきである。
　そして、最低限でもトップ経営者によるコミットメント文書と、行動規範・行動指針の「見出し」に相当する文書は、外部からも会社ホームページで閲覧できるようにしておくべきである。これは、企業内部のほか、企業外部にも行動規範・行動指針の遵守を宣言する意味がある。

③ 教育研修・周知徹底策

(1) 研修等の周知徹底策

　周知徹底のための手段は、研修だけではない。すべての意思決定、あらゆる会議のほか、ビジネスをしているあらゆる場面で、その企業の行動規範・

行動指針等への言及等が継続的になされていることが基本である。そのため、周知徹底のためには、可能な限り、多くの方法で行うことが非常に重要となる。たとえば、次のような事例が挙げられる。
● トップ経営者が従業員にメッセージを定期的に送る。
● 小冊子を配布する。
● 相談連絡手段が書かれた携帯カードを配布する。
● すべての管理職が部下との職場ミーティング開催し、議論する。
● 具体的な事例を含む研修ビデオを見る。
● すべての従業員が提供された資料を読み理解したという確認書にサインする。
● 匿名でのウェブサイトやeメールを通じて相談対応部署に質問できる仕組みを構築するとともに、遠慮なく相談することを推奨する。
● 事例集を適時に改訂し開示する。

　また、周知徹底には、コンプライアンス担当部門と他の部門や管理職と従業員との双方向のコミュニケーションが非常に重要である。特に、管理職と従業員との意識ギャップの有無を確認するために職場ミーティング等での対話を継続させることや、意識度調査・アンケートから得られた従業員からのフィードバック意見にも素直に耳を傾け、対話を継続することが肝要である。ただし、このような対話においては、「皮肉（嘲笑・あざけるような名前の呼び方）」「説教（訓戒、指図する言い方）」「非難（咎め）」「見下すような言葉・態度」「押しつけ（解決策を強いる）」等の態度は禁物である。

　このような方法を前提にして、研修を通じていかに周知徹底を図るかという点であるが、まずは「経営者による研修」の重要性については、第3章で述べたとおりである。そのほか、従業員がお互いに考え方を交流させることができるような研修プログラムが非常に有効である。

　そもそも行動規範・行動指針等を周知させる研修プログラムは次の理由からも実施が必要である。
● 家庭、学校で倫理や価値観の基礎を学んでいない従業員が多い
● どの従業員も同一の価値観を保有して倫理的な判断を行い、同じ判断基準で同じ意思決定できるということは期待できない

● 下位の階層にまで、事実上の業務判断や意思決定を委譲する企業が多くなってきている

　コンプライアンス関連の研修における主なものを下記に例示するが、これらの研修スタイルは単独で実施される場合もあれば、複数の組合せで開催されることも多い。

　(a) 定例会議等の活用
　　(ア) 定例の会議の冒頭での経営者の訓示
　　(イ) 定例の会議での部門長等による訓示や注意喚起
　　(ウ) 朝礼・昼礼における管理者による注意喚起
　(b) 職場ミーティング
　　(ア) 事例問題を含む研修ビデオを使用した意見交換
　　(イ) 管理者と従業員との対話
　　(ウ) コンプライアンス担当部門と現場部門等との対話
　(c) eラーニング
　　(ア) 総論学習と理解度テスト
　　(イ) インサイダー等の重要論点の各論学習と理解度テスト
　(d) 集合型研修（講義型）
　　(ア) 役員向け研修・法務研修
　　(イ) 管理者向け研修
　　(ウ) コンプライアンス担当者等向け研修
　(e) 集合型研修（セッション方式によるグループワーク研修）
　　(ア) 管理職向け
　　(イ) コンプライアンス担当者等向け研修
　　(ウ) 事業部門の事業企画・各職能担当のリーダー向け

(2) セッション方式によるグループワーク研修

　セッション方式によるグループワーク研修とは、講義形式が主ではなく、1グループ5名前後のグループによる協議が主体の研修である。いろいろな

方式が考えられるが、推奨している方法の1つは、リスクマネジメント手法の一巡を体感させつつ、リスク事例を認識するための研修である。以下にその方法の概要をまとめる。

①グループメンバーの決定
- 1つのグループは5～6名とする。7名以上となると黙ってしまうメンバーが生じがちである。
- 初期の段階では、同一の部署・業務で1グループを組成すると、議論がスムーズに進む。ただし、洗い出されるリスクは自部署の業務に係るリスクばかりであることが多いため、他に4グループ程度が組成できるメンバーを招聘し、他のグループで洗い出されたリスク事例との比較による気づきを促す。
- 初期段階を経たならば、同一事業で異なる部署のメンバーで1グループを組成すると、リスク認識の違い等が明らかとなり、リスク評価時の意見のぶつかり合いは興味深い内容となる。ただし、議論のファシリテーションスキルがあまりにも低い場合には、議論が進まないことも多い。
- 一般従業員と管理者層では、リスク認識では違いが多いこともあるため、初期の段階では、管理者を中心に行うことが推奨される。

②リスク事例の書き出し
- 15～20分程度で、10項目以上のリスク事例の書き出しを参加メンバーの各人で実施してもらう。1グループで6人とすると、各グループで60事例以上、1回の開催で5グループが参加したとすると、300事例以上を収集することができる。そのため、インタビューを何度も行うよりも効率的であることも多い。

③リスク事項の分類
- 書き出したリスク事例について、各グループで共通的な内容を「グルーピング」し、いくつかのリスク項目に分類する。

- 分類するリスク項目の数は、まちまちであるが、10項目前後であると、議論がスムーズにいくことが多い。

④リスクの評価・重要リスクの特定
- リスクマップ等を使用して、リスクの発生可能性・影響度の観点から、リスク表を作成、各グループの重要リスクを決めてもらう。
- 同じ会社で、各グループでのリスク認識の違い、重要リスクの違い等が判明する。会社・事業の屋台骨を揺るがすリスクが重要リスクであると説明しても、重要リスクの選定に各グループで違いが生じることが通常である。ただし、この違いが大きい場合には、リスクの共通言語化に向けた対策が必要となる。
- リスクマップによるリスク評価は、初期の段階では「ブレる」ことが多い。感覚で評価されがちなこともある。したがって、発生可能性は短期か中長期で考えるのかを明らかにすること、影響度は最悪のシナリオを前提に考えるべきことをはっきりさせてから議論させる。
- 影響度は、最悪どうなるのか？ということを検討させながら、重要リスクの決定の議論を実施させる。

⑤重要リスクの現状・原因分析
- 重要リスクの発生源泉の現状と原因を把握するための検討を行う。
- 同一部署のメンバーからなるグループの場合、現状分析はスムーズに行われることもあるが、自部署の現状しか把握していないことも多く、発生原因が他部署等になる場合には、原因を的確に把握することが困難となることも多い。
- 複数部署のメンバーからなるグループの場合、現状分析がスムーズに行われないことがある。典型的な理由は、自部署の現状しか把握せず、鳥瞰図的な見方ができないからである。
- 単なる現象面（例：ルールが不明確）とリスクや原因（例：ルールが不明確だから具体的にどのような懸念事項があるのか、それはなぜ生じてしま

うのか）とを混同して議論してしまうことや、問題を構造的に分析することが不得手な管理者が増えている傾向にあることには注意が必要である。
- 原因が不明だと、的確な対策を講じることができないことを認識させる。

⑥重要リスクへの対策の検討とモニタリング方法の検討
- 原因に対応した対策を検討してもらう。たとえば、「ルールはあるが周知されていない」ことが主な原因であれば、「ルールを周知させる方法」を策定する。
- 初期の場合、原因・現状分析が十分ではないケースがほとんどであるが、リスク管理手法の一巡を体感することが主な目的である場合には、一定の想定のもとで対策を検討してもらう。
- モニタリング方法を検討する際には、多くのケースでは、セッション参加者がモニタリングの概念について十分に理解していないことも多く注意が必要である。
- 対策を検討する際には具体性とともに、実現可能性に注意を払うことが必要であることのほか、モニタリング方法を通じた検証が必ず必要であることを認識させる。

⑦まとめ
- 初期の段階では、リスク認識に大きなギャップがあることの懸念、リスク評価の認識の違い、リスクの発生原因のための現状の認識力がいかに不足しているか、原因分析力やモニタリングの理解度がいかに不足しているか等について、十分な気づきが得られれば、まずは成功である。
- また、リスク事例を収集した結果を分析し、どのような傾向にあるのか、ということについて検討することも有用である。特に、インタビューよりも、セッション方式の方が、不正リスク事例に繋がるようなリスク事例が洗い出されやすい傾向にあるため、不正リスクマネジメントの観点からは有用である。
- 初期段階を終えて、次の段階にステップアップするためには、後述する

「準本番」としてのグループワーク研修が必要となる。

このようなセッション方式によるグループワーク研修は、短くて3時間程度から、長い場合には2日間程度で行うことがある。

(3) 準本番としての研修

多くの企業で、前述したセッション方式によるグループワーク研修を行い、リスクの洗い出し等を行ってきたが、次のような症状が見られるケースも少なからずあった。
- 参加者には、研修に参加すれば講師から何か教えてもらえるだろうという「お客様状態」で参加する人が少なからずいる。
- リスクや課題を議論すると、すぐに他部署や上司のせいにするような被害者意識を蓄積させたまま参加する人も少なからずいる。
- 「顧客からの声」を基点とした事業目標の達成ありきの観点からのリスク認識というよりも、上司や他部署への「他責」が多い。しかも部分最適な見方でリスクを認識していることが多い。
- 問題を表す現象は指摘できても、なぜ発生して、自分達はどうコミットしていくのか、という発言はあまりない。上司の無能さを評論家的に指摘するだけ、ということも多い。
- 「現象」の指摘ばかりでその背景にある原因や懸念される帰結といったリスクを理解できていない。リスクを想定し、対処を考えるというリスクアプローチの基本は、ある課題に対して原因仮説・解決仮説をたて、この仮説を検証するために必要情報を収集し、分析することであるが、このような思考プロセスを理解できる人が少ない。
- 本質的な原因を捉えていないので、ただボーッと考えて改善策を考えている。リスクの発生原因の分析等、問題の本質に迫る議論は不得意な感がある。

このような症状が見られるため、数時間でまとめさせようとする"お手軽研修"で終始していては、いつまでたってもリスク対策が徹底されることは

期待できない。

そのため、下記で述べるような「準本番としての研修」が有用となる。その手順を以下に解説する。

①グループメンバーの決定
（ア）1つのグループは5〜6名とするが、事業部門の事業企画・職能担当のリーダーから選抜する。
（イ）混成チームで行うか、同一担当メンバーでグループを組成するかについては、規模等によって異なる。

②リスク事項の書き出し・分類
（ア）目標の必達を前提として、「このような目標を達成するための阻害要因は何か、どのような課題を改善しなければならないか」という観点から、リスク事項を洗い出す。
（イ）洗い出したリスク事項は、「このような対処方法ならば、一緒に対処できそうだ」という観点で分類する。

③リスクの評価・重要リスクの特定
（ア）リスクマップ等を使用して、リスクの発生可能性・影響度の観点から、リスク評価を行い、重要リスクを特定するが、中期経営計画の観点からの中長期の発生可能性、年度事業計画からの短期の発生可能性は、明確に区分して議論する。
（イ）同じ会社でも、リスク認識の違いのあること等に留意しながら、「事業感をぶつけ合う場」とする。
（ウ）リスクマップによるリスク評価にこだわることなく、事業計画等の重点課題に密接に関連するリスク事項に注目して、リスク評価を行う。
（エ）影響度は、最悪どうなるのか？ということを検討させながら、重要リスクの決定の議論を実施させる。

ここで、いったん終了とする。重要リスク事項に関連する現状等把握のための期間を設け、各参加者は現状把握・分析のために必要な確認を行う。

④重要リスクの現状・原因分析
（ア）各担当が得られた情報を持ち寄り、重要リスクの発生源泉の現状と原因を把握するための検討を行う。
（イ）原因は真因を追求するまで、「なぜ？」を何度も繰り返し、分析する。
（ウ）抜本的な対策を想起させる真因と、当面の対策を想起させる。
⑤重要リスクへの対策の検討とモニタリング方法の検討
（ア）原因に対応した対策を検討してもらう。
（イ）抜本的な対策は、いますぐに着手できないことも多いので、中長期的な課題に対する対策とし、当面の対策も併せて講じるような計画を練る。
（ウ）対策は実現可能性に十分に注意するとともに、対策を講じることによるメリット（例：最大の損失予想額等）と実行に係るデメリット（例：実行に係るコスト）とを比較考量し、全体最適の観点から計画化する。
⑥まとめ
（ア）研修ではなく、準本番としての研修結果は、事業部門長にプレゼンし、講評を受ける。
（イ）その結果を受けて、本番の事業計画の策定に着手し、重要リスクの改善計画を事業計画の中に反映させる。

このような、「準本番としての研修」は、次のような最近の管理者層によく見られる課題の改善につながることも期待される。
- 「現象」と背景にある問題・原因を区別して議論できない。
  「〜が問題だ！」と主張する多くは、現象であって、真の問題ではないケースが見られる。さらにその問題の背景や原因の所在を突き止めようとする強い姿勢も感じられないこともありがち。
- 仮説検証・なぜなぜ分析が不得意
  課題がわかったとしても、問題を構造化し、常に「なぜか？」という真因を追求することが不得手。リスクアプローチは「このような課題には、このような原因に対応する○○のようなやり方で上手くいくはずだ」という仮説を設定し、モニタリングで検証する仮説検証そのものであると

も言えるが、仮説検証のアプローチ自体が不得意となっている。
- ビジネス環境が把握できておらず、リスクシナリオの想像力に必要な情報が不足

 内外のビジネス環境の客観的なデータや情報を把握しないまま感覚で議論しがち。そのため、課題が発生しても、次の展開はどうなるのか、最悪どうなるのか、ということについて想像できない。常に「環境変化の迅速性」のせいばかりにする。
- 部分最適に陥る（他部署のことは知らずに、全体最適の観点からの議論が困難）

 機能別組織の特定業務に精通していても、他部署や他の業務を知らないので、自部署の利害ばかりに敏感で、鳥瞰的な見方ができないため、会社全体の最適化のことを考えることが苦手になっている。

 また、準本番としての研修は、次のような (a) だけでなく、(b) や (c) に発展していくことも大いに期待される。

(a) 研修という形をとりつつも、半分以上は「本番」のつもりで受講させ、本番の事業計画の策定に活用してもらう（自分たちの事業感をぶつけ合う「場」を提供する）。

(b) 経営リテラシーに不足があるならば、その「気づき」の場にしてもらう。

(c) 有能なミドルを対象に、可能であれば、自社の失敗事例や事業をケーススタディとして教材に取り上げる。できれば、現在、社内で起きている問題の解決を目的とした真剣な取組みとする。

④ 社内コミュニケーション

(1) 通常時の報告・連絡・相談

 公益通報者保護法が施行される前は、企業不祥事が発覚すると、再発防止

策の1つとして「内部通報窓口・ホットラインの設置」が掲げられていたケースが多く見られた。しかし、内部通報以前に、通常時の報告・連絡・相談といったコミュニケーションが崩壊した企業では、通常時ではほとんど通報が来ないことが多いし、不祥事発覚後は目を覆いたくなるような告発めいた通報（中には単なる噂まで）が増えるケースも見られる。

　第3章で述べたように、企業内には説明責任の連鎖があり、経営者・管理者・担当者との間には、当然にして、説明責任を果たすための「報告・連絡」の仕組みがなければならない。しかし、実際には、組織が細分化されている大規模で官僚的な企業ほど、各部署の繋がりがあるようで実は脆弱で、各種の報告等の手続に時間がかかっている。それは、企業は人間の集まりであるためである。人間が複数集まれば、担当業務の内容のほか、職場環境、個人の性格等、さまざまな要素が複雑に絡み合った状況になるということである。一見、報告・連絡・相談等の問題はないような企業においても、実は、一部の有能な管理者・従業員に業務が集中することや、特定の判断や各種の調整等も相応の習熟が必要であるため当該調整等の業務が特定の個人に集中していることもありがちなのである。このような企業では、上司と部下や各部署間の報告・連絡・相談がないため、非常に不効率な事態に陥っているケースがあるものの、今の状態が明らかにおかしくても、長期間続くと、それが当たり前と感じて、慣れてしまうのである。

　そこで、通常時においてよく行われている以下の「報告・連絡・相談」の仕組みについて、公式・非公式とを問わず洗い出し、まず業務改善の向上につながる機会を模索し、そのうえで、不正リスクマネジメントやコンプライアンスの浸透を図るための機会を充実させていくことが非常に重要と考えられる。

①取締役会等の意思決定のための重要会議体
● 社外監査役等がいる取締役会では、会社の恥部をさらけ出すようなことはしたくないというマインドが働くことも考えられるが、取締役会が会社法で定められている公式の意思決定機関であり、株主代表訴訟への備えとい

うことに鑑みるならば、取締役会で重要なリスク事項等を堂々と議論できるよう経営者は努めていく必要がある。
- 経営会議等の重要な意思決定のための会議体は、あくまでも取締役会の実質的な議論や円滑な進行のために設置することを検討すべきであり、経営会議等までもが活発な議論が行われない形骸化を招く事態は避けなければならない。そのため、経営会議等に、重要なリスク事項等を定期的に報告・協議させること等の制度化は必要である。

②**各種の協議テーブル**
- 各種の委員会等が考えられるが、注意すべきポイントは、前述してきたように、部分最適にならないようにすべきこと、常にリスクの大きさとの検討を旨とし、経営方針との整合性を点検する姿勢である。
- 経営者が、常に部分最適な成果に満足することなく、鳥瞰的な見方で全体最適の観点で各種の委員会等の活動にメスを入れるべく、部門間連携に注意を向けさせるようにしなければならない。
- 各種の委員会活動のほか、定例の各部署連絡会等も考えられる。特に、本社一般管理部門・コーポレート部門は、部門間連携を積極的に行おうとしないケースも多々見られるため、積極的に部門間連携を図る仕掛けが重要となる。常に指示等の受け手となる事業部門からの声を重視し、全体最適を心がけた活動にしなければならない。
- 定例の担当役員向け報告がなされることも多いだろうが、担当役員と一対一の状況で報告するよりも、複数の部門で情報共有する「場」が非常に重要である。この場合、本社一般管理部門・コーポレート部門の各部署を別々の役員が管掌する場合でも、本社一般管理部門・コーポレート部門が定期的に情報連携等を行うことができる「場」を持ち、全体最適を図ることが重要である。事業部門における各機能を担当する部署も、別々の役員が管掌するとしても、事業の各機能を担う各部署間の連携を図ることは非常に重要である。
- このような各種の協議テーブルに、重要なリスク事項等や不正事案の原因

分析等を行うことが制度化されていることは、不正リスクマネジメント等の取組みでは、非常に有用であると考えられる。

③各種のプロジェクト報告
- 各部署が集まり、特定テーマ・課題のために活動するプロジェクト活動が行われることは多い。ただし、プロジェクトと名づけられた活動でも、成果物の定義が曖昧であったり、プロジェクト活動における人事評価上の取扱いが明定されていなかったり、モニタリングが十分になされていないケースも見られる点については、要注意である。
- プロジェクト活動についても、前述した②と同様に、全体最適の確保に心がけなければならない。特に、当該プロジェクトが他に及ぼす影響の事前検討は非常に重要である。その際、不正リスク等の可能性を検討すべきことは言うまでもない。

④人事評価等における面談等の制度
- 人事評価では目標設定時・人事考課時に上司と部下が面談する企業がほとんどであろうが、この場合でも、自らの目標に経営方針との関連性がどこまで確保されているか、を考えることが非常に重要である。各自で勝手気ままに目標設定を行い、バラバラに行動しても、全体目標の達成に寄与しなければ意味がない。可能な限り、人事評価における面談時でも、経営方針の目標達成に係る課題について真剣に語り合うことが望ましい。その際、目標そのものに対する理解も深めさせ、不正等のインセンティブをなくす努力をすることも経営者には求められている。
- 人事考課時等に、各従業員が自由意見を記載し、上司を経由することなく、人事部に連絡が行く「自己申告書制度」も有用である。この制度が信頼感を得られているのであれば、万が一の上司による不正リスク等の事案にも有効に機能することがある。また、退職時の人事部等による出口調査も同様のことが言える。

⑤各種の業務上の相談制度

- たとえば、パソコンの不具合が生じたら、社内の情報システム担当部門に相談し、対応方法を教えてもらう「ヘルプデスク」のような機能がある企業は多いだろう。また、過去の質問回答をFAQの形でリリースしている企業も多いだろう。パソコン以外にも、人事制度上の各種の手続、物品管理等に係る各種の手続等、各種の相談の仕組みが必ず企業にはあるはずである。
- そのため、他部署への定例の相談・報告・依頼事項については、口頭によらず文書による依頼の徹底、書式の統一、相談窓口の明示、FAQの明示、満足度調査等による評価等を行うことが重要となる。
- 自部署内でも、上司と部下の相談のしやすさが重要であるが、定例の部内会議等での報告・連絡による業務上の課題認識と改善への取組みが充実していることが非常に重要となる。
- このように、他部署への相談等のほか、自部署内の相談等を含む、各種の報告・相談制度等と主要なリスク事項とを比較し、何か不足がある場合には、報告・相談制度等の拡充を検討することも必要であろう。

(2) 異例時の報告等

　上述した通常時の各種の報告・相談制度等だけでなく、企業には、各種の事故・トラブル時における報告制度が確立しているはずである。たとえば、次のような異例時の報告プロセスが明定されている企業は少なからずあると思われる。

　　①交通事故
　　②労災事故
　　③火事
　　④火事以外の災害
　　⑤盗難
　　⑥機械・設備の不具合

⑦製品品質の瑕疵
⑧顧客等からの苦情
⑨反社会的勢力への対応
⑩セクハラ相談
⑪上記以外の事象を含む内部通報制度

　ここで注意すべきは、損害保険の対象となるケースは報告し、対象とならないケースは報告対象外とするような企業実務が稀に見られるが、ヒヤリハット事例の収集の観点から、事故トラブル報告制度を運用すべきであることは言うまでもない。

(3)「風通し」の重要性

　不正リスクマネジメントやコンプライアンス等の取組みにおいては、社内コミュニケーションは重要であるが、それ以前に、企業の経営管理・業務管理上も非常に重要である。実は、現在、多くの企業では「風通し」の悪さによる課題が重大化している状況に陥っている。

　上司と部下、あるいは従業員間で、相互の信頼関係がなく、「言っても仕方がない」「ものを言いたくない」等の状況下で、コミュニケーションが悪くなり、一方通行的な方針伝達・指示となりがちになると、宝の山の情報もどこかに落としてしまいかねない。このように、気軽に相談することができず、すぐにアドバイスやアイデアをもらえないことによる時間ロスは甚大なもので、経営管理や業務管理の重大な問題に陥ることも少なくない。

　また、何か施策を講じる場合に、説明不足・納得感の無さ・経営層への不信・無関心等から、「やる気」はないけど表面上は従っているフリをして、本音と建前を使い分け、言うことと実践することが違う、といった「面従腹背」の状況が一番の問題である。このような状況がある限り、いくら立派な趣旨の不正リスクマネジメント等の取組みの旗を振ってもドライブはかからない。

　実務上の観点からは、経営管理者の人は、次のような2つの「禁物」を旨

に、風通しの良い組織風土を確立してほしい。
① 施策の理解・浸透・普及・推進が進まない等の声だけを挙げ、なぜ現場は動かないのか、方針が徹底されないのかと責任転嫁をするような姿勢は禁物。
② 精神論をかざしてハッパをかけ、強硬な姿勢で推進することは風土をさらに悪化させ、混乱させるだけなので禁物。

　経営層と現場が、相互に「相手側が問題だ」としてコミュニケーションが悪い関係では、時間ロスや非効率性等により組織全体は不利益を被る。そのため、人間の集団としての「風通し」の回復に注力した施策は非常に重要となる。

⑤ 法令遵守の徹底策

　コンプライアンスの基本的な定義の1つは「法令遵守」である。法令遵守は「当然のこと」と発言することは、やや無責任であると考えられる。
　法令等の数は非常に多岐に渡り、すべての内容を常に、完全に理解して業務設計を行うことは、非常に困難である。
　また、法令には解釈の幅（グレーゾーン）が存在していることも少なくなく、法学者の間でも、通説・有力説等の複数の解釈がある。また、社会・時代の流れに後追いで制定・施行することや、政策的な観点で改廃されるケースも多い。
　そのため、法令遵守を徹底することは、実はとても難しいのである。そこで、下記に述べるような法令遵守の徹底策が必要となるわけである。

(1) 法務チェックとは何か

　「法務チェック」というと、法務部門による契約書のチェックを指すと思われている人は多いと思われるが、「法務チェックは法務リスクの点検であ

る」と定義するならば、法務チェックはそれだけではない。法務リスクとは、契約違反だけではなく、次のような3点に整理することができる。
- 法令への違反行為、許認可・届出の失念等による「規制・罰則リスク」
- 裁判に巻き込まれる、敗訴、契約違反といった「訴訟・損害賠償リスク」
- 契約違反の解釈等から派生する「損害賠償・トラブルのリスク」

　このように法務チェックは、契約違反の有無のチェックだけでなく、「強行法規等の抵触の有無の確認」のほか、「法務リスクの発生可能性等の確認」も含まれることになる。このような観点から、法務チェックの具体例を掲げると、次のとおりである。
- 契約書のチェック
  秘密保持、危険負担の移転時期、事故等が生じた際の責任分担、支払条件、係争時の裁判所等については、必ず明確に定めることが必要である。
- 広告内容等のチェック
  消費者契約法等の観点から「リスク説明は十分か」「断定的な表現を使用していないか」等の点検を行うとともに、景表法・JAS法等の行政法を遵守しているか等の点検を行うことは必要である。
  この場合、契約書が対象ではなく、広告物やCM内容も、法務チェックの対象となる。
- 新商品・サービスのスキーム内容等のチェック
  商品開発時点で、品質管理に関する規制や商品表示のJAS法等の観点や、取引内容が業法に抵触していないかという観点からも点検することが必要である。
  たとえば、貸金業法の免許を有していないのに、資金調達に悩んでいるA社に融資の紹介を行い、A社から紹介料を収受することは、原則として貸金業法違反となる可能性がある。また、住宅賃貸業として宅建業法の免許はあるが、建設業法の免許がないにもかかわらず500万円以上の修繕工事を受託することは、建設業法違反となる可能性がある。
  このように、決裁書・伺書等や商品パンフレット等の内容も、法務チェックの対象となる。

なお、許認可・届出・報告事項や法定資格者の届出等の不備がないか点検することも必要である。たとえば、年に1回は、各部署の届出等の状況に関するモニタリング報告をさせることを制度化している企業も見られる。

このような法務チェックについて注意すべきことは、法務部門がすべての法令等に精通し、すべての取引・契約書等のチェックを行うことは不可能であるということである。法務部門による法務チェックとは、第三者的な「第2次チェック機能」と「アドバイス等による支援機能」が主な内容と理解すべきである。特に、後者について言えば、法務部門による法務チェックでは「これはダメ」「あれはダメ」というばかりではなく、「この場合はここまでが許容されるので注意を」「こうすればリスクは軽減される」等の助言を行う機能が非常に重要であることを強調しておきたい。また、法務部門ではなく、事業・業務に精通した現場の担当者による法務チェック（第1次チェック）がまずは重要であることに留意すべきである。

(2) 法令点検の失敗実務例

実務上、法令点検を強化・充実させていこうとする企業は増えている。ただし、下記のような失敗例も少なからず見られるため、ぜひ参考にしてほしい。

①業務別の関連法令一覧表を作成し、更新を各部署に担当させたが継続しない

②主要法令の罰則をすべて列挙してリストアップ化したが継続しない

③法令点検のための解説書等を作成・配布するも、法務部門の書く文章が堅苦しく、「実務的ではない」等の批判を浴び、浸透しない

「法令」の側を起点に、点検ツールを策定することは、対象法令が多いことに加え、頻繁に改訂や新たな法令が制定されることから、多くの場合、上記の取組みは継続せずに形骸化する（頓挫する）。事業・業務のリスクを起点に、点検すべき法令を特定化することが基本である。ただし、リスク認識

から法務リスクが漏れることを防ぎ、また法務リスクの認識のために、法令を起点とした点検ツールを整備した企業も多い。そこで、次の (3) において、推奨できる実務例を解説する。

(3) 必要な法令遵守の徹底策

まずは、前述したような各種の法務チェック手続を明定することである。この法務チェックを徹底するためには、許認可・届出・報告事項等の管理体制の確立と、法務リスクマニュアル等の整備と周知による法務スキル向上策を粘り強く継続させることが有用である。

(許認可・届出・報告事項等の管理について)
　①許認可・届出・報告事項等の管理シートによる点検・監査等
　まず、各部署において、自部署が担当している許認可・届出・報告事項や法的資格者の管理表を作成し、年に1回以上は点検することを制度化するこ

図表4-3　許認可届出報告管理表

法令	必要手続および義務・規則	登録日、直近更新日	必要書類作成担当	届出業務担当	更新期間・変更届出期限	提出先	備考(現状管理状況、更新/変更要件等)	条文
宅地建物取引業法	免許(条文)							
	更新(条文)							
	変更(条文)							
	標識掲示(条文)							
	帳簿備付け(条文)							
	取引主任者設置(条文)							
	営業保証金供託(条文)							

とが有効と考えられる（図表4-3）。

　内部監査人がゼロベースでこのような管理表を整備することは至難の業である。ある企業では、主要業務の主要法令が要求している許認可・届出・報告事項や法的資格者の一覧をコンプライアンス担当者等の引継ぎツールにすることや、内部監査人の監査ツールに活用している事例もある。

②社外発信文書等の適切な管理
　上述した管理表の整備は、外部専門家等の支援なくして、企業が単独で整備することは難しいケースも多いと思われる。また、各種の届出等の業務が担当者レベルの定例業務の一部となっていて、重要な業務という認識もないため、許認可・届出・報告事項等を報告するといわれても、ピンと来ない担当者も少なからず見られる。そのため、管理職等の人が自部署の届出等の事項を十分に把握できていないことも実務では見られることもある。
　そのため、自部署の届出等の事項を把握するために、次のような取組みが推奨されることが多い。
- 社外発信文書を閲覧し、役所等への届出等の有無を確認する
- 社印等の捺印簿を閲覧し、役所等への届出等の有無を確認する

③業務マニュアル・引継書への反映
　ある企業では、届出等の業務が特定の担当者の業務に紐つき、属人化していた状況があった。当該担当者が在籍中は法令上の問題は生じなかったが、退職時に適切な引継ぎ等をせずに退職してしまったため、重要な届出等の業務を誰も担当しないで、届出義務違反の状態に陥っていた。
　このような違法状態を予防するためには、業務マニュアル・引継書に法令上の届出等の業務を反映させ、人事異動や退職による届出等の業務の中断を防ぐことが重要である。

④法定資格者の適切な管理
　法令上の資格者の管理については、前述した管理表による管理のほか、人

事記録による適切な管理が必要である。具体的には人事マスター記録に、法令上の資格者情報を登録することで、人事異動等において必要な資格者を他部署等に異動させた際に、資格者の設置漏れ等の事態を招かないようなチェックを行いやすくする仕組みが必要である。

　また、運転免許のように、資格の有効期間が定められている場合、有効期間の終了前に各資格者に事前のアラーム機能を発信できるような機能も重要である。

(法務リスクマニュアルの作成と教育研修)
　各部署にコンプライアンス担当者、さらには法務担当者を配置し、当該担当者向けの法令遵守マニュアルを策定し周知を図ることは、それなりに有用であろう。

　ただし、法令解説書というよりも、主要業務で点検すべき法務リスク上のポイントを把握させるようなツールの方がより実務的と考えられる。

　そのような観点で作成した法務リスクマニュアルの目次例を図表4-4に示す。

図表4-4　法務リスクマニュアルの目次例

1　契約締結における法務チェック事項
　1-1　取引開始前の事前調査
　1-2　契約書作成、保存・管理の際の留意事項
　1-3　契約の成立
　1-4　インターネット取引（事業者と消費者との取引）
　1-5　売買契約を締結する際の留意事項
　1-6　賃貸借契約を締結する際の留意事項
　1-7　委任・請負・寄託契約を締結する際の留意事項
　1-8　不公正取引の規制-独占禁止法19条
　1-9　不公正取引の規制-消費者保護のための取引規制
　1-10　契約の不成立・無効・取消し、契約の解除
　1-11　債務不履行と損害賠償

- 1-12　不法行為と損害賠償
- 1-13　製造物責任法（PL法）
2　債権の保全等における法務チェック事項
- 2-1　債権の保全等における留意事項
- 2-2　法的手段等による債権回収
3　会社運営における法務チェック事項
- 3-1　会社運営（総論）
- 3-2　株主総会の運営
- 3-3　取締役会の運営
- 3-4　取締役・監査役
- 3-5　従業員・取締役の不正行為等と会社責任（使用者責任等）
- 3-6　総会屋対策・株主への無償の利益供与
4　人事関係に関する法務チェック事項
- 4-1　労働条件・労働契約に係る法務
- 4-2　安全配慮義務、その他労務管理に関する事項
- 4-3　男女雇用機会等に関する事項
- 4-4　パート・アルバイト、派遣等に関する事項
- 4-5　障害者雇用に関する事項
- 4-6　高齢者雇用に関する事項
5　会社組織の変更に関する法務チェック事項
- 5-1　営業譲渡等に関する事項
- 5-2　会社分割に関する事項
- 5-3　合併に関する事項
6　会社の訴訟手続に関する法務チェック事項
7　広告宣伝・表示等における法務チェック事項
8　知的財産権に関する法務チェック事項
9　文書管理等における法務チェック事項
- 9-1　守秘義務
- 9-2　個人情報保護法
- 9-3　文書提出命令
- 9-4　株主代表訴訟・意思決定等
- 9-5　文書偽造
- 9-6　インサイダー取引
- 9-7　電子文書法（e-文書法）

10　その他、留意すべき主な法務チェック事項
　10-1　環境に関する法務リスク
　10-2　相談業務における法務リスク
　10-3　金融商品取引法における法務リスク
　10-4　遺失物法
　10-5　犯罪による収益移転防止に関する法律

　また、図表4-4のような法務リスクマニュアルにおける点検手続例の一部を図表4-5に紹介しておく。

図表4-5　法務リスクマニュアルの中のチェックリスト例（契約書の締結）

- 契約から生じる権利・義務が帰属する取引の相手方は誰なのかを明確にし、取引の相手方の事前調査を行っているか。
- 取引の相手方は、個人であるか、法人であるか、その他の団体であるか、確認しているか。
- 取引の相手方の資産状況について事前調査を行っているか。

〈相手方が法人の場合の留意事項〉
- 契約の相手方につき、契約書に取引相手の会社を特定しているか。
- 契約書上に取引相手の会社の本店所在地と商号のすべてを正確に記載しているか（会社の略称等は禁物）。
- 契約書上に取引相手の会社の代表者名を正確に記載しているか。
- 疑義がある場合、相手方会社の商業登記簿謄本を取り寄せているか。
- 会社以外の法人が契約の相手方の場合、その法人の特質をよく把握し、それを規制している法律を十分に調査し、その相手方法人の代表機関はどのような構成になっているか調査しているか。

⑥ 社内ルール遵守の徹底策

　社内ルールを遵守することは当然のことと思われるかもしれないが、実は社内ルールの遵守は難しいことも多い。会社規程集以外にもISO等の取組みで「規定」を数多く作成するほか、マニュアルを数多く作成しがちである。また、組織改正や法令改正に追いつかずに、改訂が放置されている社内ルールも見られることが多い。

　そこで、以下において、まず社内ルールは何かということを明確にしたうえで、その必要性と有効な点検方法を解説する。

(1) 社内ルールとは

　社内ルールについては、さまざまな定義の仕方があるが、まずは形式的な分類による定義としては、次の3つに整理することができる。
- 会社規程集に掲載されている「会社規程」
- 会社規程集には掲載されていないが各部署で運用されている「業務マニュアル類」
- 会社規程に掲載されることが少ない「ISO規定」

　就業規則の服務規律違反となる事項として、社内規程等の違反が明記されているケースが多いが、服務規律違反となる規程等とは、会社規程集に掲載されている「会社規程」のみを指すのか、規程集以外の社内ルールを指すのかについて、明確にされていないことも多い。特に、ISOの認証を受けるために、規程ではない「規定」や、マニュアルを作ったりすることが多いが、これらの規定・マニュアルに違反した場合には、服務規律違反となるのか否かについて、明定していることは少ないように思われる。

　次に、規程等の内容面、承認レベル、読み手等からの実質的な分類による定義としては、次の3つに整理することができる。

- 基本規程
- 基準
- 細則、運営要領・マニュアル等

　まず「基本規程」とは、基本方針を定めた内容であり、原則としてすべての役職員に読まれるべきものである。そのため、内容はやや抽象度が高くならざるを得ない。また、会社の基本方針を定めたものであるから、制定・改廃の承認基準は、原則として、取締役会ということになる。

　一方、「細則」等になると、具体的な取扱いを定めた内容であり、原則としてすべての部署メンバー等だけに読まれるべきものである。そのため、内容は実務的で具体的な内容でなければならない。また、一部のメンバーだけが読むべき内容を定めたものであるから、制定・改廃の承認基準は、原則として、特定部署の部門長等ということになる。

　「基準」については、基本規程と細則等との間に位置するもので、内容・読み手・承認基準等は、基本規程と細則等の両方の性格を有することとなるが、個々の企業の状況に応じて、詳細は変わってくる。

　企業における社内ルールに関しては、次のような課題が見られることが少なからずある。

- 法令等の改正・組織改正に追いついていない、実態と合致していない。
- 一方的にルールを作成するだけで、更新しない（責任部署の不明確さ）。
- 規程間で矛盾だらけのまま放置されている。
- 誰も読まない、理解していない。
- 株式公開審査用の形だけの規程整備に走り、また、リスク項目と関連性のない数多くの規程・マニュアルの作成、ISO等の導入で別途の「規定」の作成等が拍車をかけている。

　各企業は、決して小さくない整備コストを投入して会社規程等を整備したにもかかわらず、上記のような課題が見られている。総じて、株式上場審査対応、金融商品取引法における財務報告に関わる内部統制制度、ISOを始めとする各種マネジメントプロセスの認証取得対応等を通じて多くの企業が会社規程等を整備したものの、法制度等への対応のために他社事例、汎用的な

雛型を利用して「とりあえず作成」したものが少なからずあり、「当社の制度」として説明ができないような、中身・実態の無い社内ルールも多い。また、必要が生じた都度、盲目的に新たな規程等を作成し、結果的には重複や矛盾のある社内ルールが存在することや複雑怪奇化したルール体系に陥っていることも多い。さらに業務多忙や改訂手続が煩雑との理由で、適時・適切な改訂が行われず、社内ルールの内容の陳腐化、ルール内容と業務実態の乖離という状況にもなっていることが多い。

(2) 社内ルールはなぜ必要か

そもそも、企業において、社内ルールはなぜ必要なのであろうか。それは、下記のようにまとめることができる。

①責任と権限の範囲を明確にするため
- 会社の規模が大きくなるにつれ、経営者一人ですべての業務を遂行することはできない。そのため、会社規程等により、権限移譲の内容や責任・権限の基準等を明定する必要性が生じる。このような観点からは職務権限規程や決裁権限規程、業務分掌規程等を明定することが必要となる。
- 会社の設立時には定款が作成されるが、会社の機関運営の具体的な権限・責任については、取締役会規程・監査役会規程に委ねられている。

②法令の要求にこたえるため
- 法令が規程の届出や作成を半ば義務づけていることがある。
- たとえば、労働基準法では就業規則の届出を定めているし、金融商品取引法の財務報告に係る内部統制報告制度においては経理規程等を整備する必要がある。また、公益通報者保護法の観点からは内部通報規程の整備が必要となる。

③説明責任を明らかにするため
- 行政法等の法的責任が追及された際に、説明責任のツールとして、整備が求められる規程がある。
- たとえば、労働安全衛生法の観点からは労働安全衛生規程、消防法の観点からは防火管理規程、道路交通法の観点からは車両管理規程、金融商品取引法のインサイダー規制の観点からは内部者取引規程、個人情報保護法の観点からは個人情報管理規程等の規程等の整備が必要となる。

④各業務に関するノウハウを蓄積するため
- 先輩たちが培ってきた業務ノウハウを蓄積し、業務運営を効率化・均質化することで、業務の効率性を維持・向上させることは重要である。その意味では、各種の業務マニュアル等の整備が必要となる。

⑤リスク対応の管理手続の標準化のため
- 主要なリスクの対応方針・手続について、各人の判断に任せるということは非常に危ういビジネス環境である。そのため、主要リスク事項の対応方針・手続を定めた行動規範・行動指針等の整備は重要である。
- また、たとえば、品質管理マニュアル、情報セキュリティ基準・マニュアル、顧客苦情対応マニュアル等のリスク対応に資する社内ルールの整備・運用は重要である。

(3) 社内ルールの整備・改訂のための点検方法

マネジメントシステムとは、Plan（計画）⇒Do（実施）⇒Check（監視）⇒Action（是正措置）の繰り返しであることは言うまでもない。社内ルールの管理も同様である。社内ルールを整備して、あとは遵守する（Do）はずだ、と対応するのではなく、実際に社内ルール通りに実行されていることをモニタリング（Check）し、さらに、既存の社内ルールがビジネス環境の変化等に応じて適時にメンテナンス（Action）されなければならない。

そこで、社内ルールの整備と適時のメンテナンスのために有用な点検方法が重要となる。まず、社内ルール（規程・マニュアル等を含む一切の社内ルール）の作成・承認レベルによる分類基準・適切な更新管理・改廃等を明定した「規程等管理規程」を整備し、その徹底を図ることが必要である。社内ルールの分類は、「基本規程→基準→細則」等の体系を明確にすることからスタートする。その際、図表4-6のような管轄部署別の規程等の管理シートを作成し、適時の更新管理を行うことが必要である。

　このような管理シートを作成しようとすると、メンテナンス責任のある部署が不明な規程等がでてきたり、基本規程がないのに細則等が作成されたり、基本規程しかなく、具体的な取扱いを定めた基準・細則等が作成されていない等の不備を認識することができる。このような社内ルールの不備を認識することが、規程等の適切な管理の第一歩である。

　また、承認レベルが取締役会となっている基本規程の数が異常に多い企業も見られる。この場合、適時の改訂は期待できるはずもないため、基本規程を真に必要なものに絞り、統廃合を促進することも重要である。規程等はあればよいというわけではない。リスク対応、説明責任等の観点から有用な規程等だけが必要である。

　さらに、社内ルールを作成する際にも、遵守されやすい次の条件を満たすことも非常に重要である。
- 対象者や目的がハッキリしていて、対象者にとって必要なことだけが書かれている。
- 曖昧さがなく、具体的に書かれている。
- わかりやすい言葉で簡潔に書かれていて、メンテナンスが容易である。
- 常に最新化されている。
- 必要なときに、いつでも容易に参照することができる。
- 不明な点を参照することや問合せできる仕組みがある。

　このような社内ルールの整備・メンテナンスの基本原則を満たしたうえで、会社規程の総括的な管轄部署（総務部門等）が、年に一度は各規程等の

図表4-6　会社規程等の管理シート

	人事部	経理部	総務部	企画部	営業本部
基本規程					
基準					
細則等					

管轄部署に更新の要否の確認や督促を行うことを制度化することが非常に重要と言える。

⑦ 不正リスクマネジメントのための統制手続の基本

(1) 内部牽制・職務分離

　内部牽制は不正リスクマネジメントの基本の1つである。内部牽制とは、社内の複数の人間が、相互に牽制しあって誤りや不正を防ぐ仕組みのことである。たとえば、物品購買において、発注を要求する人、実際に発注する人、物品の納入時に検収をする人、帳簿に記帳する人、請求書に基づき支払いをする人を、できる限り別々の人に担当させることや、1つの取引を2人以上の担当者（あるいは2つ以上の部署）で担当し、一方の記帳等の誤りや不正を他方の記帳等との照合によって自動的に発見するような仕組みのことを内部牽制という。

　内部牽制を確立することは、担当者の責任と権限を分離する職務分離（Segregation of Duties）を確立することに繋がる。たとえば、小切手の振出と帳簿記入については、帳簿の記録と小切手振出の双方の業務を別々の担当者が担当することである。また、職務分離とは、情報システムの権限設定でも重視され、具体的には、各ユーザーの権限をそのユーザーが担当するタスクの

みに制限し、それ以外のタスクの権限は付与しないことを意味する。多くの権限を1人のユーザーに付与するのではなく、特定の権限カテゴリを特定のユーザーに割り当てることで、職務分離が構築される。

　このような内部牽制・職務分離は、不正リスクマネジメント・内部統制を整備する場合に、考慮しなければならないが、業務の効率性を妨げることも多い。そこで、企業の規模、業種、業務内容のリスク等を勘案し、内部牽制・職務分離から得られる利点と費用との十分な検討が必要となる。そのため、不正行為の主なパターンを把握し、何にどこまで牽制を効かせるべきかについて、合理的な判断を行うことが重要となる。

　内部牽制・職務分離の典型的な例を挙げれば、次のようになるだろう。
①取引の処理は必ず2人以上の関与を経て完結するようにする。たとえば、注文する人、検収する人は同一人としない。
②同一事項の取引記録を2ヵ所以上で行う。たとえば、売掛金の入金という1つの取引について、金銭出納帳と売掛金台帳（コンピュータ入金入力）の記帳等を別々の担当者に行わせる。
③回数券、切手、印紙、プリペイドカード等、換金性の高い物品は、購入者と管理者は別々の者とし、受払簿も作成させる。
④売掛金の回収は銀行振込とする。現金・小切手回収の場合でも、市販の領収書は使用せず、自前の領収書を作成し、連番を確保する。書き損じは領収書控とともに斜線をひき残す。領収書控と現金を経理担当者が受け取り、確認印を押す。使用済み領収書は経理担当者が回収する。売掛金請求書は毎月必ず管理担当者から郵送し、営業担当者に手渡ししない。
⑤在庫の実施棚卸と徹底した差異原因の究明を行う。

(2) 承認

　企業の規模が大きくなれば、経営者一人では業務は遂行できない。そのため、権限委譲が行われる。各企業では権限委譲された内容が、決裁権限一覧

等の形で明示され、承認者も明示されている。

承認制度も不正リスクマネジメントの基本的な方法の1つである。承認の方法については、稟議書・決裁書等の承認方法しか思い浮かべない人も散見されるが、実務上は下記のようにさまざまな承認方法が見られる。

①会議体による承認

取締役会や経営会議等による承認である。取締役会規則等で承認事項が定められ、会議体議事録と付属資料が承認事跡となる。

②稟議書・決裁書による承認

所定の承認者による承認行為を稟議書・決裁書の形で、事跡を確保する承認方法である。

③各種報告書等による承認

稟議書・決裁書以外にも、承認方法はある。実務上、決裁権限表が定められていても、稟議決裁等以外は、具体的な承認方法が定められておらず、運用上で口頭承認としていることも多々見られる。

たとえば、個々の得意先に対する営業方針等の承認を営業部長から得ようとする場合、いちいち稟議書等の方法で承認事跡を確保することは煩雑であろう。そのため、営業活動結果報告書を営業部長が確認した事跡を確保すれば、十分な承認事跡となるだろう。また、口頭による承認も事実上は多いだろう。どこまで、承認の事跡を確保するかが重要となるため、具体的な承認方法を明定することが重要と考えられる。

④会計伝票決裁

稟議書・決裁書等による承認事跡ではなく、支出時の会計伝票の承認事跡を確保する方法もある。

⑤会計伝票以外の帳票による承認

会計伝票以外の帳票による承認方法も多々ある。たとえば、交際費等については事前申請書や事後報告書等による承認事跡を確保する方法があるし、受注承認についても受注書で承認事跡を確保することもある。同様に、発注承認、単価承認等、日々の業務活動で必要な承認行為を事跡として確保する場合には、標準化された帳票に承認事跡を確保することが重要となる。

⑥捺印・押印簿による承認

　外部に重要書類を提出する際に社印等を押印するときには、捺印簿により承認事跡を確保することや、契約書の締結時に捺印簿により承認事跡を確保することが典型例である。なお、契約書の捺印時に、所定の承認方法（議事録、決裁書等による承認）であらかじめ承認を受けたか否かを確認したうえで捺印の承認を行うことが必要であることは言うまでもないが、実務上は、徹底されていないことも散見されるので、要注意である。

(3) 分析的手続等による確認等

　上記で述べたような内部牽制・職務分離の徹底や承認事跡の確保という方法は、不正リスクマネジメント・内部統制の観点からは原則ともいうべきものではあるが、実務上はそれらを徹底させることは困難であり、業務の効率性を著しく妨げていることも多い。そこで、事後的なモニタリング方法を迅速に行い、異常な兆候を適時に発見し、原因究明と是正を促すような分析的手続等による確認等が非常に有効となる。

　日本公認会計士協会監査基準委員会報告第1号（中間報告）「分析的手続」では、分析的手続のことを「財務データ相互間又は財務データ以外のデータと財務データとの間に存在する関係を利用して推定値を算出し、推定値と財務情報を比較することによって財務情報を検討する監査手続」としており、推定値には金額のほか、比率、傾向等が含まれるとしている。分析的手続は、会計監査だけに有用というわけではない。リスクの予防的な観点から、企業のさまざまなモニタリングにおいても大いに活用してしかるべきである。

　たとえば、原材料の払出においては、製造現場からの払出要求に基づき、資材部門が材料の払出を行うが、その際、承認済みの材料払出伝票等の発行を内部統制上のルールとすることは理想だろう。しかし、中小規模の企業等では、そのような手続を要求していれば、業務が円滑にいかない状況も大いにあり得る。その場合、承認済みの材料払出伝票等の発行を義務化すること

だけが不正リスクマネジメントにとって重要かというと、そうではない。この場合、たとえば、毎月、製造現場手持ち在庫の実施棚卸による月次の実際消費数量を把握し、標準歩留りと実際歩留りとの差異分析を徹底することを条件に、承認済みの材料払出伝票等の発行を義務化しないことも有用である。異常を早期に発見する手法は、リスク予防の観点からも望ましい。むしろ、承認済みの材料払出伝票等の発行を義務化していても、そのような歩留りの分析的手続を徹底しないほうが、不正リスクマネジメントの観点からは脆弱な管理方法と言える。

意味のない事前承認の押印を増やすような内部統制の設計よりも、事後的でも異常な兆候を早期に発見し、原因分析を行い、是正措置を講じることを促進できるような分析的手続等によるモニタリングこそ、非常に有効かつ効果的な不正リスクマネジメントの手続であり、リスク予防の観点からも望ましいと言える。

この点については、COSOの「内部統制システムのモニタリングに対するガイダンス」には（必ずしも実務的とは思えない文面も多いかもしれないが）非常に示唆に富む次のような内容が記載されている。ぜひ参考にしてほしい。

- モニタリングの適切な導入により内部統制の有効性および効率性の目的を達成できるが、多数の企業ではモニタリングを十分には活用していない。
- ITを活用したモニタリングによる情報分析は有効である。

⑧ コンプライアンスプログラムによるリスク対策の検討

(1) コンプライアンスプログラムに関する失敗実務例

リスクの予防活動を組織的に行うための方法として、コンプライアンスプログラムがある。コンプライアンスプログラムとは何か。実は、2つの意味

で用いられていることが多い。1つ目の意味は、コンプライアンスプログラムを、コンプライアンスを推進するPDCAの仕組みと捉える考え方である。この考え方は、前述した米国の連邦量刑ガイドラインが定義する「有効なコンプライアンス・倫理プログラム」や我が国の個人情報保護の体制の整備に関してプライバシーマークの審査基準となっていた「個人情報に関するコンプライアンス・プログラムの要求事項」(JISQ15001：1999) が採用している。特に、JISQ15001：1999では、コンプライアンス・プログラムの定義を「事業者が、自ら保有する個人情報を保護するための方針、組織、計画、実施、監査及び見直しを含むマネジメントシステム」と明定している（なお、JISQ15001は2006年に「個人情報保護マネジメントシステム―要求事項」として制定されています）。

　一方、2つ目の考え方は、コンプライアンスを推進する実践計画のことを意味する考え方である。金融庁の検査局の金融検査マニュアルにおける考え方が典型例である。金融庁検査局「金融検査マニュアルに関するよくあるご質問（FAQ）」では、「コンプライアンス・プログラムとは、取締役会が管理者に、コンプライアンスを実現させるために法令等遵守方針及び法令等遵守規程に沿って策定させた具体的な実践計画（内部規程の整備、職員等の研修計画など）」と明示している。

　本書では、コンプライアンスプログラムについて、2つ目の考え方に基づき説明を行う。なお、どちらの考え方が適切かということは本質的ではない。本書は説明のやりやすさから、2つ目の考え方を活用するにすぎない。

　コンプライアンスプログラムの最大の失敗例は、「経営計画・事業計画と別枠で行われ、かつコンプライアンス以外にもさまざまなPDCA活動の計画書が策定されている」という状況であろう。コンプライアンス活動のほかさまざまなPDCA活動が、各推進部門でバラバラに導入されていることが多い。たとえば、上場企業は内部統制への対応に経営資源を投入するだけでなく、ISOの品質管理、環境経営、さまざまな情報管理、さらにBCM等にも相当の経営資源を充てている事例が多い。しかも、こうした各課題を達成するための、計画書の書式・内容、監査・評価の手法等が、企業内でバラバラ

であることも多い。その結果、従業員の業務負荷を増すだけになっていることも少なくない。従業員だけではない。経営者も何十回も報告会議に出席させられるのに、実は報告者の方も毎回同じ人というようなケースも見られることがある。

そのため、経営管理と一体となったコンプライアンスプログラムをはじめとしたPDCA活動の連携が重要となる。

(2) コンプライアンスプログラムと事業計画

コンプライアンスプログラムにおける重点課題・施策は、事業計画の内容と連動し、整合性が確保されていなければならない。事業計画とは別枠で活動計画を策定する行為は、事業推進者からすると「余計な手間」と思われてしまいがちである。

そのため、コンプライアンスプログラムの策定と活動をはじめとするさまざまなPDCA活動について、各部署がバラバラに対応するのではなく、経営管理活動と一体となって、全体最適を図ることが非常に重要である。たとえば、各種のPDCA活動の計画や報告書式もできる限り統一し、「事業計画管理」という形で予算管理と同様に1つにまとめ、業務効率を改善すべきである。

企業活動はリスクマネジメントの連続であるという「商売の原点」に戻るべきである。そのためには全社的リスクマネジメントを基本とした各種のPDCA活動の再設計が必要である。どのPDCA活動が自社にとって本質的に重要なのかを見極め、事業計画管理の中で時間や予算や人員等経営資源の再配分を行うことが必要である。

不正リスクマネジメントを推進するに際して重要な、コンプライアンスプログラムについては、コンプライアンスプログラムとか、コンプライアンス実践計画等の言葉を用いた計画書ではなく、事業計画書の一部として、自然と不正リスクマネジメントの取組みが事業計画管理として行われていることが理想である。

(3) コンプライアンスプログラムの策定方法

　コンプライアンスプログラムを策定する第一歩は、リスク評価である。リスク評価を行い、重要な課題の改善計画としてコンプライアンスプログラムを策定することが重要となる。また、コンプライアンスプログラムの「全社版」と「各部・グループ各社版」とを策定することが重要である。

　まず、全社的な観点からリスク評価を行い、全社的な観点から不正リスクの重要項目を選択し、実施すべき施策を計画化する。その際、重要リスク事項の現状とともに、主な原因を検討すべきである。原因に対応した対策であれば、有効な施策と言える。また、実施すべき施策を計画化するだけではなく、具体的なモニタリング方法も計画化しておくべきである。

　全社版のコンプライアンスプログラムが完成したならば、その内容を各部・グループ各社の状況に適合させるべく、各部・各社における具体的な計画書を作成するべきである。

　コンプライアンスプログラムの様式の事例は、図表4-7を参照してほしい。あらためて、コンプライアンスプログラムの策定手順を示すと、次のとおりとなる。

①自部署・自社で認識されるリスクを洗い出す。
　　自社・自部署の事業・業務上の目標・目的を確認のうえ、内外のビジネス環境を適切に把握し、的確なリスクを認識する。
②「リスクマップ」等を使って、重要リスクを特定し、重点課題を選定する。
　　重点課題は、徹底したモニタリングを行うべきことに鑑みると、最大で3項目から5項目が限度ではないかと考えられる。重要課題の数が多いと、重点管理の観点からのモニタリングの徹底等の負荷が非常に大きくなることが懸念されるためである。
③特定した重大リスクの発生原因を分析・整理し、重大リスクの内容・原因に応じて、改善施策を検討する。
　　改善施策の検討にあたっては、「5W1H」を意識して「具体的に」検討する。施策が具体的でないと、施策の実施が困難となるほか、モニタリン

図表4-7 コンプライアンスプログラム（実践計画）の様式例

取組みテーマ	計画					
	具体的なリスク（〜のため、〜してしまうリスク）	具体的な施策内容（何を、どのように）	①施策実施部署（人）②施策対象部署（人）（①誰が、②誰に対して）	実施時期or期限（頻度）（いつorいつまでに（どれくらい））	施策実施状況の確認・評価方法（何をどのように確認するか）	想定する効果（モニタリング指標等）

グ方法が非常に困難となる。

　1つのリスクに対して複数の施策を策定する必要があることが多いが、施策内容が、具体的なリスクの発生原因を低減するものとなっているか、必ず確認する。

④改善施策の実施の有無の確認方法、改善施策の有効性を評価するモニタリング方法・指標を検討する。

　「改善施策の実施の有無」を確認することや「改善施策の有効性」を評価するためのモニタリング方法は、5W1Hを意識して、できるだけ「具体的に」記載する。

　その際、「リスクがどの程度低減したか」「課題がどの程度改善されたか」を測定するための指標等も検討する。

　リスクの低減や改善効果の測定方法や測定指標は、会議体等での報告事項になっていることもあるため、その十分性を検討する。

⑤計画書の内容については、モニタリング方法が、リスク内容・施策内容と整合しているか、必ず確認を行う。

第5章 リスクの発見的コントロールと継続的プロセス——モニタリングの重要性

第4章で述べたように、モニタリングはリスクの予防的なコントロールの観点からも非常に有用な手法である。ただし、モニタリングの最も重要な機能は、リスク発生時の兆候を少しでも早く把握する事後発見的な警告機能と継続的改善を促す機能にある。

　常にビジネス環境は変動するため、不正リスクマネジメントを含め、マネジメントの仕組みには「完成版」はあり得ず、常に「最新版」にする努力が必要である。「最新版」にするためには、モニタリングの機能がきわめて重要となる。そこで、本章においては、実務で見られるさまざまなモニタリングの形態を整理するとともに、実務上の運用における重要ポイントを解説していく。

① さまざまなモニタリングの形態

　モニタリングの方法には、内部監査やチェックリスト等による点検以外にも、さまざまな形態がある。企業実務において、「モニタリング」という用語を用いていなくても、自然とモニタリングに相当する業務が実施されていることが多い。

①決裁・稟議による承認
　多くの企業で取締役会の付議事項等とともに、承認レベルを明定した職務権限・決裁事項等を明定しているはずである。そのため、決裁や稟議決裁を通じて、経営者によるモニタリングを受けていると言える。
　また、決裁・承認事項の中には、法務部門や経理部門等との事前協議を要する事項を明定している企業もある。たとえば、決裁・承認事項に法務部門との事前協議を義務づけていれば、事実上の法務チェックを受ける仕組みが構築されていると言える。同じく、経理部門による税務チェックについても同様である。

②重要な会議体における報告事項

多くの企業で取締役会の報告事項とともに、さまざまな重要な会議体に重要事項が報告されている。重要な会議への報告を通じて、経営者によるモニタリングを受けているということができる。年次、半期、四半期、月次等の定例の報告のほか、臨時的な報告もある。

企業の主要なリスク事項に関する報告事項が会議体に報告されているならば、モニタリング機能は充実していると言える。たとえば、毎月の経営会議で売上高・利益等が報告されるとともに、製品の不具合情報や施工現場の施工不良等のリスク情報が必ず会議体に報告されるのであれば、分別のある経営者は原因究明と再発防止措置を指示するであろう。主要なリスク事項が会議体に報告されていない場合には、会議体の報告事項を再考すべきであろう。

③コンプライアンスプログラム等の総括

コンプライアンスの取組みや不正リスクマネジメントに関する取組みについて、コンプライアンスプログラム等として実践計画を策定する場合、計画通りに実践できたか否かについて、会議体に総括結果を報告することがある。金融検査マニュアルでは、コンプライアンスプログラムの総括結果を取締役会に対して報告すべきことを要求している。

コンプライアンスプログラム等の総括では（コンプライアンスだけではなく、すべての実践計画の総括では）、「計画通りに施策が実施されたかどうかについて確認した結果」「施策を講じた結果、有効に機能したかを評価した結果」を明確に報告する必要がある。特に、後者については、施策を講じたことによる、リスク軽減または課題改善の効果が客観的に確認できたか否かが非常に重要である。そのため、できる限り、主観的な判断結果ではなく、「モニタリング指標」による測定が非常に重要となる。

モニタリング指標の詳細については後述するが、たとえば時間外労働時間に伴う労働安全衛生に関するリスク対策の有効性を評価しようとする場合、時間外労働時間数等が、当該リスクに係る典型的なモニタリング指標となる。

④重要な業績評価指標・KPI（Key Performance Indicator）による確認

　モニタリング指標は、コンプライアンスプログラム等の総括報告の際にだけ測定・報告されるものではない。モニタリング指標という用語を使用していなくても、通常の事業計画管理や業績管理において、KPIが主要なリスクの発生・対応状況を示していることも多い。たとえば、業務の効率性を測定するKPIとしては労働時間数が典型例であろうし、品質管理の指標としては検査合格率・良品率等が典型例であろう（逆に、リスクの発生状況を示す指標として検査不合格率や不良率が採用されるかもしれないが、同じことである）。

　そのため、重要なKPIと主要なリスク事項とを比較してみた場合、おおむね対応しているようであれば問題はないが、かなり乖離している場合には、重要なKPIを見直す余地が大きいと言えるだろう。

⑤異例報告制度・リスク緊急報告制度

　重要な会議体への報告制度以外にも、企業にはさまざまな異例報告制度がある。たとえば、営業車両運転中に自動車事故を起こしてしまった場合の連絡・報告フローが確立している企業は多いだろう。同じく、苦情等を受けた際の対応フロー等事故トラブル報告が確立している企業は多いだろう。

　主要リスク項目と異例報告制度の項目を比較してみた場合、おおむね対応しているようであれば問題はないが、乖離している場合には、異例報告事項を見直し、リスク緊急報告制度の確立等を目指す余地があると言えるだろう。

⑥内部通報制度

　内部通報制度は、不正リスクマネジメント態勢におけるモニタリング方法の1つとして機能する。内部通報制度が適切に機能する場合には、不正リスクマネジメント態勢の全体の評価を行う際に、内部通報の件数や内容の傾向分析を行うことが非常に有用である。

　この点について、詳細は後述する。

⑦内部監査制度

　内部監査制度も、不正リスクマネジメント態勢におけるモニタリング方法の1つとして機能する。ただし、内部監査の項目が毎年同じような事項でリスクアプローチ（リスクアプローチについては後述する）に基づいていない場合には、有効なモニタリング機能は期待することはできない。また、不正リスクの兆候の有無を積極的に監査するような手法を採用していない場合にも、不正リスクマネジメントのモニタリング方法として機能することはあまり期待することはできない。

　この点についても、詳細は後述する。

⑧自己点検・自己評価制度

　自己点検・自己評価制度、いわゆる「セルフアセスメント」も、不正リスクマネジメント態勢におけるモニタリング方法の1つとして機能する。ただし、セルフアセスメント項目が毎年同じような事項で、形骸化したチェックリスト方式等による場合には、有効なモニタリング機能は期待することはできない。また、不正リスクの兆候の有無を積極的に点検するような手法を採用していない場合にも、不正リスクマネジメントのモニタリング方法として機能することはあまり期待することはできない。

⑨従業員サーベイ

　従業員意識度調査やコンプライアンス・アンケート調査等の従業員サーベイは、不正リスクマネジメント態勢におけるモニタリング方法の1つとして機能することができる。従業員サーベイによる回答がおおむね信頼性を確保している場合、不正リスクマネジメント態勢等の不具合の有無の調査結果は、不正リスクマネジメント態勢等の評価には非常に有用である。ただし、従業員サーベイが、単に「コンプライアンスマニュアルを読んだことがあるか？」等の認知度・周知度のアンケートに終始しているようであれば、モニタリング機能としては限定的とならざるを得ないだろう。

　この点について、詳細は後述する。

② モニタリング指標の活用

　事業計画であろうが、コンプライアンスプログラムであろうが、リスクマネジメント実践計画であろうが、いわゆる目標管理のPDCAにおいては、必ず計画通りに施策が実施されたかどうかについて確認するとともに、施策を講じた結果、効果があったか否かについて、明確に総括報告する必要がある。「よく頑張った」「誠実に実行した」等のプロセス評価も大事ではあろうが、基本は施策効果の有無を客観的に評価することである。

　計画通りに施策に真面目に取り組んでいない場合には、モニタリングのしようがない。「真面目に取り組め！」と総括するしかない。だが、真面目に取り組んだとしても、成果が全くない場合には、「仕方ない」で済ますことは許されない。このような場合には、もともと対策が適切ではなかったのではないか？　原因分析が不適切ではなかったのか？　ビジネス環境・リスクが変化して別の要因に変容してしまったのか？　そもそもモニタリング方法が適切ではなかったのか？等、なぜ施策による効果がなかったのかについて、きちんとした総括が必要である。

　コンプライアンスやリスクマネジメントの取組みでも、すべてのリスクについてモニタリング指標を設定することは困難だろうが、会社・事業の屋台骨を揺るがすような重要なリスクについては、必ず測定しなければならない。

　主なリスクのモニタリング指標をある程度は示すことはできるかもしれないが、各企業・部門の状況に応じて、測定すべきモニタリング指標はさまざまとなる。たとえば、製品の品質瑕疵に関するリスクのモニタリング指標を設定しようとした場合、原料調達に起因するリスク、製造工程に起因するリスク、物流段階に起因するリスク等に応じ、測定すべき品質瑕疵を示す指標を原因別に設定してしかるべきであろう。その意味で、すべてのリスクの一律的なモニタリング指標の設定には意味がない。有用なモニタリング指標

は、原因別におのおのの状況に応じて、設定していくしかないものである。
　とはいえ、参考までに主なリスク事項とモニタリング指標の典型例を示しておこう。
- 品質管理に係るリスク＝検査不良率、品質問題に起因する苦情件数・返品数等
- 労働安全衛生に係るリスク＝労災件数、安全点検不備件数、過労死認定基準への抵触者延べ人数、残業時間数、労務管理態勢の点検結果の不備件数等
- 情報管理に係るリスク＝情報管理の監査指摘の不備件数、脆弱な管理下の保有情報件数、情報管理態勢の点検結果の不備件数等
- 債権管理に係るリスク＝滞留債権の残高、入金遅延先の債権残高、債権格付けの下位の格付け先向け債権残高等
- 在庫管理に係るリスク＝滞留在庫の残高、低価法評価損、原因別の在庫廃却金額・数等
- 入札・談合に係るリスク＝落札率、指名業者としての落札の頻度等

　上記の中で出てくる「労務管理態勢の点検結果の不備件数」について、点検のためのチェックリスト事例を参考までに図表5-1に記載しておく。

　なお、モニタリング指標とは、統計学的な手法で計算されたリスクの計量化そのものを意味しているのではない。統計学的な手法で算定はされなくても、リスクの発生の度合いや兆候を推定できるデータ等の指標を測定することは非常に重要であるし、統計学的な手法で算定されたリスクの計量化については、計量化モデルの前提や条件を十分に理解したうえで、計量化された数値の意味を検討すべきである。リスクの計量化には一定の前提条件が多く、特定の個別リスクマネジメントには有効かもしれないが、不正リスクを含む一般事業会社の全社的なリスクマネジメントに全面適用することは、必ずしも実務的ではないし、有効ではない局面も多いと考えられる。

図表5-1　労務管理態勢の点検チェックリスト〈一般編〉事例

就業規則	労働者を常時10人以上雇用しているときは、就業規則を作成するとともに、労働組合または労働者の過半数を代表する者の労働者代表の意見書を添付して、事業場ごとに所轄の労働基準監督署に就業規則を届出していますか。また就業規則を更新した際にも同様に届出していますか。
	職場に就業規則を備え付ける等、就業規則を従業員に周知徹底していますか。
	育児休業・介護休業や、定年延長（再雇用）等に関する法令にも対応した規定となっていますか。
三六協定	法定労働時間（1日8時間、週40時間）を超えて残業させる場合、残業時間の上限に関する労使協定（いわゆる三六協定）を締結し、労基署に届け出ていますか。また毎年更新していますか。
安全衛生体制等	別表に記載された規模（従業員が常時50人以上いる等）の事業場において、別表に記載された適格要件を満たす総括安全衛生管理者・安全管理者・衛生管理者・産業医を選任していますか。
	常時1,000人以上の労働者を使用する事業場については、専属の「産業医」を選任していますか。
	別表の要件を満たす事業場において、安全委員会・衛生委員会（安全衛生委員会）を設置していますか。
	設置された衛生委員会等を毎月1回以上開催し、議事録を作成して3年間保存していますか。
	労働者に対し、従事する業務に関する安全衛生のための教育を定期的に行っていますか。
健康診断	従業員には年に1回以上、健康診断の受診をさせるよう促進していますか。また常時50人以上の労働者を使用する事業者は、定期健康診断結果報告書を所轄労基署に提出していますか。
セクハラ対策	セクハラ防止に関する会社の方針を作成し、周知・啓発を行っていますか。
	セクハラに関する相談窓口を設置していますか。
その他の相談窓口	セクハラ以外のハラスメント（パワハラ等）や、メンタルヘルスに関する相談窓口を設置していますか。

③ 内部通報窓口と相談窓口のあり方

　10年以上前の日本の企業においては、内部通報窓口を設置している企業はきわめて少数であった。内部通報窓口を設置している企業は企業倫理の取組みを行っている外資系企業の日本法人であったり過去に不祥事等を起こした企業が再発防止策の一環として内部通報窓口を設置しているケースがほとんどであった。また、当時は内部通報と内部告発を混同した誤解も多かった。内部告発とは企業が管理下に置けない状態で情報が外部に通報（漏洩）される事態をいい、本来、あってはならないものである。内通通報とは企業が管理下に置いた状態で不正行為等の通報を受けることであり、本来の健全な仕組みである。

　21世紀に入り、一部企業が内部通報の仕組みを「ヘルプライン」等の名称で導入しつつあったが、2006年に公益通報者保護法の施行と、2009年3月期から導入された財務報告に係る内部統制報告制度が、多くの企業において内部通報制度を一般化させた。株式会社 KPMG FAS とあずさ監査法人が2010年に実施した「日本企業の不正に関する実態調査」によると、上場企業の有効回答数の96％が内部通報制度を運用していると回答している。ただし、「利用されたことがない」と回答する割合も34％もある。内部通報制度の導入にあたっては、「密告制度」といった誤解を避けるべく、また社内に信用され、活用される窓口とするためにも、導入の目的を明確に伝えることが必要である。

　内部通報制度の目的は、各企業によってさまざまだろうが、運用の成熟度に応じて次のように考えることができる。

第1段階：違法行為、重大なコンプライアンス違反等の抑止効果
- 「違法行為を行った場合には、周囲に通報される」という意識を持たせる。

第2段階：違法行為、重大なコンプライアンス違反等の社外告発防止
- 不法行為等が社外に漏れて風評等に影響する前に、社内で改善を図るべき

ものという意識向上を図る。
- 内部通報とは、通常の報告ラインとは別の報告ラインを確保したものであると理解させ、通常では報告されない問題を吸い上げる。

第3段階：従業員の心身の安全を守るための相談窓口の明確化
- 違法行為等の通報だけが目的ではなく、従業員を守るための制度であるということを理解させる（その意味で、セクハラ、メンタルヘルスといった専用窓口を運用することは有用と言える）。

第4段階：誠実な経営管理・組織風土のための仕組み
- 通常では報告されない重大なコンプライアンス違反や、職場環境の相談のみならず、会社施策に対する改善要望や、経営管理上の取組みに対する要望・質問等を広く受け付け、誠実な経営管理と組織風土を構築していることを周知させ、その意識向上を図る。

制度目的の明確化とともに、しばしば次のような重要論点の対応方針等が曖昧なまま運用されているケースがあるので留意が必要である。

(a) 通報案件の事実調査を誰が、いつ行うのか
(b) 通報案件の事実に基づく対応方針をどのように決定するのか
(c) 相談対応者の能力向上等をどのように図るのか
(d) 報復の禁止の徹底をどのように図るのか
(e) 適切な相談の徹底（不適切な告発の禁止等）をどのように図るのか
(f) 従業員サーベイにより、どのように内部通報制度への周知度・理解度に関する課題の有無を確認していくか

以下、内部通報制度の具体的設計を行う際、利用者にとって活用しやすい制度とするためのポイントについて、解説する。

①利用可能者の範囲

内部通報窓口に相談ができる範囲は、おおむね次の3パターンがある。

(a) 社内の役職員
(b) 社内の役職員＋グループ会社の役職員
(c) 社内の役職員＋グループ会社の役職員＋取引先等

公益通報者保護法の施行前では、上記（a）のケースが非常に多かったが、同法の施行後は上記（b）、さらには（c）のように対象を広げる企業が増えている。公益通報者保護法の保護対象の通報者が、派遣社員や取引先等を含んでいるからである。

②相談可能な内容
内部通報窓口に相談可能な内容は、たとえば以下のように明確に示されなければならない。
　（a）法令・社内規程・行動規範等への違反事例
　（b）倫理・良識に照らして判断に窮する事項
　（c）行動規範／コンプライアンスマニュアル等の運営・解釈に関する疑問
次のような事項は内部通報窓口では対応しない旨を明示することも重要である。
　・個人に対する誹謗中傷やプライバシー侵害にあたる内容
　・各部署で簡単に解決できる単純な質問（例：印紙税の要否）

③相談手段
できる限り複数の通報手段を準備すべきである。代表的な内部通報の相談手段は次の通りである。
● 専用電話での受付（業務時間外は留守番電話）
● 専用FAXでの受付
● eメール（専用アドレス）での受付
● 郵便・文書での受付
また、内部通報窓口の担当者以外に相談内容が漏れないようにする配慮や、相談内容の記録方法（電話録音設備等）も検討する必要がある。
受付簿には、原則として全件記入とし、受付者、受付時間、案件概要、（相談者・被害者・行為者の氏名等）を記入することが必要である。ただし、受付の案件数が多かったり、単なる意見や誹謗中傷めいた内容が多かったりする場合には、一定の基準を設けて記入を省略することも検討する必要があ

る。

④匿名での相談の可否

匿名の通報の場合、通常は通報者本人が特定されず、不利益な取扱いを受けないと考えられるため公益通報であっても保護する必要は生じない。ただし、通報時には匿名でも、何らかの事情により、通報者本人が特定され、解雇その他の不利益な取扱いを受けた場合には、公益通報者保護法の保護対象となる点には注意を要する。

匿名相談を認めると、無責任な通報等が増えるのではないかという懸念も多く聞かれるが、内部通報の信頼の確保が完全になっていない初期段階では匿名による相談を認めたほうがよいと思われる。ただし、匿名相談の場合、問題解決が非常に困難になる場合もある旨は明示する必要がある。相談者および被害者・行為者とも匿名の場合、調査や改善対応ができないことも多いからである。

また、個人への誹謗中傷等が寄せられ、通報された情報が「玉石混交」となる可能性がある。そのため、具体的な各部施策への反映や、不正の抑止効果を狙うのであれば、できる限り、実名での通報を推奨することが重要と考えられる。

報告者名・部署名を聞き出す際、具体的には、以下の点に留意すべきである。
- なぜ報告者名・部署名が必要か、ということを下記のように説明する。
  「どこで問題が起こっているかわからないと解決できない」
  「報告者に関する情報は関係者限りであり、絶対に漏れない」
  「もう一度聞きたいことがあっても、連絡先がわからなければ聞くことができない」
- このような説明を行っても、報告者名・部署名の開示を拒否される場合は、無理に聞き出さない(問題の解決はできない旨を伝える)。

⑤受付対応者

　社内での対応、弁護士事務所等の外部機関の活用、両者を併用するパターンが考えられるが、外部委託だけのパターンは好ましくない。外部機関の場合、社内窓口よりも機密が保持されるだろうとの期待は高くなるため、重大な違反事例等は通報しやすくなるが、行動規範やコンプライアンスマニュアル等に関する質問や会社施策の改善要望等については結局は内部で検討せざるを得ない。また、外部委託をしても、通報後の事実確認等は内部で実施せざるを得ない。外部専門家（弁護士や専門業者）や社内の然るべき者による内部通報内容に係る事実調査等の活動について、社内から信頼感を得るような努力が必要である。

　内部通報の窓口担当者としては、社内の事情に精通しており、真摯な対応が期待できる人物が望ましい。また、受付時の応待スキルがあり、相談者から信用されやすい人物を選任することも望まれる。

　内部通報による相談を受けた場合、まずは相談者に概要を話させたうえで、相談内容の確認を行うことが重要である。特に、相手が感情的になっている場合等は、とにかく「聞き手」に回ることも必要である（セクハラの相談等）。

　内部通報の際のヒアリング時には以下の4原則を常に考慮する必要がある。

- 「親身になって相談を受ける」
- 「可能な限り具体的にヒアリングする」
- 「その場で結論を出さない」
- 「再ヒアリングの方法を決める」

　また、不正行為者の有無・被害者の有無の違いにより、対応フローが異なってくる点にも注意してほしい（図表5-2、図表5-3、図表5-4）。

ケース1：会社施策に関する相談・改善提案（行為者＝会社、被害者＝なし）
- 抽象的な相談が多く、どのような点がコンプライアンスに違反しているのかが曖昧になりがちであるため、受付担当者側で「なぜコンプライアンス違反と感じているか」を整理しながらヒアリングする。
- 場合によっては、施策そのものよりも、職場における施策運営を問題視しているケースもあるので、問題の所在を明らかにするように心がける。

図表5-2 内部通報制度における確認すべきポイントと対応フロー

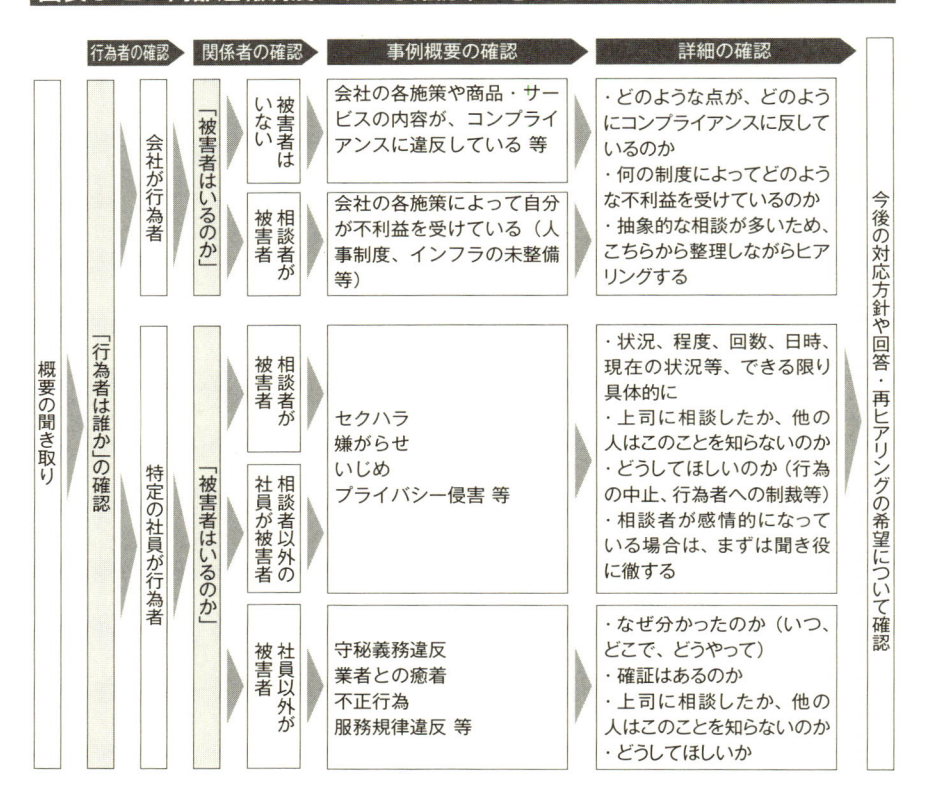

行為者の確認	関係者の確認	事例概要の確認	詳細の確認	
概要の聞き取り → 「行為者は誰か」の確認	会社が行為者 → 「被害者はいるのか」	被害者はいない	会社の各施策や商品・サービスの内容が、コンプライアンスに違反している 等	・どのような点が、どのようにコンプライアンスに反しているのか ・何の制度によってどのような不利益を受けているのか ・抽象的な相談が多いため、こちらから整理しながらヒアリングする	今後の対応方針や回答・再ヒアリングの希望について確認
		相談者が被害者	会社の各施策によって自分が不利益を受けている（人事制度、インフラの未整備等）		
	特定の社員が行為者 → 「被害者はいるのか」	相談者が被害者	セクハラ 嫌がらせ いじめ プライバシー侵害 等	・状況、程度、回数、日時、現在の状況等、できる限り具体的に ・上司に相談したか、他の人はこのことを知らないのか ・どうしてほしいのか（行為の中止、行為者への制裁等） ・相談者が感情的になっている場合は、まずは聞き役に徹する	
		相談者以外の社員が被害者／社員以外が被害者	守秘義務違反 業者との癒着 不正行為 服務規律違反 等	・なぜ分かったのか（いつ、どこで、どうやって） ・確証はあるのか ・上司に相談したか、他の人はこのことを知らないのか ・どうしてほしいか	

- 何らかのアクションを求めているのか、単なる意見なのかを見極める。

ケース2：会社施策に自分がいじめられている（行為者＝会社、被害者＝相談者）

- 具体的にどのような被害を受けているのか、なぜ「いじめられている」と感じているのかをヒアリングする。
- 場合によっては、施策そのものよりも、職場における施策の運営を問題視しているケースもあるので、問題の所在を明らかにするように心がける。
- 何らかのアクションを求めているのか、単なる意見なのかを見極める。

図表5-3　内部通報への対応パターン

「行為者」「被害者」の有無や立場から、調査や事後対応を実施すべき相談かどうかを判断する

行為者	被害者		相談の類型・事例	対応しないケース
会社	（なし）	⇨	会社の各施策に関する相談・改善提案	改善につながらないような苦情、単なる意見に対しては対応しない
会社	相談者	⇨	会社の施策に自分がいじめられている	改善につながらないような苦情、単なる意見に対しては対応しない
特定の役員・従業員	相談者または他の従業員	⇨	セクハラ、嫌がらせ、いじめ、プライバシー侵害等	誹謗中傷、プライバシーの問題、単なる意見に対しては対応しない
特定の役員・従業員	従業員にはいない（顧客・株主・会社等に被害）	⇨	守秘義務違反、特定顧客との癒着、背任行為、その他就業規則違反等	誹謗中傷、プライバシーの問題、単なる意見に対しては対応しない

図表5-4　内部通報制度の全体の対応フロー

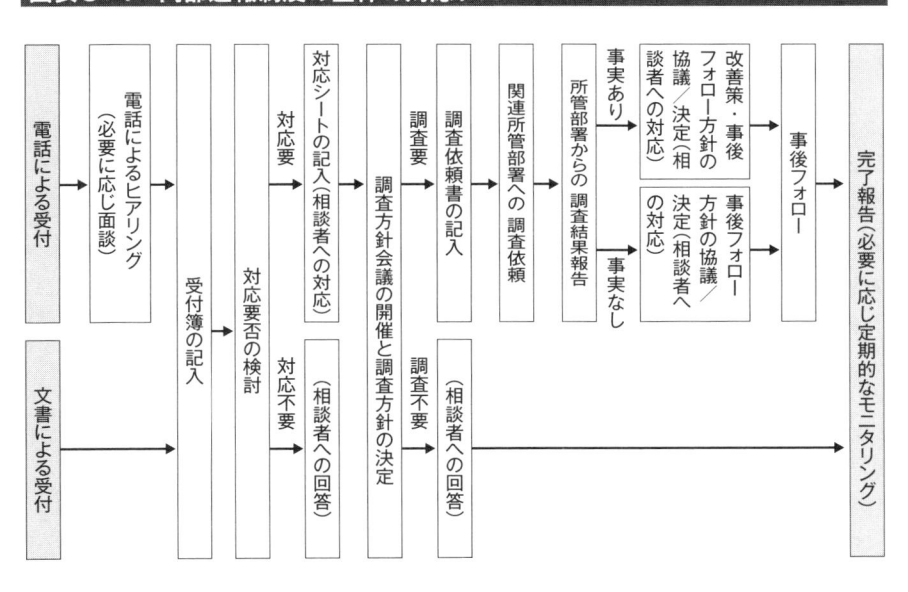

電話による受付／文書による受付 → 電話によるヒアリング（必要に応じ面談） → 受付簿の記入 → 対応要否の検討 → 対応要／対応不要 → 対応シートの記入（相談者への対応）／（相談者への回答） → 調査方針会議の開催と調査方針の決定 → 調査要／調査不要 → 調査依頼書の記入／（相談者への回答） → 関連所管部署への調査依頼 → 所管部署からの調査結果報告 → 事実あり／事実なし → 改善策・事後フォロー方針の協議／決定（相談者への対応）／事後フォロー方針の協議／決定（相談者への対応） → 事後フォロー → 完了報告（必要に応じ定期的なモニタリング）

第5章　リスクの発見的コントロールと継続的プロセス──モニタリングの重要性

ケース3：セクハラ、パワハラ、嫌がらせ、いじめ、プライバシー侵害等（行為者＝特定の役員・従業員、被害者＝相談者または他の従業員）
- 相談内容が真実であったとしても、それが「セクハラ」「パワハラ」や「いじめ」等にあたるかどうかの客観的判断は非常に難しい。何にどう困っているのか、状況・程度・回数等を事実に忠実にできる限り具体的にヒアリングする。
- ただし、相談者が感情的になっている場合には、親身になってヒアリングしないと、事実が聞き出せないことも多い。そのような場合は、とにかく聞き手に徹することも必要である。
- 誹謗中傷に悪用されるケースやコミュニケーションギャップのケースもあるため、状況・程度・回数等の確認は慎重に行う。

（注）最近の企業で最も通報件数が多いのは、この相談のケースである。内部通報以前に、管理者と従業員、従業員同士との意思疎通の悪さが根本的な原因であることも多い。ただし、ただのコミュニケーション上の問題では済まされなくなりつつあることもあるため、本格的に風通しの悪さを改善する経営上の取組みも非常に重要になると考えられる。

ケース4：法令違反、守秘義務違反、背任行為、その他就業規則等への違反（行為者＝特定の役員・従業員、被害者＝顧客・株主・会社等）
- コンプライアンス違反か否かの判断が難しい場合があるので、なぜコンプライアンス違反と思うのか、確証はあるのか、といった点をヒアリングする。
- 社外の利害関係者（顧客・株主・サプライヤー等）に影響がある場合には、その影響の内容・度合い等も確認する。
- 誹謗中傷に悪用されるケースもあるため、「いつ、どこで発見したか」「なぜ分かったのか」について、できるだけ具体的にヒアリングする。

⑥相談者の身分の保証

内部通報をした相談者の身分が保証されない限り、重大なコンプライアンス違反行為の通報は行われず、内部通報制度の形骸化につながるおそれがある。そのため、不正行為者と被害者の両方が存在する案件の相談・通報に関

しては、処分等が完了したとしても、相談者が特定できないように厳重に取り扱う必要がある。特に事実調査の過程では、不正行為者の職場に属する他の従業員の協力を要するケースもあるため、注意が必要である。

具体的には、人事考課での不利な取扱いといった報復行為を受けないことを明示し、それを保証できる仕組みを人事部と連携して確立しなければならない。

⑦相談内容の社内外公表

相談内容の社内外公表については、コンプライアンスの取組みに対する情報共有を侵害せず、コンプライアンス違反事例の再発を防止する意味で、プライバシーや相談者の特定につながらない範囲で、相談内容を公表する。その場合、次のような点に留意すべきである。
- コンプライアンス違反事例の公表については、相談者・行為者・被害者が絶対に特定できないように配慮する。
- 全社で共有すべき情報（コンプライアンスマニュアルに関する「よくある質問・相談」や改善要望等）は社内開示する。
- 個別の会社施策に対する改善要望や相談については、その要望・相談事項の所管部署に伝達する。

⑧会社規程上の位置づけ

公益通報者保護法が施行されている現在では、内部通報に関する規程を整備し、取締役会または社長レベルの承認を要する規程として位置づけることが適切ではないかと考えられる。

内部通報に関する規程では、自社の内部通報制度の設計内容を明定することが必要であるが、この場合、下記のような点に留意する。
- 公益通報者保護法の「公益通報」のみを対象とするのではなく、明らかな違法行為のほか、行動規範等の違反事例やその疑義となる行為や関連する疑問・相談等も対象とする。
- 通報できる就業者の定義・範囲につき、就業規則等の従業員等の定義と整

合性を確保するような用語を用いる。
- 内部通報の受付担当や事実調査、懲罰の決定等について、各部署の業務内容の業務分掌規程・職務権限規程との整合性や、懲罰委員会規程等の関連規程との整合性を確保する。
- 利害関係がある者は事実調査や量刑判断に関与できない旨を明定する。
- 相談者が通報してから「適時に」、相談者に通報を受けた旨等を知らせることを明定する（公益通報者保護法では、公益通報をした日から20日を過ぎても、当該労務提供先等から調査を行う旨の通知がない場合には、外部機関に通報しても保護されるため）。

ここで内部通報に関する規程の事例を参考までに図表5-5に示しておく。

図表5-5　コンプライアンス相談・通報に関する規程（事例）

第1章　総則

（目的）
第1条　本規程は、当社における組織的な又は個人による法令違反行為等に関する従業員等からの相談・通報に関する取り扱いを定め、もってコンプライアンスの徹底に資することを目的とする。

（定義）
第2条　本規程において、次の各号に掲げる用語の意義は、当該各号に定めるところによる。
(1) 法令違反行為等：法令、定款、社内諸規程及び行動規範等に違反する行為又は違反するおそれのある行為
(2) 従業員等：当社の労働者（社員・契約社員・パート・アルバイト・派遣労働者をいう。以下同じ）、退職者及び当社の取引業者の労働者
(3) 相談・通報者：本規程に基づき設置された相談・通報窓口又は上司に対し、当社における組織的な又は個人による法令違反行為等に関する相談・通報を行った従業員等
(4) 被相談・通報者：相談・通報者によって、その者が法令違反行為等を行った又は行っている、あるいは行おうとしていると相談・通報された者

第2章 相談・通報窓口

(窓口)
第3条 当社の相談・通報窓口は、次のとおりとする。
(1) ●●部に設置された相談・通報窓口(以下「内部窓口」という)。
(2) 「○○ライン」等、当社が別に定める外部の相談・通報窓口(以下「外部窓口」という)。
2 従業員等は、相談・通報を行うに際し、内部窓口、外部窓口を任意に選択することができる。なお、従業員等がその上司に対し各種の相談を行うことを妨げない。

(相談・通報の方法)
第4条 内部窓口の利用方法は、電話、面談(面会)、書簡(郵送による手紙・ハガキを含む)、電子メール又はFAXによるものとする。
2 外部窓口の利用方法は、電話、書簡(郵送による手紙・ハガキを含む)、電子メール又はFAXによるものとする。
3 ●●部は、本規程の趣旨を踏まえた窓口の利用方法等に関する周知文書やガイドライン等を作成し、適宜、従業員等に周知しなければならない。

第3章 相談・通報者

(相談・通報者)
第5条 相談・通報窓口の利用者は従業員等とする。

(実名による相談・通報の原則)
第6条 自己の氏名及び所属を明らかにして相談・通報を行うことを原則とする。ただし、希望者は匿名で行うことができる。
2 外部窓口への相談・通報を実名で行う場合で、相談・通報者が当社に対して匿名扱いを希望するときは、外部窓口担当者は、その意に従い匿名を守るものとする。

(不正目的等の相談・通報の禁止)
第7条 従業員等は、虚偽又は他人を誹謗中傷する相談・通報その他不正の目的をもった相談・通報を行ってはならない。そのような相談・通報を行った従業員等に対しては、当社は法令及び就業規則等に従って厳正に対処することができる。

(相談・通報努力)
第8条 従業員等は、法令違反行為等が発生し又は発生するおそれがあると判断した場合には、自己の関与の如何にかかわらず、相談・通報窓口に相談・通報す

ることにより、当該行為の是正・防止に努めるものとする。

第4章　相談・通報への対応

(受付)
第9条　当社の相談・通報窓口において相談・通報を受け付けたときは、内部窓口の場合は●●部から、受け付けた旨を遅滞なく通知するものとする。ただし、匿名の相談・通報者（外部窓口へ実名で相談・通報し、当社に対して匿名扱いを希望した者を除く）に対しては、この限りではない。

(調査)
第10条　相談・通報された内容に関する被相談・通報者からのヒアリング、関係者からのヒアリング、事実関係の確認、資料の収集等の調査は●●部が行う。この場合、●●部は、調査の対象及び方法に関し関係各部署と連携を取り、効率的に調査等を実施するよう努めるものとする。

2　前項にかかわらず、●●部は、相談・通報の内容に応じ、必要な調査を関係部署に行わせることができるほか、調査の内容によって、関係部署のメンバーからなる調査チームを設置することができる。この場合、調査を担当した関係部署は調査等の終了後速やかにその結果を●●部に報告するものとする。

(協力義務)
第11条　各部署は相談・通報された内容の調査に際して協力を求められた場合には、●●部（前条第2項の規定に基づき調査を担当する部署を含む）及び調査チームに協力しなければならない。

(調査担当者等の責務)
第12条　本規程に基づき相談・通報に係る法令違反行為等の調査に従事する者及び協力を求められた者は、本規程を遵守し、誠実に対応するよう努めなければならない。

(是正措置)
第13条　調査の結果、法令違反行為等が認められた場合には、当社は速やかに是正措置及び再発防止措置を講じなければならない。当該行為が法令違反を伴うものである場合は、必要に応じて、関係行政機関への報告、告発を行う。

(調査結果等の通知)
第14条　当社は、調査終了後遅滞なく、相談・通報に係る被相談・通報者等関係当事者のプライバシーに配慮しつつ、調査結果と是正措置を相談・通報者に通知しなければならない。ただし、匿名の相談・通報者（外部窓口へ実名で相談・通報し、当社に対して匿名扱いを希望した者を除く）に関しては、この限りで

はない。

2　外部窓口への相談・通報に係る当社からの前項の通知は、原則として外部窓口を経由して行うものとする。

（社内対処）

第15条　調査の結果、法令違反行為等が認められた場合には、当社は、当該行為を行った者及び関与した者に対して、法令及び就業規則等に従って厳正に対処することができる。

（取締役会）

第16条　相談・通報された内容が重要な法令違反行為等である場合には、その調査・確認・是正措置について、コンプライアンス規程に基づき取締役会が審議・決定する。

2　●●部は、定期的に相談・通報件数並びにその内容、調査結果及び是正措置等につき、取締役会へ報告しなければならない。

（相談・通報者の保護）

第17条　当社は、相談・通報したことを理由として、相談・通報者に対し、解雇その他のいかなる不利益な取扱いも行わない。

2　当社は、相談・通報したことを理由として、相談・通報者の職場環境が悪化することのないよう適切な措置を執るものとする。また、相談・通報者に対して不利益な取扱いや嫌がらせ等を行った者に対しては、法令及び就業規則等に従って厳正に対処することができる。

（個人情報の保護）

第18条　当社及び本規程に定める業務に携わる者（外部窓口の担当者も含む）は、正当な理由がない限り、相談・通報された内容及び調査の過程で知り得た個人情報を開示・漏洩してはならない。正当な理由なく個人情報を開示・漏洩した者に対しては、当社は法令及び就業規則等に従って厳正に対処することができる。

2　前項の規定は、本規程に定める業務に携わる者が異動又は退職した後もなお効力を有する。

（子会社の従業員等からの相談・通報の取扱い）

第19条　第5条（相談・通報者）の規定にかかわらず、当社の子会社の従業員等から当社の内部窓口又は外部窓口になされた相談・通報は、これを受け付け、本規程の各条項を準用する。

第5章　所管等

（所管及び改廃等）

第20条　本規程は、●●部が所管し、その改廃は取締役会が決定する。ただし、本規程が定める相談・通報体制の根幹にかかわらない軽微な改訂は、コンプライアンス担当取締役の決裁による。

⑨従業員への制度の周知
　内部通報制度のみの周知というよりは、コンプライアンスや不正リスクマネジメント等に関する取組みそのものの周知の中で、内部通報制度の周知を行うことが効率的である。
　前述したように、以下のような周知徹底策が考えられる。
●経営者による訓示・スピーチ等
●各種研修への反映
●イントラネット、社内報、携帯カード、ビデオ等のツールの利用

⑩他制度との併用
　他の制度と併用して、内部通報を運用することになるので、下記の取扱いについて、明確に説明できるようにしておく必要がある。
●セクハラ相談窓口、メンタルヘルス窓口等、既存の相談窓口等との連携
●就業規則（服務規律）、懲罰規程等、他の会社規程との整合性

⑪受付時点の回答の基本方針
　内部通報の相談の受付においては、次のような基本方針を旨とすることが重要である。
●「相談」に対しては、基本的に受け付けた担当者が責任を持って即回答することを原則とする。
●「違法行為等の通報」に対しては、即答はせず事実調査を行う旨のみ伝える。
●ただし、「相談」か「通報」かの峻別は簡単にはできない場合が多いため、無理にその場で結論を出してはならない。
●受付の記録を全件行うのか、もしくは対応しない案件は記録しないルール

とするか、明確にしておく。
- 電話相談内容は録音による記録を行う（録音を実施していること自体は開示しないことが適切な場合が多いと考えられるが、その場合には証拠資料として活用することが困難となることは注意すべきである）。

　後述する調査方針会議により、対応が必要と判断した場合には、対応シートを起票する必要があるが、下記事項を明らかにするような検討が重要となる。
- 信憑性、問題の重要度
- 事実調査の要・不要（原案）
- 事実調査による相談者への影響
- 調査しても事実がなかった場合の想定（相談者・行為者・被害者への影響等）

　なお、対応シートは当該案件の「カルテ」となるため、対応完了までコンプライアンス担当部署等で施錠キャビネット等に厳重に保管する必要がある。

⑫事実調査・人事処分等の「事後対応」の基本方針

　事実調査とそれ以降の対応についても、次のような対応の基本方針を定め、対応に不公平・食い違いが生じないように配慮すべきである。
- 事実調査を含めた事後対応を執行できるように、コンプライアンス担当部署等や関係所管部署等には必要な権限を与える。
- 事実調査に関しては、相談対応者の単独で方針決定をせず、相談内容を「調査方針会議」等で協議したうえで、慎重に検討する。
- 重要な法令違反等、経営者等に迅速に調査結果を報告する基準を明定する。
- 人事処分に関しては、透明性の確保が重要である（賞罰規程に基づき、賞罰委員会で処分決定する、決定内容は社内で公表する等）。

　内部通報を受けた部署は、調査方針会議を開催し、次のような事項を決定する必要がある。
- 調査の概要（調査の要・不要、調査方法、調査依頼先部署）

- 相談者・行為者・被害者への影響を考えた場合の調査時の留意点
- 調査結果の回答方針（相談者の希望を踏まえて決定）

　事実調査を要する場合、関係所管部署へ事実調査を依頼することになるが、調査不要の場合でも、相談者の希望に応じて、回答を行うことが重要である。ただし誹謗中傷・悪意のプライバシー侵害や単なる意見に対しては、事案を打ち切り、回答もしないことを原則とする必要がある。

　事実調査の方法は、「当事者へのヒアリング（被害者・行為者の双方）」「職場の管理者へのヒアリング」が基本となるが、たとえば「通常の内部監査」等の名目によって調査を行うことが望ましく、「特別検査」等といった大上段に振りかぶった調査は避けるべきである。

　事実調査においては情報守秘に留意する必要があるため、次のような事項を徹底する必要がある。

- 関係所管部署での守秘（他のメンバーに絶対に漏らさない）
- 当事者の職場での守秘（行為者・被害者・報告者が特定できないように）
- 調査報告書での表現にも注意（匿名を維持する）
- 調査報告書の保管も厳重に（机上放置等は厳禁）

　事実調査の結果を関係所管部署から受領後、事後対応方針会議を開催し、事実が認められるか否かにより、次のような「事後対応方針」を検討・決定する必要がある。

- 事実が認められる場合の事後対応方針（＝改善策＋事後フォロー策）
    - 関係所管部署から提示された改善策の内容を検討し、その是非や追加策の要否について決定する。
    - 関係所管部署から提示された改善策を実施した後の「事後フォロー（モニタリング等）」について検討し、決定する。
- 事実が認められない場合の事後対応方針（＝原則事後フォロー策のみ）
    - 「事後フォロー（モニタリング等）」の要否について検討し、決定する。
    - 個別の事実が認められなかったとしても、制度上の不備や従業員の意識の低さ等、別の問題が発見された場合には、改善策が必要な場合もある。

(例：個別のセクハラの事実が認められなかったとしても、従業員全体への「セクハラ防止」のための教育を実施することで予防を図る、等)

　また、人命の安全に関わるような事態や、重大な法令違反等の事実があった場合は、トップ経営層への報告も必要となるほか、「事後対応方針」は関係所管部署にフィードバックすることが必要である（必要に応じ相談者にも）。

　事後対応（改善策・事後フォロー策の実施）にあたっては、相談者・被害者の立場を十分に考慮し、次のような対応を行うことが必要である。

- （必要に応じ）相談者への調査結果・事後対応方針の回答
- 関係所管部署への改善策実施状況の確認
- 職場環境の改善状況の確認
- 相談者・被害者の状況の確認（不利益を被っていないか）
- 当該相談事項の発生を予防するための対策（例：全従業員に対する教育研修の実施等）

　事後対応終了後や、調査打ち切り時には、案件の「完了報告書」を作成し、完了報告書はコンプライアンス担当部署等で保管する。また、事後状況については、事後フォローに「定期的なモニタリング」を組み込む場合、その旨を完了報告書に明記するとともに、コンプライアンス担当部署等の定例業務に組み込むことも必要となる。

④ コンプライアンスプログラムによるリスク対策の有効性評価

　前述したように、コンプライアンスプログラムの総括では、「計画通りに施策が実施されたかどうかについて確認した結果」「施策を講じた結果、有効に機能したか評価した結果」を明確に報告する必要がある。特に、施策を講じたことによって、リスク軽減または課題改善の効果が客観的にみても確認できたか否かが非常に重要である。

①施策の確認に関するモニタリング

まず、施策の実施状況につき、次の3つのいずれに該当するか明確に確認する必要がある。

(a) 施策を計画通りに実施
(b) 施策の変更や追加をしたうえで、実施（一部実施を含む）
(c) 施策は未実施

次に、改善施策の実施状況の確認結果について、どのように確認したのかという確認方法（例：担当者へのヒアリング、関連資料の確認等）とともに、当該方法で確認できた改善施策の実施状況・内容を報告させることが必要となる。また、総括時に、計画した確認のためのモニタリング方法では確認が困難なことが判明した場合、他の方法や既存の社内報告事項等で代替できるものがないか検討すべきである。

計画通りに施策を実施していない場合には、次のような説明をさせるべきである。

- 改善施策の追加・変更をした場合は、追加・変更した内容・時期・理由を明らかにする。
- 改善施策が未実施の場合は、未実施の理由・期末におけるリスクの状況・今後の方針を明らかにする。

具体的な確認のためのモニタリングについて、コンプライアンスプログラムの記載例については、図表5-6を参照してほしい。

②施策の評価（効果測定）に関するモニタリング

改善施策を実施した結果の効果（リスク低減・課題改善）を評価することが主な目的である。

まず、改善施策を実施した効果について、次の3つのうち、いずれに該当するのか評価する必要がある。

(a) 効果があったと評価
(b) 効果がなかったと評価

図表5-6 コンプライアンスプログラム（実践計画）のモニタリング結果の記載様式（その1）

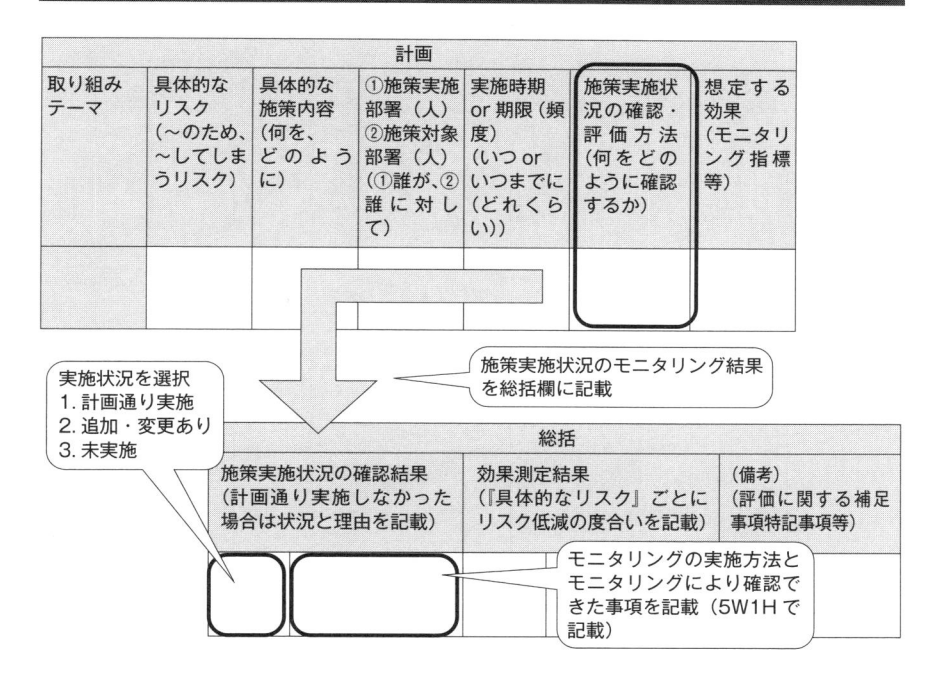

取り組みテーマ	計画					
	具体的なリスク（～のため、～してしまうリスク）	具体的な施策内容（何を、どのように）	①施策実施部署（人）②施策対象部署（人）（①誰が、②誰に対して）	実施時期or期限（頻度）（いつorいつまでに（どれくらい））	施策実施状況の確認・評価方法（何をどのように確認するか）	想定する効果（モニタリング指標等）

実施状況を選択
1. 計画通り実施
2. 追加・変更あり
3. 未実施

施策実施状況のモニタリング結果を総括欄に記載

総括		
施策実施状況の確認結果（計画通り実施しなかった場合は状況と理由を記載）	効果測定結果（『具体的なリスク』ごとにリスク低減の度合いを記載）	（備考）（評価に関する補足事項特記事項等）

モニタリングの実施方法とモニタリングにより確認できた事項を記載（5W1Hで記載）

（c）施策を計画通りに実施しなかった

　次に、上記の評価根拠（具体的な効果の内容）について明らかにする必要がある。この場合、改善施策を実施した事実だけで「効果があった」と評価することはできない。モニタリング指標の測定結果を活用して、前年度との比較等により、評価根拠を明らかにすべきである。たとえば、「改善施策を実施した結果、前年比で●●が～％減少した」といった、客観的なリスクの低減の事実を示す事項を示すことが重要である。計画化したモニタリング指標がリスクの低減状況を示す指標となっているか再度確認する。

　総括時に、計画した効果測定方法では測定が困難だったことが判明した場合、他の指標や既存の社内報告事項等で代替できるものがないか検討すべき

図表5-7 コンプライアンスプログラム（実践計画）のモニタリング結果の記載様式（その2）

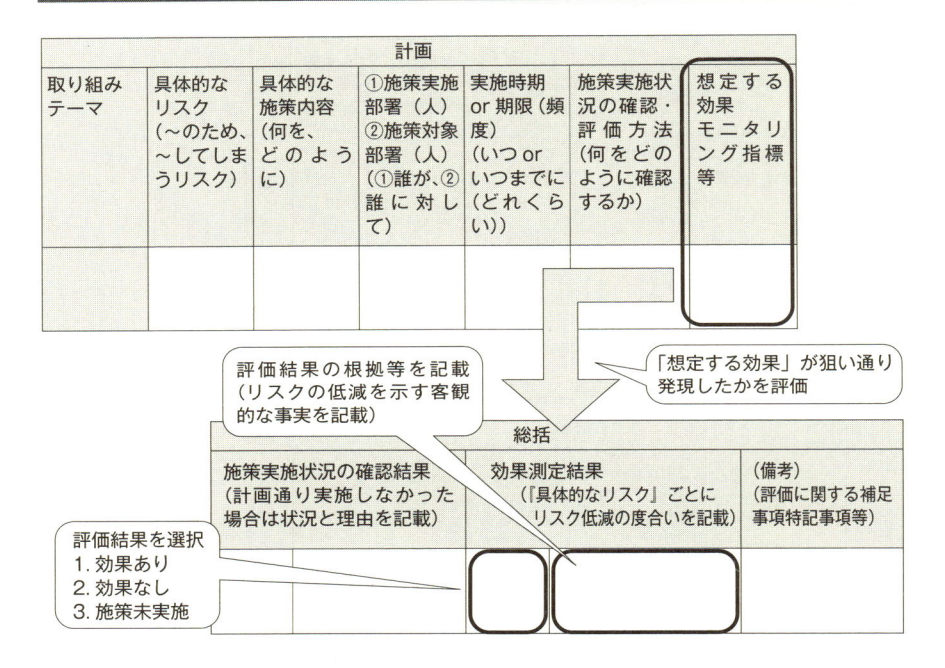

			計画			
取り組みテーマ	具体的なリスク（〜のため、〜してしまうリスク）	具体的な施策内容（何を、どのように）	①施策実施部署（人）②施策対象部署（人）（①誰が、②誰に対して）	実施時期or期限（頻度）（いつorいつまでに（どれくらい））	施策実施状況の確認・評価方法（何をどのように確認するか）	想定する効果モニタリング指標等

※「想定する効果」が狙い通り発現したかを評価

※評価結果の根拠等を記載（リスクの低減を示す客観的な事実を記載）

	総括	
施策実施状況の確認結果（計画通り実施しなかった場合は状況と理由を記載）	効果測定結果（『具体的なリスク』ごとにリスク低減の度合いを記載）	（備考）（評価に関する補足事項特記事項等）

※評価結果を選択
1. 効果あり
2. 効果なし
3. 施策未実施

である。

　また、施策の効果がなかったと評価した場合、その理由・期末におけるリスクの状況・今後の方針を明らかにさせる必要がある。

　具体的な評価のためのモニタリングについて、コンプライアンスプログラムの記載例については、図表5-7を参照してほしい。

⑤ 内部監査

　実際の経営者は、自ら現場に出向くことができない場合が多く、できたとしても短時間で現状を把握し担当者の本音を聞きだすことは非常に困難である。一方、既存の報告ラインでは、リスク情報のみならずビジネス機会の情報を含んだ十分なマネジメント報告が来ないというような課題も少なからず見られる。

　そのため、既存の報告ラインとは別に、経営者と現場をつなぐ機能を具備し、客観的な観点で、部分最適ではなく全体最適の観点から、リスクの所在とビジネス機会を把握するように努め、改善を提案し経営者に報告する客観的な役割・立場は、「内部監査」にしか求めることができない。

　このような内部監査においては「リスクアプローチ」の重要性が説かれているが、経営者への有用な情報提供を可能とするようなリスクアプローチによる内部監査の主な流れは、次のような流れである。

　・ビジネス環境の理解による事業環境の特徴等を想定・協議・列挙
　・主要なビジネスリスク事項の列挙・協議・重要リスクの絞り込み
　・重要リスクの監査要点（何を確認・検証したいか）の明確化
　・監査手続書の作成・実施

　基本的に、内部監査（監査）とは、客観的な第三者の立場で「確認」と「評価」を行うものであり、リスクアプローチに基づく内部監査は、以下のような観点で行われる。

　(a) 主要リスク項目に関するコントロール手続には何があるか（確認する）
　(b) 誠実に当該手続が実施されているか（確認する）
　(c) 十分なモニタリング手続があるか（確認・評価を行う）
　(d) 各種の議事録、報告資料等を通査してリスク事例・その対応等の有無を確認し、コントロールの有効性を評価する
　(e) 運用テストを行うべく「少数サンプルによる評価」または必要に応じ

て「詳細テスト」を行う

　この (a) ～ (e) については、(e) に近づくほど、必要な監査手続は「深化」することとなる。財務報告に係る内部統制の評価における業務プロセスの内部統制の評価手続は上記 (e) のイメージに近いが、不正リスクマネジメントに有効な内部監査では、多様な監査手続を選択することが重要である。

　財務報告に係る内部統制の評価における業務プロセスの内部統制の評価手続では、無作為抽出によるサンプリングを基本とするため、不正取引が抽出されることは非常に稀である。この点で経営者の期待とのギャップが生じている。そのため、内部統制の評価を含む内部監査においては、より積極的な不正リスクの早期発見につながるような監査手続を実施することが非常に重要である。

　まず内部監査においては、不正の防止・早期発見の観点で、以下のような基本的な統制が日常の業務手続に組み込まれていることをマメに確認し、粘り強く指摘し、改善を促す努力を行うべきである。

- 各種マスター（取引先、給与、在庫等）の登録時の適切な承認手続と事後的なモニタリング
- 受注承認・費用見積り承認時の異常性チェック手続と事後的なモニタリング手続
- 現金・現金等価物・印章等の使途制限・承認手続と日々の記録・確認の徹底
- 預金記録や費用等の別の口座等への移動時の承認と事後確認
- 各種回転期間・歩留り率、（官公庁からの受注では）落札率等の異例事項の分析報告制度（特に、各種滞留データ分析報告制度（債権、在庫、受注・発注データ等））
- 入力と承認、発注と検収の別担当等の職務分離の徹底
- 長期間同一業務従事者の業務内容の把握・調査
- 重要帳票・証憑には、連番確保の徹底
- 領収証の適切性確保（宛名、摘要、人数、金額等）
- 同一人物によるクレジットカードの頻繁な利用による費用精算等への注意

喚起
- 簿外データ・現物のアクセス管理と分析的な手続（廃棄物数量等）
- 重要情報へのアクセス記録、監視カメラの記録等

次に、さまざまな取引データにおける不正の兆候を示すデータ検索と抽出、eメール等の特定のキーワード検索等による不正行為等の有無の確認をより積極的に行う監査技法として、CAATと呼ばれる監査技法がある。この詳細は後述する。

なお、前述した2010年度の「日本企業の不正に関する実態調査」によると、上場企業の有効回答数の8％がCAATを利用していると回答しているが、内部監査部門員が30名超の上場企業では21％がCAATを利用していると回答しており、最近の内部監査等においてCAATを活用する事例は確実に増えつつある。

不正リスクマネジメント態勢における内部監査の重要ポイントとして、次のようにまとめることができる。

① 不正リスクの評価
- 一般的に不正の発生しやすい部署・機能（購買、営業、経理等）について、分析的手続を充実させる。この場合、対前年・過去トレンドとの比較、対予算比較、集中度の分析等を、より小さい単位で実施する（部署別、担当者別、製品別等）。
- 従業員サーベイ等で、異常値を示す部署のほか、内部通報の傾向から、不正の兆候を示すような通報を受けた部署を特定する。

② CAATの活用
- 客観的な検証対象取引の抽出を心がけ、異常取引の抽出ノウハウを抽出ロジックとして継承させることで、監査手続の標準化につなげる。

③ 取引検証ではちょっとした兆候を見逃さないことが重要
- 日付、相手先、金額、承認者、訂正の有無、証憑の状態等から不自然さ等を見逃さない。

④ 監査計画における考慮
- 長期間監査を実施していないような「聖域」をなくすとともに、一般的

に不正の発生しやすい部署については、一定以上の頻度を保つ。

⑥ ITツールの活用——CAATによる積極的なデータ分析

　CAATとは、CAATツールという特定の条件に合致する取引データの抽出等を行うことができるソフトウェアを利用し、企業の取引データから、あらかじめ設定した想定リスクシナリオに該当する取引を検出する監査技法である。従来から行われている手作業（目視）による取引検出と比較すると、対象とする母集団を飛躍的に拡大できる点や発見ミスのない均質的な検出ができる点に特徴がある（図表5-8）。

　当該リスクシナリオに不正リスク（不正の兆候）シナリオをセットすることにより、不正の兆候が発生した際に、当該取引を効果的に検出することができることから、不正行為に対する強力な発見統制として機能することが期待されている。なお、CAATはCAATツールを購入すれば即活用できるというものではなく、その有効性は、CAATツールを利用する企業の環境に合わせたリスクシナリオの設定如何にかかっている。そのため、CAATは不正リスク兆候の調査方法として完全な手法ではない。下記の限界と留意点に十分に留意する必要がある。

- 不正行為の現実的なシナリオを設定していないと、不正取引等の抽出は難しい。そのため、実際の不正事例等の情報収集が必要である。
  ・第4章で述べたセッション方式によるグループワーク研修等でさまざまなリスク事例等を収集して、活用することは非常に有用である。
- 客観性が重要であり、思い込みによる無理な不正リスクのシナリオに基づくデータ抽出は有効ではないことが多い。
- 不正の兆候が現われている記録が、電子データ化していて、かつサーバに保管されていることが条件となるため、紙文書や各人のパソコンや媒体に保管されている電子データは検索が不可能となることが多い。

図表5-8 CAAT (Computer Assisted Audit Techniques：コンピュータ利用監査技法) とは

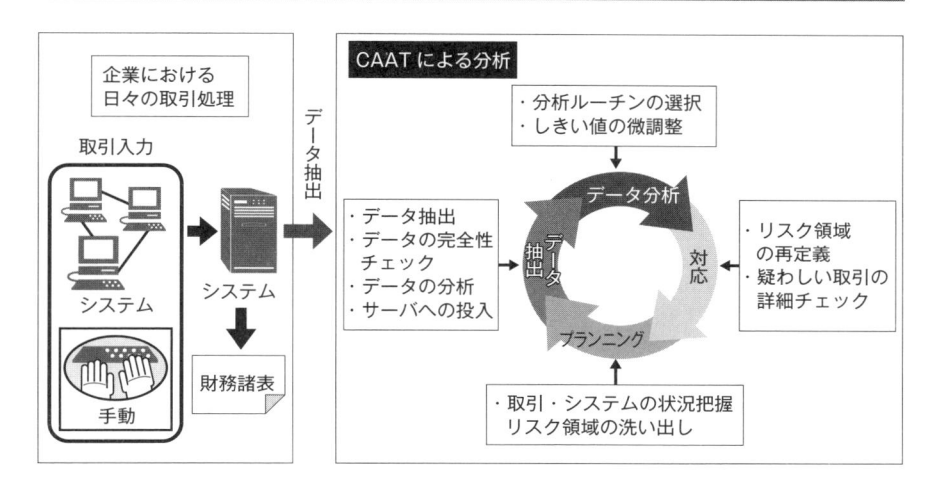

[図：企業における日々の取引処理（取引入力→システム→財務諸表）と、CAATによる分析（データ抽出、データの完全性チェック、データの分析、サーバへの投入）のサイクル図（データ分析→対応→プランニング→データ抽出）。各段階に「分析ルーチンの選択／しきい値の微調整」「リスク領域の再定義／疑わしい取引の詳細チェック」「取引・システムの状況把握、リスク領域の洗い出し」が示されている]

- たとえば、カルテル行為の兆候の有無を調べるために、eメールにおいて「価格」等をキーワードにして調査することは可能ではあるが、競合他社との会議・交際費等の事前承認や事後報告書、価格決定に係る文書等が電子データで保存されていない場合には、CAATの活用は非常に難しいと言える。

このように、CAATは「大量データからの自動的な絞り込み」「異常性のある傾向の分析」に強みを発揮するものであるため、異常性データの抽出後は、さらに絞り込んだうえで「文脈や背景を考慮した分析」「柔軟な分析」を心がけることが必要となる。

典型的なCAATにおける取引の抽出の例は次の通りである。
- 特定業者への特定担当者からの多数の発注
- 権限のない社員による取引実行
- 発注者と検収者が同じ
- 発注日、検収日等の日付に異常のある取引、通常と異なる取引（仕訳）
- プラスとマイナス金額の取引が頻発している仕訳

- 丸い数字の取引、数量当たり金額が巨額となる取引、内訳明細記録がない取引
- 同日または短期間における特定相手先への多数の発注（分割発注）
- 通常と異なる勘定科目による仕訳
- 法人名以外の名義の口座への支払（法人名の後に部課や個人名がつく等）
- 摘要欄に記載の無い取引や異常な記載内容の摘要欄のある取引（例：お詫び等）

　前述した2010年度の「日本企業の不正に関する実態調査」の巻末に「CAATの活用」の解説が記載されている。それによると、CAATが有効に機能する業務として、「設備調達関連」「経費関連」「購買関連」「会計仕訳関連」「人件費関連」「贈収賄関連」等が考えられるとしており、CAATの活用例も記載されている。その概要を紹介しておこう。
　図表5-9の設備調達のサンプルデータを見てほしい。この中には不正の兆候を示す調達取引が含まれているが、簡単に目視で発見することはできるであろうか？　このサンプルデータは20件程度だが、実際の調達取引件数は、年間数万件以上におよぶことが一般的であり、この中から不正の兆候を把握することがいかに大変かということが想像していただけるのではないかと思う。

(CAATの活用例①)
　まずは、職務分掌がなされていない調達取引に着目してみよう。「依頼」「調達」「検収」を同一人物が行っている設備調達取引は異常取引というシナリオにより、5件の調達取引が検出される（図表5-10）。このような調達取引は、物品を実際に見ているのは、調達の依頼者であり、かつ、実際の調達行為を担当した人のみである。帳簿上は調達を行っているが、実際には、物品は納入されておらず、当該金額が依頼者にキックバックされている可能性も考えられるが、このようなケースは実際に起きているとしても、すぐに発見できない。

図表5-9　設備調達のサンプルデータ（例示）

管理番号	稟議番号	発行日	実績金額	依頼者	調達担当者	検収者	仕入先	受入日	検収日
A2345CDAC	A2211	2009.11.10	30,000	田中三郎	田中三郎	田中三郎	I精機	2009.11.15	2009.11.18
C2345CDBC	C7665	2009.11.10	30,000	佐藤一男	渡辺太助	伊藤夕子	H産業	2009.11.15	2009.11.30
C1020TERR	C9843	2009.10.4	220,000	山田太郎	渡辺太助	鈴木一郎	C工機	2009.10.6	2009.10.10
B2121UUTR	B9223	2009.10.5	380,000	高橋二郎	伊藤夕子	鈴木一郎	D産業	2009.10.12	2009.10.18
C2234ADEC	C2576	2009.10.25	450,000	あずさ花子	あずさ花子	あずさ花子	E工業	2009.10.28	2009.10.30
B2234BDEC	B3487	2009.10.25	450,000	渡辺太助	伊藤夕子	鈴木一郎	J精機	2009.10.1	2009.10.30
C1234ADEC	C1234	2009.10.1	850,000	山田太郎	伊藤夕子	渡辺太助	B工業	2009.10.8	2009.10.9
A9999EDRT	A1233	2009.10.6	890,000	鈴木一郎	あずさ花子	渡辺太助	J精機	2009.11.7	2009.11.20
C1234CDAE	C1234	2009.10.1	1,190,000	山田太郎	伊藤夕子	田中三郎	B工業	2009.10.8	2009.10.9
A1234AACC	A1587	2009.10.1	1,200,000	山田太郎	山田太郎	山田太郎	F商事	2009.10.9	2009.10.9
A1234BBCC	A8765	2009.10.1	1,200,000	高橋二郎	山田太郎	あずさ花子	C工機	2009.10.1	2009.10.1
C1234ACDC	C1234	2009.10.1	1,200,000	山田太郎	渡辺太助	鈴木一郎	B工業	2009.10.8	2009.10.9
B8794ERTY	B9873	2009.10.7	1,250,000	渡辺太助	渡辺太助	伊藤夕子	G建設	2009.10.12	2009.10.14
C1244ADEE	C8987	2009.10.5	1,530,000	鈴木一郎	鈴木一郎	鈴木一郎	D産業	2009.10.15	2009.10.16
C1244BDEE	C4545	2009.10.5	1,530,000	佐藤一男	渡辺太助	伊藤夕子	D産業	2009.10.6	2009.10.10
A0022FFED	A6234	2009.10.3	1,650,000	伊藤夕子	鈴木一郎	田中三郎	I精機	2009.10.12	2009.10.12
A1175BCDA	A8764	2009.10.2	2,020,000	あずさ花子	渡辺太助	田中三郎	A機械	2009.11.15	2009.11.18
C1234CADD	C1234	2009.10.1	2,230,000	山田太郎	佐藤一男	高橋二郎	B工業	2009.10.8	2009.10.9
B2334CCDD	B9882	2009.11.1	2,234,400	伊藤夕子	伊藤夕子	伊藤夕子	A機械	2009.11.7	2009.11.20
B2334CCDD	B2357	2009.11.1	2,234,400	田中三郎	あずさ花子	渡辺太助	G建設	2009.11.7	2009.11.20
C1234ADEE	C1234	2009.10.1	4,530,000	山田太郎	渡辺太助	鈴木一郎	B工業	2009.10.8	2009.10.9

　不正防止の観点からは、このような不正の兆候を示すような取引を行うと、すぐに内部監査等が状況を確認し、不正な取引か否かを判断する体制を整えることで、不正な取引をしてもすぐに発見されてしまうというプレッシャーを与えることが重要となる。なお、実務上は、実際に状況を確認すると、システム上に表われる担当者と実際の調達依頼者や検収担当者が異なるケースや、システム入力は実際の担当者が行っているのだが、システム上区別がされていないといったケースもあり得る。こうした調査をきっかけに内部統制の運用上の課題把握・対応強化も図ることができるであろう。

図表5-10　異常取引の検出例（その1）

管理番号	発行日	実績金額	依頼者	調達担当者	検収者
A1234AACC	2009.10.1	1,200,000	山田太郎	山田太郎	山田太郎
C1244ADEE	2009.10.5	1,530,000	鈴木一郎	鈴木一郎	鈴木一郎
C2234ADEC	2009.10.25	450,000	あずさ花子	あずさ花子	あずさ花子
B2334CCDD	2009.11.1	2,234,400	伊藤夕子	伊藤夕子	伊藤夕子
A2345CDAC	2009.11.10	30,000	田中三郎	田中三郎	田中三郎

（CAATの活用例②）

次に、「調達伝票の発行日」→「物品の受入日」→「物品の検収日」といった日付間の経過日数に着目し検討してみよう（図表5-11）。これらが短い場合、「実際の発注が行われた際に伝票の発行が行われていないのではないか（事前の口頭発注）」「物品が納入されていないにもかかわらず、調達先への支払いや予算消化を目的としたカラ検収が行われていないか」といった問題が生じている可能性が想定される。このシナリオを不正行為の観点から考察してみると、「実際には物品は納品されておらず、会社が調達先に支払いを行った後、調達先から資金を還流してもらう」「調達をした物品数量よりも少ない数量の物品を納入させ、当該差額を業者からキックバックとして得る」等の事態も可能性はゼロとは言えない。

通常、調達した物品は、検収が行われた後、固定資産として管理されることになるが、固定資産の現物は、実査以外に発見される可能性は少なく、また、仮に実査で実在性が確認できなかったとしても原因不明として処理されてしまう可能性も高い。これに対し、調達伝票発行後、支払が行われるまでの期間は、予算管理担当者、受入担当者等複数の人の目に晒されることが多いものと考えられる。すなわち不正実行者の目線から考察すると、調達取引を利用した不正が発見されてしまうリスクを低減するためには可能な限り、調達から検収（支払）までの期間を短くしたいとの誘惑に駆られるとも考えられ得る。

このシナリオの検出結果は、通常は、前述のような業務運用上の問題とし

図表5-11　異常取引の検出例（その2）

管理番号	発行日	受入日	所要日数	検収日	所要日数	実績金額	依頼者
A1234BBCC	2009.10.1	2009.10.1	0	2009.10.1	0	1,200,000	高橋二郎
C1244BDEE	2009.10.5	2009.10.6	1	2009.10.10	5	1,530,000	佐藤一男
B2234BDEC	2009.10.25	2009.10.1	-24	2009.10.30	5	450,000	渡辺太助
B2334CCDD	2009.11.1	2009.11.7	6	2009.11.20	19	2,234,400	田中三郎
C2345CDBC	2009.11.10	2009.11.15	5	2009.11.30	20	30,000	佐藤一男

ての要素が強いものと想定されるが、このような問題を放置しておくと、実際に不正取引が発生した場合に、多くの業務運用上の問題に不正の兆候が埋もれてしまい、モニタリングによる不正発見が困難となり、結果、不正実行者に不正がしやすい環境を与えてしまうということになる。すなわち、CAATにより、不正の兆候と同様の特徴を備えた取引が自社内で、どの程度あるのかを把握し、コンプライアンス態勢を強化しておくことは、不正防止の観点から重要であると言える。

また、上記検出結果には、発行日から受入日の所要日数がマイナス24日となっているものがある。これは日付入力の誤りである可能性が高いと推測されるが、このような起り得る入力ミスに対して、システム上の対応をする等の今後の改善すべき点がCAATの検出結果により把握されることもある。

⑦ 従業員サーベイ

従業員意識度調査、コンプライアンスアンケート調査等の従業員サーベイは、不正リスクマネジメント態勢におけるモニタリング方法の1つとして機能することができる。

コンプライアンスアンケート調査等の従業員サーベイは次のような内容から構成されるべきである。

①従業員への認知度・周知状況の確認
②従業員の意識度・理解度の確認
③コンプライアンス上の不具合の有無の確認

　コンプライアンスアンケート調査等の従業員サーベイの回答結果・スコアの結果に一喜一憂するのではなく、コンプライアンス態勢におけるさまざまな施策の効果があるか否かを測定するための1つの手法として、明確な狙いをもって実施すべきである。そこで、上記の①～③の内容をやや詳細に解説することとする。

①従業員への認知度・周知状況の確認

　コンプライアンス態勢等のさまざまな制度や取組みについて、従業員に十分に伝わっているかということをアンケート等で確認するものである。設問の設定について注意すべきことは、単に「知っているか？」を聞くだけでなく、どの程度まで活用しているかについて、確認することである。また、回答結果のスコアが悪かった場合に原因分析等を行うための設問を設定しておくことも重要である。

　このような観点から設定した設問の事例を図表5-12に示しておく。

図表5-12　従業員サーベイ（コンプライアンスアンケート）の設問例（その1）

【設問1-1】「○○行動規範／コンプライアンスマニュアル」の内容を読んだことはありますか？　最も当てはまるものを1つだけ選択してください。
　1. ほぼ一通り読んで理解している。
　2. 所属する部門に関連する業務や担当業務に関連する箇所については、読んで理解している。
　3. ざっと目を通した程度。
　4. 読んだことはない。（⇒設問1-2へ）

【設問1-2】「設問1-1」において、「④読んだことはない」と回答した方に質問します。「読んだことはない」理由は、下記のうち、どれですか？　当てはまる項目はすべて選択・回答してください。

1. 配布されたことがないため。
2. 配布されたが、紛失してしまったため。
3. 実務に役立たせるための説明が十分ではないため。
4. あまり興味がないため。
5. その他（　　　　　　　　　　）

【設問2-1】各部署におけるコンプライアンスに関する議論や「〇〇事例集」等の各種のコンプライアンスに関するツールの活用状況について、自分が所属する部署の状況では、下記のどれが最も当てはまりますか？　最も当てはまるものを1つだけ選択してください。

1. 同僚や上司との業務上または日常会話の中で、よくコンプライアンスについて話題になり、コンプライアンスに関する各種のツールの内容も、折に触れて取り上げられている。
2. 会議や朝礼等の場で、ときどきはコンプライアンスに関する説明がなされることがあり、その際に、コンプライアンスに関する各種のツールの内容が取り上げられることがある。
3. 会議や朝礼等の場で、ときどきはコンプライアンスに関する説明がなされることがあるが、コンプライアンスに関する各種のツールの内容について言及されたことはない。
4. 同僚や上司との業務上または日常会話の中でコンプライアンスについて話題になることはない。（⇒設問2-2へ）

【設問2-2】「設問2-1」において、「④コンプライアンスについて話題になることはない」と回答した方に質問します。自分が所属する部署において「コンプライアンスについて話題になることはない」理由は、下記のうち、どれですか？
当てはまる項目はすべて選択・回答してください。

1. コンプライアンスの実践について、具体的なイメージがないため。
2. 会議や朝礼等における議題については、他に優先すべき事項があり、コンプライアンスに時間が割けないため。
3. コンプライアンスに関して、あまり関心がないため。
4. コンプライアンスは、自分が所属する部署ではあまり関連性もなく、重要性もないため。
5. その他（　　　　　　　　　　）

【設問3-1】社内窓口と社外窓口のあるコンプライアンス相談窓口について、次のうち最も自分の認識に合うものはどれですか？　最も当てはまるものを1つだけ選択してください。

1. 相談手段、相談先等は理解・把握しているし、その気になれば、いつでも相談することができると思う。
　　2. 相談窓口の存在は知っているが、詳細はよくわからない。ただし、その気になれば、いつでも相談できると思う。
　　3. 相談手段、相談先等は理解・把握しているが、実際には相談しようと思わない。（⇒設問3-2へ）
　　4. コンプライアンス相談窓口そのものについて、知らない。
【設問3-2】「設問3-1」でコンプライアンス相談窓口に「③相談しようと思わない」と回答した方に質問します。「相談しようと思わない」理由は、下記のうち、どれですか？　当てはまる項目はすべて選択・回答してください。
　　1. 相談方法等を知らないし、調べる方法もよくわからないため。
　　2. 相談すべき内容についてよくわからないため。
　　3. コンプライアンス相談窓口の利用に関する具体的な説明等を受けたことがなく、実際に利用することに不安があるため。
　　4. 相談すると、相談したこと自体が周囲に露見してしまうのではないかと懸念されるため。
　　5. その他（　　　　　　　　　　）

　従業員への認知度・周知状況の確認のためのアンケート等の設問の設定では、5段階のスコアによる選択式となると、真ん中の「3」が選択されやすい傾向になることには注意を要するほか、上記の事例のように具体的な状況をできる限り示して選択させることが重要である。

　また、従業員への認知度・周知状況の確認のためのアンケート等の回答結果は、経年比較することも有用である。短期雇用の従業員ではない、いわゆる正社員であれば、周知度のスコアは向上していくはずであろう。そのような観点から、スコアを経年で比較していくことは重要である。

　さらに、管理者と一般従業員、いわゆる正社員と短期雇用者、入社歴別、部門別、機能別等の回答者の階層や属性別の回答結果の傾向を分析するほうが、単なる全体のスコアを見るよりも価値があるし、原因を探ることもできる。そのため、回答結果の階層別の集計等をしやすくしておくことも重要な

ポイントになる。

②従業員の意識度・理解度の確認

コンプライアンス態勢等のさまざまな制度や取組みをいくら整備しても、従業員一人ひとりの意識にきちんと伝わっていなければ、適切な行動を実践するわけがない。そのため、「本音のところ、こんな場面ではどう行動しているの？　どう理解しているの？」等をアンケート等で確認するものである。

設問の設定について注意すべきことは、回答者に単に5段階評価等のスコアを書かせるだけでなく、具体的な行動パターンを確認することである。また、回答結果のスコアが悪かった場合に原因分析等を行うための設問を設定しておくことも重要であることは上述したとおりである。

このような観点から設定した設問の事例を図表5-13に示しておく。

図表5-13　従業員サーベイ（コンプライアンスアンケート）の設問例（その2）

【設問A-1】自らが所属する部署の業務に関連する「社内ルール（会社規定、要領、技術標準等の一切）」について、下記のうち最も当てはまるものを、1つだけ選択してください。
1. 担当業務に関連する「社内ルール」は、その存在をほぼ把握しているし、内容も理解しているつもりだ。
2. 担当業務に関連する「社内ルール」は、その存在をほぼ把握しているが、内容に関する理解度はあまり自信がない。
3. 担当業務に関連する「社内ルール」は、あまり把握しておらず、正直、よくわからない。(⇒設問A-2へ)
4. 担当業務に関連する「社内ルール」は、全く見たことがない。(⇒設問A-2へ)

【設問A-2】「設問A-1」で自らが所属する部署の業務に関連する「社内ルール」について「3. よくわからない」「4. 見たことがない」と回答した方に質問いたします。「よくわからない」「見たことがない」理由は、下記のうち、どれですか？当てはまる項目はすべて選択・回答してください。
1. 「社内ルール」を検索する方法を知らないし、調べる方法もよくわからない

ため。
2. 「社内ルール」が多すぎて、どの規定等が自分の部署に関連があるか、よくわからないため。
3. 「社内ルール」を見ても、具体的ではない、または実態と乖離しており、あまり実務には役立たないため。
4. 「社内ルール」の内容について、十分な説明や研修等を受けたことがないため。
5. 1.～4.以外のその他の理由（　　　　　　　　　　）

【設問B】「コンプライアンス」について、2つだけ選択するとした場合、自らの認識に合う2つの項目は、下記のうちどれですか？
1. コンプライアンスは、法令を遵守すれば良く、社内ルールを守ることはコンプライアンスの範囲外だ。
2. コンプライアンスは、法令を遵守するだけではなく、日頃の品質安全活動等も、コンプライアンスの対象となる。
3. コンプライアンスとは、法令や社内ルールの遵守が基本となるが、法令や社内ルールは非常に数が多いため、まずは、自らの業務に関連する法務知識や社内ルールの内容を理解する姿勢が必要だ。
4. 利益目標等の達成を第一に優先すべきであり、事業における「コンプライアンス」に関する問題がある場合、その問題には少々目をつぶり、本社管理部門に相談せずとも事業の推進を進めることが、プロのビジネスパーソンとして重要なことだ。
5. コンプライアンスは、いわば個人の行動こそが重要であり、会社の内部管理体制について問題になることはない。

【設問C】労働安全衛生等に関して、下記のうち、適切に記載されていると思われる内容を2つだけ選択してください。
1. 従業員が徹夜続きで健康状態が悪化したとしても、顧客の要望に応えるためには、期限を遵守することが重要だ。
2. 労災に関する報告が多いと何かと問題視されるため、事故があっても、労災に関する報告はしない方が得策だ。
3. メンタルヘルス不全の問題は、業務に関連性がある場合、労働安全衛生法上の問題となる可能性がある。
4. 通勤途中で交通事故が発生した場合、関連規程の整備状況・安全運転教育等、会社として講じている措置が管理者責任の観点から問われる可能性があるが、運転していた本人に過失がある場合はこの限りではない。

> 5. 事故等の労災は労働安全衛生法の労災防止義務の問題となるが、労働時間数も同法の安全配慮義務の問題となることがある。

　従業員の意識度・理解度の確認のためのアンケート等の設問の設定の際、5段階のスコアによる選択式となると、真ん中の「3」が選択されやすい傾向になること、上記の事例のように具体的な状況をできる限り示して選択させることが重要であることは前述したとおりである。また、回答結果の経年比較や回答者の属性別分析の有用性についても同様である。

　従業員の意識度・理解度の確認のためのアンケート等の分析結果により、不正やコンプライアンス違反を犯してしまう動機や環境がどの程度存在するかについて把握することも期待できる。また、不正に対する個人の意識に関する調査（ルール軽視、不正の容認等）としても活用することが期待できる。

③コンプライアンス上の不具合の有無の確認

　コンプライアンス態勢等のさまざまな制度や取組みをいくら整備しても、実際にコンプライアンス上の不具合やその原因となる事象・兆候を早期に把握することは、内部監査等の方法では難しい場合がある。そのため、「実際のところ、何か問題となる事象はないの？」等をアンケート等で確認するものである。

　設問の設定について注意すべきことは、具体的なリスク事例等の有無や改善度を確認することである。

　このような観点から設定した設問の事例を図表5-14に示しておく。

図表5-14　従業員サーベイ（コンプライアンスアンケート）の設問例（その3）

【設問a】自らが所属する部署において、労務管理に関して下記事項に当てはまるような事例、または類似する事例をここ1年間で見聞きしたことはありますか？当てはまる項目はすべて選択・回答してください。
　1. 残業や休日出勤が著しく、健康管理に懸念を感じてしまうような従業員等が

身近にいる。
 2. メンタルヘルス不全ではないか？と思われる従業員等がいるが、上司も気付いていないようだ。
 3. 申請したとおりに通勤しないことによる通勤手当の不当受給、カラ出張による出張手当の不当受給等の行為または強く疑われる行為を見聞きした。
 4. 受け手もかなり不快に感じているだろうと想定される「セクハラ」と思われる行為を見聞きした。
 5. 受け手もかなり精神的なダメージを受けているだろうと想定できる「パワハラ」と思われる行為、または行き過ぎと思われる行為を見聞きした。
 6. 1.〜5.以外のその他の事例（　　　　　　　　　　　　）
 7. 上記のような事例はない。

【設問b】自らが所属する部署において、情報管理に関して下記事項に当てはまるような事例、または類似する事例について、ここ1年間での改善状況はどうでしょうか？　当てはまる項目はすべて選択・回答してください。
 1. 相変わらず、重要な紙文書が施錠できるキャビネットに保管されていない、または机上に未整理で放置されている。
 2. 相変わらず、重要な電子情報は、機密情報のあるファイルにパスワードを付さないままデスクトップにずっと保存している（またはアクセス制限がかかる共有フォルダに保存していない）・パスワードを机上に貼ってある等の状況が見られる。
 3. 相変わらず、環境保護の観点から裏紙を使用（使用済み用紙の裏面を再利用）しているが、重要な機密情報が記載された裏紙を見たことがある。
 4. ある協力会社A社から図面情報の提供を受け、A社の承諾なく他の協力会社B社へ当該図面情報を渡したことがある。
 5. eメールやFAXで重要な情報を送信したが、誤送信したことがある。
 6. 1.〜5.以外のその他の事例（　　　　　　　　　　　　）
 7. 上記のような事例はなく、改善度は高いと考えている。

　コンプライアンス上の不具合の有無の確認のためのアンケート等は、不正が起こりかねない状況や事案はあるか等、身の回りでの不正懸念の実態調査のような機能が期待できるほか、業績の過剰な重視等の組織風土、組織間のコミュニケーションの不全、責任・権限の不明確等、不正を誘発するような

風土・環境・組織等の状況の有無も探ることができる。また、内部牽制は実際に機能しているか等の不正防止のための仕組みの実態を把握することが期待される。さらに、不正リスク評価の際の「当社の従業員はみんな真面目だから……」という楽観主義に対し、一定の根拠を提供することが期待される。

一方、コンプライアンス上の不具合の有無の確認のためのアンケート等による調査には、デメリットもある。その回答結果は、客観的な「事実」ではなく、主観的な「意見」の集合であり、この点については非常に注意しなければならない。特に、センセーショナルな意見に引きずられがちとなるケースも見られるため、注意を要する。このようなコンプライアンス上の不具合の有無の確認のための設問を設定する場合、自社の事業環境や状況や制度改革等の状況に鑑み、「このような傾向になるのではないか」等の仮説を設け、何を確認したいのかを明確にしてから実施することが重要である。回答結果に驚き、大げさな対応をしてしまうと、二度と正直なアンケート回答は得られないということを肝に銘じる必要がある。

なお、「自部署の状況を……」といくら設問で明記しても、他部署での出来事や噂話等を含む間接的な伝聞情報に基づき、リスク事例等があると回答する傾向もあるため、全体的な回答傾向を踏まえつつ、冷静に客観的な視点で分析を行わなければならない。そのため、さまざまな企業のアンケート等の分析を行っている外部機関を活用し、回答結果の傾向等の分析を依頼することも非常に有用と言える。

第6章

不正調査・不祥事対応

① 不正調査の実務

　かつての多くの日本企業は、不正等の発覚時の不正調査は人事部門が行い（金融機関の中には、不正調査を検査部門が担当していたケースも見られた）、経営層の人事処分案を経営層に示し、決定を受け、人事処分を行うことが多かった。労働組合がある企業では、労働組合員の人事処分の際には、労働組合との協議を経て人事処分がなされることも多かった。このような流れの企業は現在も多いと思われるが、最近では、コンプライアンス担当部門が設置されていることもあり、内部通報を契機とした不正調査をコンプライアンス担当部門が行わざるを得ないケースも増えている。

　2009年3月期から導入された財務報告に係る内部統制報告制度への対応において「全社的な内部統制」の評価項目として、不正等の発覚時の事実調査・量刑判断・人事処分の実施といったプロセスが明確か否かという点が論点になっているため、不正調査の流れは以前よりも明確になっていると考えられる。ただし、多くの企業では、不正調査について下記のような悩みを抱いていることが多い。

- 初動が重要であるが、まず何をすべきかが明らかになっていない。
  - 不正調査に係る規程・ルールや対応マニュアルが整備されていない、または具体的なことが明定されていない。
  - 不正調査に係る役割分担や権限が明定されていない。
  - 過去の対応事例の共有が不十分である。
- スキル・ノウハウを持った人材が確保できていない。
  - 専門知識や経験を持った対応要員が十分に確保されていない、または当該要員がいたとしても十分に活用できていない。
  - 不正対応に必要なスキルは明確に定義されておらず、教育もしていない。
- 電子データの入手がうまくいかない。

図表6-1　不正発覚時における調査対応の流れ

不正の疑義発生時における事実確認	不正事実確認後の不正調査	再発防止策の設計と導入
不正の懸念 ・内部通報ルート ・外部からの通報 ・社内でのうわさ ・監査での指摘　　**対応判断** ・重要性判断 ・緊急性判断 ・真意の推測 ・通報者へのフィードバック	**初動対応** ・公表の有無 ・証拠保全 ・調査チーム組成　　**本調査実施** ・情報の収集 ・情報の分析 ・根本原因の究明 ・処分の決定 ・調査結果の報告	・短期、中長期に区分した再発防止策の実行 ・内部統制報告制度対象範囲の検討

・退職者のパソコンを再利用する等、電子的な記録の確保に無頓着すぎる。

・外部媒体の管理が不十分である。

　迅速・適切な調査対応のためには、事前の備えが非常に重要ではあるものの、何を行うべきかについて、十分に把握していないことから、事前準備不足の状況に陥っているケースが見られる。

　また、不正調査では、「仮説検証のアプローチ」が非常に重要となる。不正の手口等の仮説をいくつか設定して、その検証を行うことが効率的であり、効果的な方法である。やみくもに調査をしていては短期間で重要な証拠資料を特定化することもできなくなる。そのため、不正調査においては、仮説検証アプローチの基礎となる仮説の立案と検証方法を特定するためのスキル・経験が非常に重要なポイントとなる（図表6-1）。

　そこで、不正の疑義発生時の調査と、不正発覚時の調査とに分けて、下記にポイントを解説する。

①不正の疑義発生時における調査

　不正の疑義が生じる主なケースとしては、不正の存在が明確ではないものの、それを示唆する情報がある場合であり、典型的には「不正の発生を示唆する匿名の内部通報があった」「通常時のモニタリングで不正発生の疑いが

検出された」等のケースであろう。そのため、不正の疑義発生時の不正調査のポイントは、第5章で述べた内部通報制度のポイントとほぼ同じである。

　不正の疑義発生時における不正調査の主目的は、関係者・関係部署を広く調査し、不正の存在を特定することである。そのため、下記事項に十分に留意する必要がある。

- あくまで不正の疑いの段階であることに注意し、「犯人探し」や「自白の強要」のような行為は厳に慎む。
- 個人情報保護の観点からは、調査理由、調査時間帯、収集する情報の内容の事前通知が必要となる（厚生労働省「労働者の個人情報保護に関する行動指針」を参照のこと）。
- 内部通報の情報の信頼性にも考慮が必要である。特に、内部通報の場合、不正を示唆する内容でも、実際には単なる上司・部下のコミュニケーションギャップの場合もある
- 通報者・被通報者がわからないような工夫が必要である。そのため、調査に関与するメンバーを限定し、情報管理を徹底しなければならない。また、内部監査制度におけるテーマ監査の一環による調査のように装うことも有用である。これは、単に通報者・被通報者の保護という観点からだけではなく、不正行為が行われていた場合に証拠隠ぺいの怖れがあるため、不正実行者に調査内容を知られないようにするためにも有用である。

　記録やデータの調査においては、システム的な調査と人的な調査をうまく使い分けることが肝要である。すべての記録・データを人的に調査することは効率的ではないし、効果的でもない。

　まず、システムを使用して、調査対象のeメール、アクセスログ等のデータからキーワード検索等で絞り込み、該当した記録・データの内容を人的に精査することが基本となる。また、日頃のモニタリング手続の過程で、過去の取引記録や退職者のパソコン内の記録等を確保し、検証していることが望ましい。

　インタビューによる調査においては、あくまで不正疑義の段階での調査で

あるため、十分な準備と工夫（協力してもらうための工夫、客観性を保つための工夫、正確かつ具体的な調査を行うための工夫）を要する。インタビュー調査前には、該当事案の情報だけでなく、インタビュー対象者の立場・経歴・性格等についても事前に情報収集しておく。インタビュー場所は、情報管理の意味でも、被面談者の執務場所とは別の場所にし、被面談者との合意に基づく任意の調査であるため、被面談者に入退室の自由を与える等、強制的にならないよう注意しなければならない。インタビュー時の留意事項は以下のとおりである。

- インタビュー目的を十分に理解・納得させる（例：被面談者の協力が不可欠であることを伝える）。
- 心理的負荷を下げる（例：簡便に短時間で済ますことを強調する、必ず1対1で実施する等）。
- 簡単で答えやすい質問から始める（「閉じた質問」から「開いた質問」へ）。
  ・「閉じた質問」とは、相手が「はい」「いいえ」で回答できる質問形式である。
  ・「開いた質問」とは、相手が「はい」「いいえ」では回答ができないような質問形式である（例：どのようなことをしていましたか？）。
- 継続的に同意を求めることや、被面談者の立場に共感的であることを示すことで警戒心を解く努力をする。
- 質問は論理的・具体的に行う（微妙な表現をしない）とともに、かつ誘導的な質問は行わない。
- 「忙しい」「対応しなければならない理由が分からない」といった拒絶反応には、その理由を考慮しつつ、できる限り、説得する（場合によっては出直す）。

インタビュー時に特に重要なことは、被面談者が、心を開いて話すことができるように、面談者が被面談者から信頼を得ることができるような態度、話し方を行うよう努めることである。

インタビューから得られた情報は、できる限り、そのままの状態で議事メモ等に記録する。インタビュー者の主観や判断を入れてはならない。「面談

者Aは……のように言っていた」と事実の確認結果を明確に記録する姿勢が重要である。このようなインタビュー結果の議事メモ等から得られた情報と、記録・データとの照合を通じて、相違点や矛盾の有無を確認し、情報の分析・判断を行い、仮説の検証を行い、不正疑義が晴れるのか、不正発生の可能性が高いのか、結論づけることとなる。

②**不正発覚時の調査**

不正疑義の段階から不正発生の可能性が高いと結論づけた場合や、当初から不正の存在が明確で、会社として対処が必要となる場合がある。典型的には、「不正行為者や共謀者の告白があった」「メモや記録等から動かぬ証拠が発見された」等のケースであろう。

不正発覚時の不正調査の目的は、不正行為者を調査対象の中心として、事案の全貌や被害範囲・規模の解明、原因追求等を行うことである。そのため、調査段階から、被害規模等による当該事案の重要性を判断する必要がある。これは、不正行為者への懲罰の内容や、刑事告発の要否を決定するためにも早期の把握が必要となるからである。迅速な事実調査を要するが、一方で慎重な対応も必要となる。そのため、下記事項に十分に留意する。

● 被害を食い止めるために、証拠の収集を急ぐ。
● 十分な証拠の収集なしに、早急にインタビューを行うことは慎む（不正行為者は、どれくらい証拠を持っているかを、絶えず計算しており、証拠が十分でないことがわかると、簡単には自白してくれない）。
● 不正調査の実施について情報が漏れると、不正行為者は証拠の隠滅を図る恐れがあるため、不正調査メンバーは限定し、情報統制を徹底する。
● 電子データの証拠は、フォレンジック技術により物理コピーによる複製を心がける。また、電子データはコピーの過程で内容が自動的に書き換えられるので証拠保全の観点から、電子データの原本の内容を書き換えることなくコピーを行う技術が必要となる。この場合、外部専門家の活用が有効である。
● 疑いのある事実を調査することは当然であるが、それ以外にも類似の不正

はないかという網羅性の観点を持つ。
- 不正行為者がほぼ特定できていたとしても、証拠もなく乱暴に「自白」を迫るようなことは慎む。
- 不正行為者の告白があった場合には、不正行為者からの協力を得るような姿勢で事実調査を行う。

　不正発覚時の事実調査における証拠の収集では、次のような証拠資料を収集することが必要となることが多いだろう。
- 伝票、証憑書類等
- 個人パソコン内に保管されたデータ
- 不正行為者本人や家族の個人口座の通帳（不正行為者が不正を認め、協力が得られる場合）
- eメールでのやり取り、電話での通話記録
- 共謀先の帳簿、伝票、証憑書類等（共謀先の協力が得られる場合）

　不正行為者の協力が得られる場合でも、不正行為者の発言内容に完全に依存してはならない。厳密に関連資料・記録・データを調査しなければならない。下記のような着眼点に基づき、不正行為が告白されたもの以外にないか、他に仮装された資料はないか、慎重に確認する姿勢が重要である。
（資料を見る着眼点の例）
- 金額の正常性（丸い金額、同額の多数取引、明細のない支払等）
- 日付の整合性（著しく古い日付、同日の多数取引等）
- 異常な値引・返品等の通例ではない取引の有無（例：売上計上、取り消しの繰り返し）

（仮装された資料の例）
- 指定書式外の請求書（ワープロ請求書）等、請求番号・取引先番号等がない証憑書類
- 正規の社判のない請求書等の証憑書類（職印、個人印のみ）
- 明細のない請求書等

不正発覚時の事実調査における証拠の収集では、証拠の類型と証拠力の強さを十分に考慮することが必要である。一般に外部から得られた外部証拠は、内部証拠よりも証拠力は強い。文書証拠は、口述から得た証拠よりも証拠力は強い。口述から得られた証拠も、複数者の口述から得た証拠は、1人の口述から得られた証拠よりも証拠力は強い。

　不正発覚時の事実調査のインタビュー時の留意点は、基本的には前述した不正の疑義発生時における不正調査と同様である。特に、インタビュー時には、事実を解明するための証拠集めを冷静に行うことが重要であり、問い詰めたり、非難したりすることは厳に慎まなければならない。また、協力を得るための工夫も重要で、敵意を抱かせない質問からスタートし、必要に応じて物的証拠や共謀者のインタビュー結果を示しながら確認を行うことが重要となる。また、次のような事実を正確に把握するための工夫も重要となる。

- 時系列に沿って確認するよう質問を行う。
- 一度に1つの質問と1つの回答のやり取りを行う。
- 同じ質問を、視点を変えて行う。
　「AがBならばCということですね」「CだったということはAがBであったということですね」
- 事実なのか、憶測・意見なのかを確認しながら、それぞれを区別して記録する。
- 不正行為者にも断ったうえで録音を行う。

　不正調査の場合、不正行為者の態度に接している質問者が感情的になり、重要ではないところで論争になりがちであるが、常に冷静さを保持し、発言内容に明らかに虚偽がある場合でも、いったんは「彼は……のように言っている」と発言内容を記録する姿勢が重要である。感情的なやり取りや論争で何も確認ができないよりも、関連資料・データとの矛盾等を確認できた方がよい。また、不正行為者が「記憶にない」「わからない」等を連発することもある。このような場合、無理に自白を迫っても意味はない。部分的でもよいから、不正行為者でなければわからない事実を特定化することが重要である。そのためには、下記のポイントを特定できるよう、できる限り冷静に、

しかし徹底的に確認を行うことが重要である。
- 誰が、誰と（不正行為者、共謀者は誰か）
- いつ、どこで
- どのような方法で（不正行為の方法、手口）
- 誰に対して、（被害者）
- 何をしたか（不正行為の内容）
- なぜ行ったのか（動機、目的）

② 不正・不祥事発覚時の対応

　不正・不祥事が発覚した場合には、まず客観的な事実調査が必要となる。事実調査においては、利害関係のある者が関与してはならない。海外企業の中には、不正等の事実調査の段階から、外部専門家による調査を原則としている例も見られるが、日本企業ではまだごく少数であると思われる。不正調査のスキル向上やノウハウ蓄積のためにも、不正調査において、弁護士や監査法人等の外部専門家の活用が促進されることが望まれる。

　不正行為が社会的な関心を集める不祥事となる場合や、上場企業の不正会計による決算訂正を伴うプレスリリースを行うような場合には、調査委員会が設置され、事実調査等がなされるケースが増えている。このような調査委員会を設置するケースでは、社会的な関心が高ければ高いほど、いわゆる緊急時対応の危機管理態勢も重要なポイントとなる。

　そこで、調査委員会の設置ならびに不祥事発生に基づく危機管理のポイントを以下で解説する。

①調査委員会について

　不正事件が発覚した場合に設置される調査委員会には、一般的には下記のようなパターンがある。

〈社内メンバーのみによる調査委員会〉
　委員長は社長で委員も取締役等、調査委員会のメンバーは全員が社内メンバーであるとともに、事実調査の実働部隊のメンバーも社内メンバーである場合である。社内事情に精通したメンバーのみで事実調査等が行われるので、円滑な調査等が期待されるだろうが、社会からの関心を集めた場合、次のような疑問が生じるであろう。
● 事実調査は客観的に行われたのか？　調査スキルは十分なのか？
● 不正調査の内容は、網羅性があるのか？　他に不正はないのか？
● 対応・人事処分の内容は身内なので甘くなっているのではないか？

〈社内委員のみによる調査委員会だが調査チームは外部〉
　委員長は社長で委員も取締役等、調査委員会のメンバーは全員が社内メンバーであるが、事実調査の実働部隊のメンバーは社外者である場合である。社外専門家による適切な調査が行われる場合には、客観的で的確な調査等が期待される。ただし、その結果をどう判断するのかが社内メンバーのみに委ねられる場合には、「対応・人事処分の内容は身内なので甘くなっているのではないか？」等の疑問が生じる可能性もある。

〈外部委員も参画する調査委員会だが調査チームは社内メンバー〉
　調査委員会には外部メンバーも参画しているが、事実調査の実働部隊のメンバーは社内メンバーのみである場合である。社内事情に精通したメンバーのみで事実調査等が行われるので、円滑な調査等が期待されるであろうし、対応・人事処分の内容も社外委員の目を通しているので客観性があると言えるが、社会からの関心を集めた場合、調査の客観性、スキルの充分性、調査対象不正行為の網羅性について疑義は生じやすいであろう。
　したがって、社会に対する説明責任を果たすことが非常に重要な案件では、社内メンバーだけで構成される調査チームは、適切とはいえない。特に、社外委員として非常に著名な有名人を招聘して、調査委員会の権威を形だけ高めようとしても、十分な調査が行われていないまま調査委員会で安易

図表6-2　調査委員会の主なパターンと特徴

類型	構成メンバー	特徴
社内委員会	社内の第三者（内部監査部門等、当事者部門でなく、かつ処分決定部門でない部門）	社内事情に精通しており、迅速な事実調査が可能。被害範囲や重要性の特定等が効率的。
外部委員会	外部委員（弁護士、公認会計士等の専門家や有識者、利害関係のない者）	客観性・専門性のある調査結果が期待できる。重要性の高い場合や、外部からの要請が強い場合には有効（社内委員会の調査結果を客観的に評価する機能を担う場合もあり）。

に外部委員に賛成を求めるような運営であるならば、非常に問題があると言える。

〈外部委員も参画する調査委員会で調査チームも社外メンバー〉
　調査委員会には外部メンバーも参画し、事実調査の実働部隊のメンバーも社外である場合である。社外専門家による適切な調査が行われる場合には、客観的で的確な調査等が期待できる。また、調査委員会に複数の社外委員が参画している場合には、対応・人事処分の内容についても客観性が高まる。
　調査委員会の外部委員が事実調査の指導・監督を行い、その調査を直接的に調査委員会に報告する形は効率的であるとともに有用と言える。

　上記のように、調査委員会にはさまざまなパターンがある（大きく社内メンバーのみの社内委員会と、外部者も参画する外部委員会の2つに区分できるが、その主な特徴は図表6-2を参照してほしい）。社会への説明責任を果たすという観点では、不正調査や調査委員会の議論に外部専門家を関与させることが望ましい。
　なお、上場企業においてプレスリリースした会計不正の事案を分析した、日本公認会計士協会経営研究調査会研究報告第40号「上場企業の不正調査に関する公表事例の分析」において、社内外による調査委員会の事例分析の調査結果が掲載されているが、非常に参考になる。

また、日本弁護士会が公表した「企業等不祥事における第三者委員会ガイドライン」も、外部委員が関与する際の調査委員会の活動のあるべき姿やポイントをまとめており、参考になる。

　調査委員会を設置して、外部専門家を関与させる場合であろうとなかろうと、プレスリリースやマスコミ報道への対応に終始することなく、次のような事項を究明し、社会的な関心が高くなれば、社外への開示を行い、社会への説明責任を果たすことが肝要である。
● 事案の発生事実・時期、被害状況、不正行為者の動機・目的等
● 不正行為の予防または早期発見できなかった理由・内部管理態勢上の不備
● 今後の再発防止措置

②不祥事発生時の危機管理態勢について
　いわゆる危機管理とは、緊急時において、どのように被害を最小化するとともに、適切に対応して事業継続を果たしていくかというマネジメント論である。以前は危機管理論では、緊急事態への対応が主眼で、被害の最小化とそのための平時の備えに主眼が置かれた感がある。一方、BCMやBCPでは、緊急事態への対応のみならず、事業復旧や事業継続に主眼が置かれている。

　社外に開示した場合、記者会見等の場で「他に類似の行為はなかったのか？」という質問を受けることは大いに考えられる。それ以外にもさまざまな疑問や問いに対応し、きちんとした説明が必要となってくる。そのため、重要な不正が発覚した場合に設置される調査委員会の運営は、緊急時の危機広報を含む、危機管理態勢の運用と同時並行で実施されなければならない。

　不祥事と呼ばれるような重要な不正行為が発覚した場合の対応の流れは以下のとおりである。
　(a) 緊急時の危機管理態勢の立上げ・対策本部の設置
　(b) 被害の最小化のための初動・そのための情報収集と情報判断
　(c) 事実調査の段階で調査委員会を設置し、原因究明と再発防止措置の策定

(d) 総括を行い、収束
  (e) 危機広報・マスコミ対応

 そこで、不祥事の発生を前提にした危機管理のポイントを下記に解説する。

(緊急時の危機管理態勢の立上げ・対策本部の設置)
 災害時には対策本部メンバーが集まらないリスクもあり得るが、通常、不祥事の場合には緊急対策本部メンバーを集めることは可能なはずである。そのため、対策本部メンバーが短時間で集合できるような緊急連絡方法が機能することが重要となる。特に経営者は、夜間でも連絡不可能な時間帯を作らないことが肝要である。
 対策本部メンバーには、対応を決定する経営者または危機管理担当役員、法務部門、広報部門、総務部門（渉外対応）はサポートメンバーとして必須であり、案件ごとに責任部署を適宜、メンバーとして追加する必要がある。
 対策本部の立上げ・危機管理態勢への移行は、経営者が早期に決断すべきである。その際、「はじめに小さく、後で大きく」ではなく、「はじめから大きく、あとで何事もなければ小さく」を基本とすることが望ましい。大事件となった不祥事例の多くは、初動を現場レベルで対応しようとし、後からいつものように「もっと早くトップに判断を仰ぐべきであった」という反省が生じていることが多いためである。
 また、早期に対策本部を立上げ、危機管理態勢への移行を可能とするためには、第1報の適時性が重要である。そのため、従業員等には、日頃から何かの問題に遭遇した場合、それを見て見ぬふりをするような風土を作らせてはならない。緊急事態かどうか迷う場合も、すぐに相談できる仕組みを確立し、報告を受ける経営者は「こんな時間に！」等と決して報告者を叱責することなく、「よく報告してくれた」という姿勢を示すことが重要である。
 報告される情報の適時性とともに、正確性も重要である。そのため、報告を受けた経営者は、報告内容について「5W1H（いつ・だれが・どこで・なにを・なぜ・どうした）」の観点で整理し、「客観的な事実」と「推測・意見」

を区別できなければならない。

(被害の最小化のための初動・そのための情報収集と情報判断)
　緊急時であろうと、平常時であろうと、多数者の生命・健康・安全、財産（情報を含む）を脅かす事態や不公平なビジネス行為を行った場合には、社会から強く糾弾されることが多い。そのため、常日頃から、生命・健康の安全の尊重・徹底、他者の財産（情報を含む）保全の徹底、公平なビジネス行為の徹底を、ビジネスの基本方針としなければならない。危機管理の緊急時対応でも同様で、危機管理の初動対応や情報判断の際にそれらを基本方針とする必要がある。たとえば、製品事故を起こし、社会に不安を与えた際に、原因が不明であるという理由で製品回収をしないことは現在では許容されない。また、たとえばインサイダー取引等の不正行為においても、不公平なビジネス行為は他にないのか？との問いに説明を尽くさないまま、収束させることは不可能であるといってよい。
　情報判断の際に、他者に被害が及んでいる場合には、その最小化を図ることが最優先である。また、顧客、取引先、役員・従業員等に与える影響を広く想定し、二次被害の防止にも十分に注意して対応すべきである。
　緊急時の情報判断とは、一点に集約された結論（例：○か×か、AかBか）を導くものではなく、どの程度の可能性で考えられるかという「一定の幅」の中で捉える必要がある。情報が不十分な場合、不確実性の幅が生じ、その不確実性の幅を狭くするために必要な情報を「取りに行く」ことが重要である。この場合、自分の常識のみで判断することや、安易に「希望的観測」に依存した判断で結論を出すべきではない。特に、緊急時には注目を引く未確認情報が飛び交うことが多いため、決断を行う経営者は、冷静に責任を持って自ら決断し、他者の判断に安易に頼るべきではない。
　情報判断の過程で収集した情報については、開示すべきでない情報を明確にし、秘密保持に十分に留意する。また、緊急事態に伴うクレーム等の対応は、各部署の単独で勝手な判断では行わず、広報部門等の関連部門に対応方法等を確認しながら、組織として対応する必要がある。

(調査委員会を設置し、原因究明と再発防止措置の策定)

　できる限り早期の段階で調査委員会を設置し、不正調査の内容の審議と、再発防止措置の策定を行う。

　不正調査の内容をもとに、不祥事の発生原因や防止できなかった理由を吟味し、再発防止策を検討することが、非常に重要である。日頃から、ヒヤリハット事例等の事故・トラブル等の発生時に、事案への対応上の問題点、その原因、今後に向けた整備・改善点を検討することが制度化されていることが強く望まれる。このような取組みができていない企業が、不祥事発生時の対応につまずいていることも多い。

　調査委員会での有効な議論を行うためにも、緊急時対応における対応経緯等を記録保管することが重要である。そして、調査委員会で再発防止策を策定し、改善のための実施計画を検討する場合、発生原因に見合った施策であること、実現可能であることが非常に重要である。過去事例では、真の原因を追究せず、そのため再発防止策も非常に形式的で実効性に疑問があるケースも少なからず見受けられた。

(総括を行い、収束)

　緊急時の対応についての総括と、再発防止策の検討が出来次第、速やかに収束宣言を行うことが重要となる。不祥事が発生した場合、調査委員会からの報告内容に基づき、会社としての総括を行い、再発防止策の実行計画を公表し、社会へコミットメントすることが収束宣言を出す前提条件である。

　また、収束時には、関係各所(監督官庁等を含む)に対し、謝罪・お礼の意味もこめて、個別に報告を行う(対応経緯や結果に関する報告・連絡も必ず行う)ことも重要であろう。

　そして、不正行為者には、起訴された場合の刑法の刑罰の確定の有無にかかわらず、再発防止の観点から人事処分を行い、公表すべきであろう。この場合、第2章で述べたように、「行為の重大さ」を一貫した基準で判定し、重大さに応じた懲罰を行うべきである。この「行為の重大さ」の判定基準として考慮すべき要素は次の通りである。

- 被害の重大さ（会社を取り巻く利害関係者（ステークホルダー）や会社財産にどの程度の損害を与えたか）
- 故意の程度（被害を発生させることをどの程度認識していたか、それを客観的に示す証拠はあるか）
- 合理的な説明がつくか否か（情状酌量の余地はあるか、それを客観的に示す証拠はあるか）

(危機広報・マスコミ対応)

　企業が日頃接しているマスコミ関係者は経済部の記者が多い。たとえば、新聞社の経済部の記者の人と接している経営者の中には、「自分は、マスコミ対応は得意だ」と認識している人もいるようだが、危機広報のマスコミの相手は、まず社会部の記者である。この違いを十分認識する必要がある。

　まず、危機広報の基本姿勢としては、事実確認を徹底し、事実を前提にマスコミ対応しなければならない。自社にとってネガティブな情報も、正直な姿勢で誠意を持って誠実に公表すべきである。後々にネガティブな情報が発覚した際に、説明に窮する機会を作ることは避けるべきである。また、「お詫び」を必要とするような場合、「お詫び」する時点で誰がどう責任をとるかを確認しておく。お詫びして頭を下げ、頭を上げた瞬間に、「どう責任を取るのか！？」との問いに十分に回答できなければならない。この場合、社長の辞任等だけで済ますことはできない。早期の事実調査の実行と原因究明を行う責任、早期の再発防止措置を講じて不安をなくす責任を説明し、それらの責任を徹底することをコミットメントすることが責任の取り方である。もちろん、コミットメントした内容が果たされないような場合や、経営者のリーダーシップ等が問われた場合には、社長辞任等の形で責任をとらないと事態を収束することが困難なことも十分に考えられる。

　記者会見は原則、社長が出席すべきである。海外出張等ですぐに社長が対応できない場合は、次のいずれかで対応すべきである。
- 代理を立てて記者会見する（社長メッセージを読み上げる、等）
- 社長の準備ができる時刻を明らかにして、その時刻に必ず記者会見を行う

そのため、経営者が発表内容に確信を持てるように準備しなければならない。

　マスコミへの記者会見と同時に、お客様・取引先等へのリリース文も作成し、開示しなければならない。その場合、必ず開示内容・問合せ先が適切かをチェックする（開示内容の統一）必要があるほか、お客様・取引先等へのリリース方法も確認し、開示タイミングのずれが生じたりしないように心がけなければならない。そのため、各事業所、グループ企業、公的機関、官公庁等の関係者全員に同一内容の発表を行うよう調整する必要がある。

　危機広報時の情報発信におけるポイントをここで整理しておくと以下のとおりである。

- 緊急事態に関する見解を統一するため、対策本部の指示に必ず従わせること。
    - この点は、前述した内容を確実に行うためにも、対策本部のサポートメンバーである広報部門が情報の一元管理を担当する必要がある。
- 事実の確認を徹底し、事実を前提に情報発信すること。
    - 当社に非はないことを誘導するような言動をついついしがちであるが、広く社会に不安等を与えたことが争点となるので、あくまでも事実を前提に情報発信する姿勢が重要である。
    - ただし、事前に、説明すべき（話すべき）内容と、説明に不必要な（話せない）内容とを明確に区別する必要がある。後者の説明不要の例としては、海外の誘拐事件の身代金等である。いわゆる不祥事のケースでは、ケースバイケースで判断せざるを得ない。
- 情報は誠実に公開し、取材から逃げず、堂々と応じること。
    - ただし、電話での取材には、決して即答しないことが重要である。
- 企業論理や法的見地の強い主張は避ける必要があること。
    - 緊急事態においては、法的責任がないことを強調しても、自社が有利になるどころか、攻撃されかねない。法的責任があるか否かというよりも、社会に不安等を与えたか否かが重要であって、原因究明や再発防止の徹底が論点となる。

・過去、不祥事件で法的責任（刑罰）が認定されなかった事例は少なからずあるが、それら判決は事件から数年以上も経過していることも多い。

ここで、危機管理における記者会見の重要ポイントを次に示しておこう。
●社会全体の公益を優先した視点で説明を尽くす。
　・自社に法的責任の有無があるかではなく、社会に不安を与えたかという点が重要であるため、不安を取り除く説明に注力しなければならない。
●経営者は自分の言葉で語る。
　・原稿を読みながらのお詫び等のコメントは非常に印象が悪く、説明責任を尽くしていないとの誤解も招きがちである。
●聞かれていないことは話さない。
　・説明責任を尽くすことに必要な情報は発信すべきで、必要最小限の事実の経過を、事前に明確にしておく。
●重要なことは冒頭に述べる。
　・被害の有無等、重要な順から時系列で説明する。
　・記者の締め切りにも考慮する。
●記者と議論することや、不愉快な質問（挑発）に乗らない。
　・数時間に及ぶ記者会見で、ほんの一瞬の表情の変化等がテレビのニュース映像に流れていることが多いことに注意する。
　・記者の態度に反応して、開き直ってはいけない。低姿勢で臨む。
●あらゆる質問には素直に答えることを旨とする。
　・記者は内部告発等により情報を持っていることがある。
　・分からないときもごまかしてはならない。「調べてすぐお答えします」と答える。
●真実を伝える。
　・事実を誇張しない。

③ 再発防止策の設計と導入

　第4章でも触れているが、リスクに対して適切な対策を講じるためには、原因分析が必要不可欠である。リスクの発生の原因を特定化することなく、安易にリスク対策を講じたり、計画化し、十分な効果が得られなかったり、あるいは負荷を増しただけに終始した事例も少なくない。

　実際にリスクが現実のものとして生じた事例や不正事例に対する再発防止措置を講じる場合においても、徹底した原因分析が必要不可欠である。そのため、まずは再発防止策の設計に必要な原因分析について、以下で解説する。その後に、再発防止策の設計・計画化と導入の実務上のポイントについて解説する。

①原因分析のポイント

　原因分析の最大のポイントは、真の原因を追求し、特定化することである。真の原因を探るためには、次の3つのステップが必要である。
- 発生源泉はどこかを明らかにすること。
- 発生源泉における「現状」を明らかにして、主な「原因」の候補を明らかにすること。
- 主な原因について、「なぜ発生したのか？」「なぜ事後対処がうまくいかなかったのか？」という観点から「なぜなぜ分析」を行い、真の原因を特定化すること。

(発生源泉の特定化)

　まず、リスクの発生源泉を明らかにすることが原因分析の第一歩である。簡単に言えば、リスクが発生した「場所」はどこかということを明らかにすることである。そのためには、事業場の地理的な場所を検討するだけではなく、どの業務プロセス・工程から生じたのか、どの部署から発生したのか等

も検討する。また、重要なリスクであればあるほど、発生源泉が1つとは限らず、複数の発生源泉を有することが多い。

たとえば、製品の品質管理の不備に関する事故が発生した場合、リスク発生の源泉は、「生産工程」にあったのか、原材料の調達プロセスにあったのか、物流過程にあったのか、どの業務プロセス・工程等で発生したのかを明らかにすることが必要である。また、たとえば「調達プロセス」が発生源泉であるとした場合、次のように、調達プロセスの「サブプロセス」のどこが発生源泉なのかをさらに検討する。

・調達方針：調達方針が低コストありきのため、品質を軽視した方針ではなかったか？
・業者選定：相見積により低コストのみで業者選定を行っているため、品質管理に問題のある業者選定をしがちではなかったか？
・発注：実際の発注は低コストの要求ばかりで、品質面の要求が十分ではなかったのか？
・検収：検収時に品質検査が十分に行われていなかったのか？
・請求・支払：品質面で問題が生じた際に、支払を留保する等の措置を講じてこなかったのか？

このように、リスクの発生源泉がサブプロセスのレベルまで追求できるのであれば、真の原因を探ることは容易となるが、実務上はサブプロセスのレベルまで発生源泉を探ることが難しいことも少なからずある。そのため、発生源泉を特定化することが困難な場合には、再発防止策の1つとして「発生源泉の特定化からスタートする原因の究明」をまず掲げなければならない。原因を特定化することなく、安易な対策を講じることは、再発防止策の徹底には何ら寄与しないと肝に銘じるべきである。

(現状の分析と原因の把握)

発生源泉がわかれば、発生源泉における関連部署等の「現状」を把握すれば、主たる原因を把握することが容易となる。この現状を把握する際の大きな2つの着眼点は、次のとおりである。

●リスク予防の観点からの当社の現状はどうか？
●リスク発生時の事後対処策の当社の現状はどうか？
　個々のリスク事項によって確認すべきポイントは異なるが、この2つの着眼点をもとに、最低限、下記の確認ポイントに沿って現状を検討することが必要である。
　(a) ルールの現状
　　・文書化された規程・マニュアル・手順書等では、どのような業務ルールとなっていたのか？　文書化されたルールがない場合でも、実際の業務ルールはどうだったのか？
　(b) 教育・周知状況・意識の現状
　　・上記で特定されたルールについては、十分に周知されてきたのか？　十分な教育がなされてきたのか？　従業員等の意識はどうなのか？　故意にやっているのか？　無意識にやっているのか？
　(c) 担当責任の現状
　　・リスク対応をすべき各部署・担当者の業務分担・責任範囲は明確だったのか？　具体的な業務分担に反映されていたのか？
　(d) チェックや報告等のモニタリングの現状
　　・上記の内容について、チェック手続やモニタリング報告等を行う仕組みが機能していたのか？
　(e) 人事評価・業績評価・ペナルティの現状
　　・リスク対応を誠実に実施した者への人事評価上の取扱いはどうだったのか？　同じく部門評価における業績評価での取扱いはどうだったのか？
　　・リスク対応を不誠実に実施してきた者への断固たる処置やペナルティは課してきたのか？
　このような確認ポイントに沿って、現状の把握を進めていくと、複数の原因の候補を列挙することができる。たとえば、よく挙がる原因の候補の例は次のとおりである。
●ルールはあるが、周知・教育がされていない。
●ルールはあるが、チェックの担当責任が不明確で、誰も十分にモニタリン

グしていない。
- リスク対策をしても十分な評価が得られないので、リスク対策を誠実に行う風土がなかった。
- リスク対策を誠実に実施しなかった場合でも、厳正な処罰を受けることがなかった、等。

　これらの複数の原因が明らかとなったとしても、これらが真の原因になることは少ない。次で述べる「なぜなぜ分析」を行う必要がある。

(真の原因を特定化するための「なぜなぜ分析」)
　上記で主な原因の候補例が明らかとなったならば、さらに「なぜ、そのようなことになるのか？」を追究することが必要である。たとえば、「ルールはあるのに、周知されていない」ことが原因であるならば、「なぜ周知されないのか？」を追究することである。この場合、その理由が「教育研修がなされていないから」とすると、さらに「なぜ、教育研修がなされないのか？」を追究しなければならない。多忙だからなのか、教育研修するスキルがないのか、あるいは他の理由によるのか。
　このように「なぜか？」を何度も繰り返して、原因を深掘り、真の原因を追究することが必要である。図表6-3では情報漏洩のリスクの原因分析例を記載しているが、左から右側に「なぜなぜ分析」を行った結果をツリーの形で表現している。
　この「なぜなぜ分析」では、いくつか注意すべきポイントがある。1つ目は、「無理やり」に「なぜなぜ分析」を行ってしまうことに陥ることがあることである。たとえば、施設の老朽化に伴う安全管理に係るリスクの原因として「修繕費の不足」が挙げられたとしよう。「なぜ修繕費をかけられなかったのか？」という問いには「利益が計上されなかったから」、さらにそれは「売上高が減少してきたから」としてしまうと、販売強化策を講じることが施設の老朽化の対策として必要と誤った結論を導く懸念が生じてしまう。そのため、「なぜなぜ分析」では因果関係に十分に注意する必要がある。

図表6-3 リスクの原因分析の例

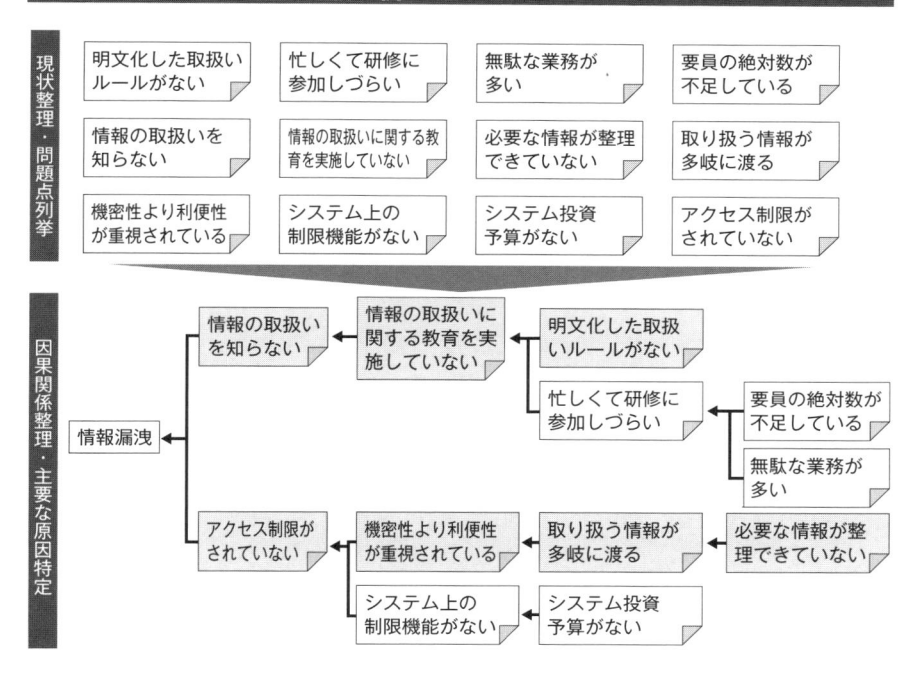

現状整理・問題点列挙
- 明文化した取扱いルールがない
- 忙しくて研修に参加しづらい
- 無駄な業務が多い
- 要員の絶対数が不足している
- 情報の取扱いを知らない
- 情報の取扱いに関する教育を実施していない
- 必要な情報が整理できていない
- 取り扱う情報が多岐に渡る
- 機密性より利便性が重視されている
- システム上の制限機能がない
- システム投資予算がない
- アクセス制限がされていない

因果関係整理・主要な原因特定

情報漏洩 ←
- 情報の取扱いを知らない ← 情報の取扱いに関する教育を実施していない ← 明文化した取扱いルールがない
  - ← 忙しくて研修に参加しづらい ← 要員の絶対数が不足している
  - ← 無駄な業務が多い
- アクセス制限がされていない ← 機密性より利便性が重視されている ← 取り扱う情報が多岐に渡る ← 必要な情報が整理できていない
  - ← システム上の制限機能がない ← システム投資予算がない

　図表6-3では、情報漏洩のリスクの原因分析の1つに「情報の取扱いを知らない」を記載しているが、その原因を「教育を実施していない」としている。この2つには関連性があるが、教育を実施していない理由として「明文化した取扱いルールがない」となっている。これらの因果関係はあまり直接的とは思われず、やや無理がある。

　2つ目は、真の原因は本当に特定化されたのか？という点を十分に検討することである。図表6-4では、左から右側に「なぜなぜ分析」が展開されているが、上の方で「明文化した取扱いルールがない」で原因の追究が終わっている。これが真の原因であるならば、対策は情報の取扱いルールを策定するような方向性で検討がなされるであろう。しかし、ルールを作るだけで、重要なリスクが軽減されるのか？ということについては、実務上は非常に疑

図表6-4 リスクの原因分析結果の検証例

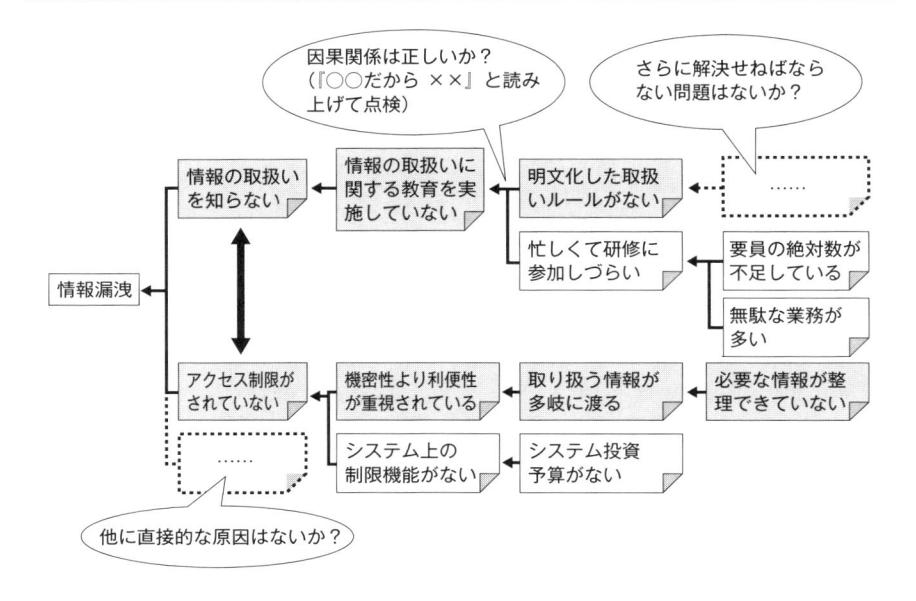

因果関係は正しいか？
（『○○だから××』と読み上げて点検）

さらに解決せねばならない問題はないか？

情報漏洩
← 情報の取扱いを知らない ← 情報の取扱いに関する教育を実施していない ← 明文化した取扱いルールがない ← ……
　　　　　　　　　　　　　　　　　　　　　　忙しくて研修に参加しづらい ← 要員の絶対数が不足している
　　　　　　　　　　　　　　　　　　　　　　　　　　　　　　　　　　　無駄な業務が多い
← アクセス制限がされていない ← 機密性より利便性が重視されている ← 取り扱う情報が多岐に渡る ← 必要な情報が整理できていない
　　　　　　　　　　　　　　　システム上の制限機能がない ← システム投資予算がない
……

他に直接的な原因はないか？

問であることは言うまでもない。

　3つ目は、主たる原因、すなわち直接的な原因の候補を選択し、なぜなぜ分析を行う場合、他に直接的な原因はないか？　という点を十分に検討することである。図表6-4の事例では2つの主たる原因からスタートして「なぜなぜ分析」をしているが、他に直接的な原因が何かありそうな予感をさせる分析例である。読者も検討してみてほしい。

　このように「なぜなぜ分析」を行い、真の原因を特定化することができれば、次はリスク対策としての再発防止措置を計画化するステップに行く。この場合、真の原因の裏返しが、リスク対策・再発防止措置の立案の大きなヒントとなる。

図表6-5　リスクの原因分析と再発防止策の検討例

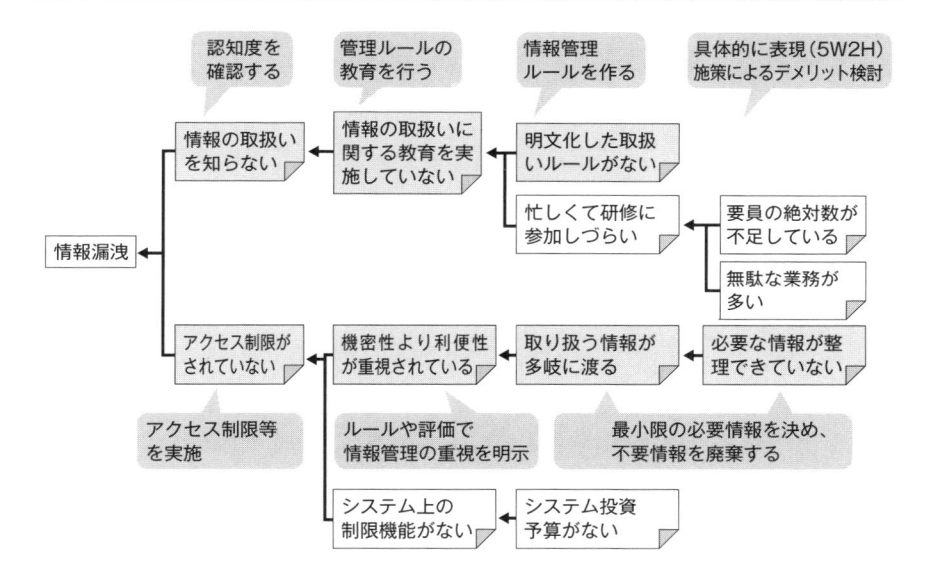

```
                    認知度を      管理ルールの    情報管理       具体的に表現（5W2H）
                    確認する      教育を行う     ルールを作る    施策によるデメリット検討
                       ↓            ↓            ↓            ↓
              情報の取扱い   情報の取扱いに    明文化した取扱
              を知らない ← 関する教育を実 ← いルールがない
                          施していない
                                    ↑
                                忙しくて研修に    要員の絶対数が
                                参加しづらい  ← 不足している
                                              ┐
        情報漏洩                                └ 無駄な業務が
                                                 多い

              アクセス制限が   機密性より利便性  取り扱う情報が   必要な情報が整
              されていない  ← が重視されている ← 多岐に渡る   ← 理できていない
                   ↓              ↓                              ↓
              アクセス制限等   ルールや評価で                  最小限の必要情報を決め、
              を実施          情報管理の重視を明示              不要情報を廃棄する
                                ↑
                          システム上の    システム投資
                          制限機能がない ← 予算がない
```

②再発防止策の設計・計画化と導入のポイント

　再発防止策を策定する場合、リスク発生の真の原因に対応したものでなければならない。これが第1のポイントである。この点については、図表6-5を見てほしい。「なぜなぜ分析」の結果、把握した原因に対応したリスク対応策の候補がイメージできることがわかるであろう。実務的には、「なぜなぜ分析」をしながら、同時に必要となる対策も検討していくことが重要である。

　前述のとおり、原因を十分に追究することなく、たとえば、委員会の設置、内部通報窓口の拡大、研修の開催等、よくありがちな対策を、安易に導入したとしても、再発防止策としての効果は得られないだろう。再発防止策は、課題の改善やリスク軽減の効果が期待できるものでなければならない。これが、第2のポイントである。そのため、課題の改善やリスク軽減の効果を測定する方法や、推定する評価方法も検討しなければならない。たとえ

ば、次のような方法で、再発防止策の効果を評価することが重要である。
- 事故トラブル件数等のモニタリング指標の測定
- アンケート等のサーベイによる調査結果
- リスクシナリオ分析による最悪シナリオ時の最大損失・逸失利益・株価総額の喪失総額等

　また、再発防止策の内容を設計し、計画化する際には、具体的で、実行可能なものでなければならない。これが3つ目のポイントである。まず、再発防止策は具体的でなければならないが、わかりやすく言えば「5W2H」に留意した設計と計画化を行うことであり、次のような事項が具備されていなければならない。

- なぜ？ Why
  - まず、何のために実施するものであるのか、目的を明確にしなければならない。なぜ行うのか？　という問いに明確な説明ができないような施策であってはならない。
  - よくありがちな施策の1つに「研修」があるが、何のために実施するのかという目的に応じて、研修内容、参加者、時間、手法等も決まってくるはずである。
- 何をWhat／どうするHow
  - どのような施策を行うのかということを明確にするとともに、どのように行うのかということも具体的に計画化しなければならない。
  - 前述した「研修」を例に挙げれば、Whatに相当するものが「研修」であるとしても、具体的には、集合研修なのかeラーニングなのか等のほか、講義形式なのかグループワーク方式なのか等、解説中心なのか事例問題演習が中心なのか等のコンテンツを明確にしなければならない。このほか、テキスト・教材の内容、講師、時間割、会場、回数、場所、撮影の有無、受講者アンケートの内容等、具体的な計画を策定することが必要となる。
- 誰がWho／どこでWhere
  - 施策を企画・立案する担当部署等、施策を実行する部署等を明確に計画

化することが必要である。たとえば、労働安全衛生に関する施策を実施しようとした場合、当該施策を企画・立案するのは人事部門であろうが、当該施策を実施するのは各部署となろう。
・このように、施策を企画・立案する部署等と、当該施策を実施しなければならない対象部門等を明確にして、どの範囲まで行うのかについて計画化することが必要となる。

● いつ When
・When については、読んで字のごとくと思われるかもしれないが、そう簡単なことではない。まず、施策の着手時期を明確にしなければならないことはもちろん、個々の施策によっては、定期的に実施しなければならないものもある。そのような場合には、毎月・四半期・半期ごと等のように「頻度」を計画化しなければならない。
・また、モニタリングすべき時期も明確にしなければならない。年度末にモニタリングした結果、施策効果が全くなかったと判明しても、手の打ちようがない。そのため、少なくとも半期ごとにはモニタリングをするべきである。もちろん、必要に応じて、四半期ごととか毎月、モニタリングをすることも望ましい。期中でモニタリングをした結果、計画化した施策等を修正する必要があると判断される場合には、適時に修正を行うべきである。

● いくらで How Much
・How Much については、文字通り、施策実施に係るコストはどの程度かということを把握することである。これは、同時に、施策の効果の見込み額と比較しなければならないことを意味する。つまり、施策を講じることで、予防できる最大損失・逸失利益・株価喪失総額等の見込み額を想定し、その効果と施策に係るコストを比較することが必要となる。
・このようなコストとベネフィットとの比較の結果、コストを上回るベネフィットがあれば、計画化して実行すべきということになる。そして、計画化する場合には、施策を講じた効果として、モニタリング指標の目標値も計画化し、どの程度の課題改善・リスク軽減を目指すのか、とい

図表6-6　原因分析から再発防止策を検討

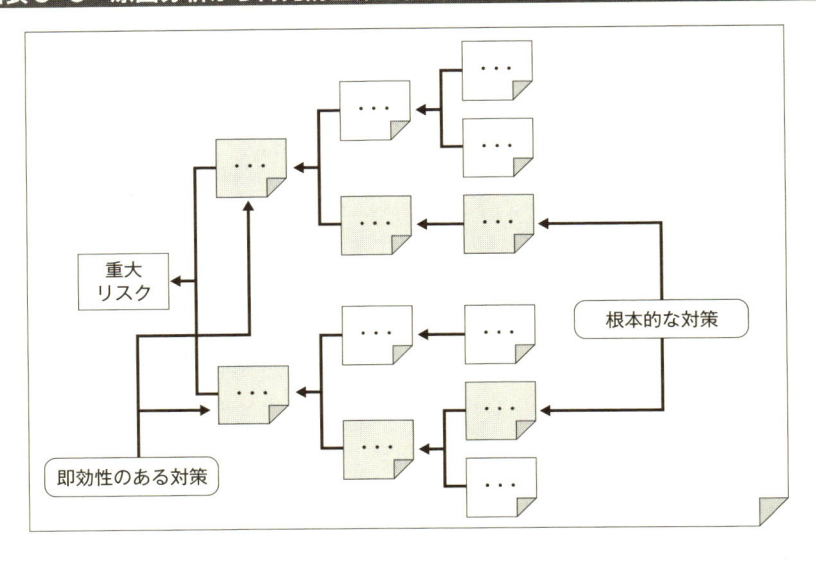

うことも明確にする必要がある。
・特に、重大リスクになればなるほど、短期で解決できることは稀であろう。改善に複数年かかる場合もあろう。そのような場合には、初年度の目標はここまで、次年度の目標はステップアップした段階を、というように段階をおったような改善目標を設定して計画化することも必要となる。
・また、この場合の「コスト」とは、施策を講じることで生じるデメリットも含めて検討しなければならない。たとえば「研修」という施策を講じることで、営業活動や生産活動に従事できたはずの労働時間が犠牲になるわけであり、この労働時間にともなうデメリットも「コスト」に含めて、ベネフィットと比較・検討しなければならない。

再発防止策が具体的であるとともに、実行可能でなければならない。いく

ら立派な再発防止策を計画化したとしても、実現不可能な対策や実施不可能な対策であるならば、無駄となってしまう。また、真の原因に対応して考えられる対策というのは、抜本的な対策となることが多い。特に、重大リスクになればなるほど、考えられる抜本的対策は、すぐには着手することが困難なことも実務的にはよくあることであろう。そのため、中長期施策として抜本的な対策を計画化するとともに、抜本的な対策ではないけれども、当面の即効性がありそうな対策を講じることも有用である。この点については、図表6-6を見てほしい。「なぜなぜ分析」で真の原因に対応する施策が抜本的な対策となることが多く、直接的な原因に対応する施策が当面の「即効性のある施策」となることが多いことを示している。

Column

再発防止策の事例

　数年前、不正取引が発覚し、多額の決算修正を余儀なくされた企業があった。その会社では、再発防止策の1つとして、一定額以上受注時には、全件、審査部門・経理部門のチェックを要するというルールを新設した。ところが、事前チェックを要する件数が非常に多く、事前チェックも疲弊感をもたらしているだけで、形骸化することが懸念される状況に陥った。このような状況は、多くの企業で見られるケースである。

　この場合、販売先（請求先）だけでなく、納入先や出荷元も販売明細・請求明細で記録することが必要である。そのうえで、下記事項が重要となるだろう。
- 上記のような精査を行う場合には、不正リスクの発生源泉を明らかにして、精査対象を絞り込む。できれば、原因を追究し、仮説を設定し、さらに精査対象の取引パターンを絞り込む。
- 不正取引に一定の傾向がある場合、分析的手続を中心としたモ

ニタリングを行い、異常点があった場合に精査を行う。
（循環取引の場合の傾向の例）
・直納取引で粗利益率が低い、または信用リスク・事務リスク等と比較しても口銭率が著しく低い。
・同一相手先と購入・売却を繰り返している。
・廻し手形を使用した商流で、多くの企業が商流に関与している。
・納入先がエンドユーザーではない卸商で、最終顧客が明らかではない。
・数量当たり単価が異常、または数量に端数がない等、単価と数量が不自然である、等。
（談合の場合の傾向の例）
・落札率が高水準を継続的に維持している。
・指名業者間の落札回数がほぼ同じで、循環的で同じ頻度となっている、等。

終章
不正リスク管理の浸透に向けて

効果があると思われる再発防止策をどんなに導入しても、企業内の人々が本気にならなければ本当の効果が得られない。特に、経営管理者のリーダーが本気にならなければ、絶対に再発を防ぐことはできない。この点については社会心理学で有名な「アイヒマン実験」の話が有用である。

　心理学史でも有名なスタンレー・ミルグラムの著作『服従の心理』（山形浩生訳、河出書房新社）のほか、さまざまな人が「アイヒマン実験」を紹介しているが、その主な内容は下記の通りである。

- 第二次世界大戦中、ヨーロッパでは多くのユダヤ人が強制収容所で虐殺されたが、戦時中のゲシュタポの責任者だったアドルフ・アイヒマンは、戦後、亡命先の南米で逮捕され、イスラエルで裁判を受けた。彼は裁判中「私はただ上官の命令に従っただけだ」と一貫して主張し続けた。
- 心理学的にアイヒマンの主張を裏づけたのがミルグラムの実験である。ミルグラムは新聞を通じて実験に参加してくれる被験者を募った。
- 2人の被験者（一般市民）がやってくると、権威のある博士が、それぞれ生徒と教師の役を指定した。生徒役はイスに縛り付けられ、手首に電気ショックを送るための電極が取り付けられた。一方、教師役は隣の部屋でショック送電器を操作するように言われた。送電器にはスイッチがあり、それぞれ電圧と電圧に対するショックの強さが前もって表示されていた。
- 実験は、生徒役が誤った答えを出すたびに、一段ずつ強いショックを与えるように教師役に要請した（実は、生徒役になったのは実験協力者であり、それぞれの強さに応じて痛がる演技や実験の中止を訴える演技をするように指示されていた）。
- 教師役がショックを送ることをためらった時には、権威のある博士は、実験のためにショックを送り続けるように要求した。常識的に考えれば、実験とはいえ大きな電気ショックを与えることは人を傷つける恐れがあり、人道的にためらわれるところであろう。ところが、実際には教師役になった被験者の62.5％（40人中25人）が最大450ボルトのショックまで与え続けた。

このように、人間の道徳的な価値観よりも、自分に影響を与える権威のある人、企業で言えば経営者・上司等の言動に服従してしまいがちな人が多いということである。アイヒマン実験から企業の不正リスクマネジメントについて言えることは、いくら効果的と思われる施策や制度を導入しても、役職員に重大な影響を与える経営者の言動が、不正リスクマネジメント等に否定的な態度を示すようでは、絶対に浸透しないということである。また、たとえ経営者の言動が適切であったとしても、各現場で強い影響力のある管理職が、不正リスクマネジメントの取組み等に否定的な言動や指示をするならば、部下の従業員はその指示等の影響を受けてしまいがちとなる。

　したがって、不正リスクマネジメント等の取組みは、経営者が本気であることを真剣に、かつ粘り強く継続的に訴え続けるとともに、現場に影響力を有する管理職層の一人ひとりが不正リスクマネジメントの取組み等の重要性を理解し、行動を実践しなければ成功しない。

　経営者が本気であることを示すためには、継続的なメッセージ発信、会議での発言、経営者による研修等が必要である。それとともに、「経営者が暴走した時の備え」も重要である。たとえば、経営者の報酬の基準、外部者が関与するコーポレートガバナンス（経営監視）、取締役会の活性化策等である。

　また、管理者層が本気であることを示すためには、各現場での言動、会議での発言・指導、管理者による研修等が必要であるとともに、管理者の誠実性を担保するための仕組みも重要である。たとえば、管理者の昇進基準・人事評価基準、業績評価基準のほか、不正行為等の有無をモニタリングする制度の運用と開示等である。

　「企業不祥事」「企業不正」等と言われるような事案は、実際に実行するのは、企業で働いている犯罪歴もない普通の個人が大多数である。このような普通の人でも、ルールを意図的に違反する理由としては、ルールを理解していなかったり、納得していなかったりすることが多いと考えられる。また、ルールに納得していない理由としては、他人がルールに違反しているため「正直者が馬鹿を見る」という心理もあるだろう。さらに、違反しても罰せられないと思いこんでしまうと、同様な心理が働くとも考えられる。

「アイヒマン実験」は、会社の上司のような「権威ある人の言動」に人間の行動が影響を受けてしまうことを示している。つまり、内部統制の統制環境にも通じることであるが、「集団力学」のような要因からも強く影響を受けたり、企業風土がルール違反の強い要因にもなると考えられる。そのため、企業風土の改善活動や製造業のQCサークル等で行われている「小集団活動」は不正リスクマネジメント等の取組みでも非常に有効である。たとえば、5人程度の小集団単位でリスクを洗い出し、リスク評価を行い、必要なリスク対策を自らが考え、実践するような小集団活動を活発化することを通じ、ルールの趣旨・目的・必要性等の理解度を向上させることやルール違反時には適時に注意喚起をお互いが行うことを期待することができる。特に、ルール違反時のペナルティは、ルール違反によって得られる不当な利得と比べても割に合わないことについて、小集団活動を通じて従業員等の理解度が大きく向上することを期待することができる。

このように、各現場で不正リスクマネジメント等の重要性の理解が浸透しつつ、不正リスク等に有効なコントロールが、既存の業務活動の中に、自然とビルトインされるような方策が最も重要であると言える。ただし何か施策を講じる場合、説明不足により納得感が得られないと経営層への不信・無関心等を招き、「やる気」はないけど表面上は従っているフリをして本音と建前を使い分け言うことと実践することが違うといった状況になりがちであり、このことが最も重大な問題と言える。このような状況がある限り、いくら不正リスクマネジメントの重要性を問いてもうまくいかないであろう。

相互の信頼関係がなく、「言っても仕方がない」「ものを言いたくない」等の状況があると、コミュニケーションは悪くなり、一方通行的な方針伝達・指示となる。また、気軽に相談することができず、すぐにアドバイスやアイデアをもらえないことによるロスも甚大なものと言える。不正リスクマネジメント等に有用な取組みは、不正リスクマネジメント等のためだけではなく、通常業務の中で「当たり前のこと」として企業内全員に受け入れられ、企業風土そのものの向上や商売力の向上にもつながるようなコミュニケー

ションをはじめとした「マネジメント」の改善にも役立ててほしいと切に願ってやまない。

参考文献

あずさ監査法人、『経営に資する統合的内部監査』、東洋経済新報社、2009年

あずさ監査法人編、『取締役実務必携——戦略立案・経営管理から国際財務報告基準の理解まで』、PHP研究所、2010年

伊藤勝数著、堀裕/甲良好夫監修、『インターナル・コントロール——内部統制システム構築の手引き』、商事法務研究会、2001年

國廣正、『それでも企業不祥事が起こる理由』、日本経済新聞出版社、2010年

経営法友会法務ガイドブック等作成委員会、『経営法友会ビジネス選書14 事例から学ぶ企業の法的リスク55』、商事法務研究会、2008年

太陽ASG有限責任監査法人訳、八田進二監訳、『COSO内部統制システム モニタリングガイダンス』、日本公認会計士協会出版局、2009年

トレッドウェイ委員会組織委員会著、鳥羽至英/八田進二/高田敏文訳、『内部統制の統合的枠組み 理論篇』、白桃書房、1996年

ドーン・マリー・ドリスコル/W・マイケル・ホフマン著、菱山隆二/小山博之訳、『ビジネス倫理10のステップ——エシックス・オフィサーの組織変革』、生産性出版、2001年

長島・大野・常松法律事務所/あずさ監査法人編、『会計不祥事対応の実務——過年度決算訂正事例を踏まえて』、商事法務、2010年

日本経営協会編、米倉誠一郎監修、『わが社の経営理念と行動指針——21世紀の扉を開く』日本経営協会総合研究所、1999年

八田進二編、『企業不正防止対策ガイド』、日本公認会計士協会出版局、2009年

浜辺陽一郎、『図解 コンプライアンス経営（第3版）』、東洋経済新報社、2006年

藤本忠司、『組織が元気になる！ 業務プロセス改善マニュアル』、中央経済社、2008年

フランシス河野/森田松太郎、『脱「資本効率」の経営』、日本経済新聞出版社、2008年

宮内義彦、『経営論』、東洋経済新報社、2001年

リン・シャープ・ペイン著、梅津光弘/柴柳英二訳、『ハーバードのケースで学ぶ企業倫理——組織の誠実さを求めて』、慶應義塾大学出版会、1999年

著者・監修者紹介

●著者紹介
有限責任 あずさ監査法人
　　有限責任 あずさ監査法人は、全国主要都市に約5,800名の人員を擁し、監査や各種証明業務をはじめ、株式上場支援、財務関連アドバイザリーサービスなどを提供している。
　　金融、情報・通信・メディア、製造、官公庁など、業界特有のニーズに対応した専門性の高いサービスを提供する体制を有するとともに、4大国際会計事務所のひとつであるKPMGインターナショナルのメンバーファームとして、150ヵ国に拡がるネットワークを通じ、グローバルな視点からクライアントを支援している。

［執筆責任者］
小見門　恵（こみかど めぐむ）
　　有限責任 あずさ監査法人　パートナー
　　1988年に港監査法人（現：あずさ監査法人）に入所後、総合商社をはじめとするさまざまな業種の会計監査に従事。1994年からKPMGロンドン事務所駐在。1998年に帰国後、欧米系金融機関の会計監査、デューデリジェンス、内部統制の検証業務、規制関連調査等のサービスに携わる。2001年より製造業を中心とした日系企業向けに、全社的リスクマネジメントやコンプライアンス態勢構築、内部監査態勢向上のための支援業務に多数関与。
　　公認会計士

［執筆者］
林　　稔（はやし みのる）
　　有限責任 あずさ監査法人　パートナー
　　1991年に朝日新和会計社（現：あずさ監査法人）に入所後、会計監査を中心に、さまざまな企業の内部管理体制に関する業務に従事。1999年から本格的に「コンプライアンス」「リスクマネジメント」「内部監査」等を中心とした内部統制対応に関する支援業務を担当。これまでに、多くの企業や官公庁の支援業務に従事。
　　公認会計士

[執筆協力者]

林　拓矢（はやし たくや）　有限責任 あずさ監査法人　シニアマネジャー
天野　雄介（あまの ゆうすけ）　有限責任 あずさ監査法人　シニアマネジャー
菊川　貴子（きくかわ あつこ）　有限責任 あずさ監査法人　マネジャー

●監修者紹介

株式会社 KPMG FAS

　KPMG FASは、公認会計士をはじめ、経験豊富な財務、金融、IT関連業務等の専門家が、トランザクション（M&A、事業再編、企業再生）や企業財務に係わるアドバイザリーサービス及び不正調査や特殊調査等のプロフェッショナルサービスを提供している。不正調査の分野に関しては、最新の調査手法・ITテクノロジーを活用し、その事実解明や予防・発見・対処策の提案を幅広く行っている。

[監修責任者]

髙岡　俊文（たかおか としふみ）

　株式会社 KPMG FAS　フォレンジックサービス部門代表パートナー
　1989年に港監査法人（現：あずさ監査法人）に入所し、2001年、株式会社 KPMG FAS設立とともに移籍。不正・不祥事の予防、発見、対処を中心としたサービスに数多く従事している。不正調査の対象に関しては、粉飾、横領等の財務不正、情報漏洩、インサイダー取引等、幅広く手掛けており、社内調査のサポート、第三者委員会のサポート、また、調査メンバー等も多数経験している。
　公認会計士

[監修担当者]

藤田　大介（ふじた だいすけ）　株式会社 KPMG FAS　シニアマネジャー
土居　靖明（どい やすあき）　株式会社 KPMG FAS　シニアマネジャー

不正防止のための実践的リスクマネジメント

2011年7月14日 発行

監修者　株式会社 KPMG FAS
著者　　有限責任 あずさ監査法人
発行者　柴生田晴四

　　　〒103-8345
発行所　東京都中央区日本橋本石町1-2-1　東洋経済新報社
　　　電話 東洋経済コールセンター03(5605)7021
　　　　　　　　　　印刷・製本　東洋経済印刷

本書のコピー，スキャン，デジタル化等の無断複製は，著作権法上での例外である私的利用を除き禁じられています．本書を代行業者等の第三者に依頼してコピー，スキャンやデジタル化することは，たとえ個人や家庭内での利用であっても一切認められておりません．
Ⓒ 2011〈検印省略〉落丁・乱丁本はお取替えいたします．
Printed in Japan　ISBN 978-4-492-53288-1　http://www.toyokeizai.net/